Besondere persönliche Unrechtsmerkmale

Schriften zum Strafrecht und Strafprozeßrecht

Herausgegeben von Manfred Maiwald

Band 6

PETER LANG
Frankfurt am Main · Berlin · Bern · New York · Paris · Wien

Dirk Schwerdtfeger

Besondere persönliche Unrechtsmerkmale

PETER LANG
Frankfurt am Main · Berlin · Bern · New York · Paris · Wien

Die Deutsche Bibliothek - CIP-Einheitsaufnahme

Schwerdtfeger, Dirk:

Besondere persönliche Unrechtsmerkmale / Dirk
Schwerdtfeger. - Frankfurt am Main ; Berlin ; Bern ; New York ;
Paris ; Wien : Lang, 1992
(Schriften zum Strafrecht und Strafprozeßrecht ; Bd. 6)
Zugl.: Göttingen, Univ., Diss., 1991
ISBN 3-631-44847-3

NE: GT

ISSN 0938-6181
ISBN 3-631-44847-3

Vorwort

Die vorliegende Abhandlung hat im Sommer 1991 der Juristischen Fakultät der Georg-August-Universität in Göttingen als Dissertation vorgelegen. Schrifttum und Rechtsprechung sind bis Juli 1991 eingearbeitet. Betreut hat die Arbeit mein verehrter Lehrer, Herr Professor Dr. Fritz Loos, dem ich herzlich danke. Ebenfalls danke ich Herrn Professor Dr. Manfred Maiwald für die umgehende Erstellung des Zweitgutachtens und für seine konstruktive Kritik.

Kassel im Dezember 1991

Dirk Schwerdtfeger

Inhaltsverzeichnis

Seite

Vorwort

Die vorliegende Abhandlung hat im Sommer 1991 der Juristischen Fakultät der Georg-August-Universität in Göttingen als Dissertation vorgelegen. Schrifttum und Rechtsprechung sind bis Juli 1991 eingearbeitet. Betreut hat die Arbeit mein verehrter Lehrer, Herr Professor Dr. Fritz Loos, dem ich herzlich danke. Ebenfalls danke ich Herrn Professor Dr. Manfred Maiwald für die umgehende Erstellung des Zweitgutachtens und für seine konstruktive Kritik.

Kassel im Dezember 1991

Dirk Schwerdtfeger

Literaturverzeichnis

Achenbach, Hans: Kommentar zur Strafprozeßordnung u.a. (Reihe Alternativkommentare), Bd. 1, Neuwied 1988

Amelung, Knut: Rechtsgüterschutz und Schutz der Gesellschaft, Frankfurt a.M. 1972

Arzt, Gunther: Zur Garantenstellung beim unechten Unterlassungsdelikt, JA 1980, 553 ff, 647 ff, 712 ff

ders: "Gekreuzte" Mordmerkmale ?, Zur Tragweite des § 50 Abs. 2 StGB, JZ 1973, 681 ff

Arzt, Gunther; Weber, Ulrich: Strafrecht, Besonderer Teil, LH 1: Delikte gegen die Person, 3. Aufl., Bielefeld 1988; LH 4: Wirtschaftsstraftaten u.a., 2. Aufl., Bielefeld 1989; LH 5: Delikte gegen den Staat u.a., Bielefeld 1982

Baumann, Jürgen: Strafrecht, Allgemeiner Teil, 8. Aufl., Bielefeld 1977

ders: Täterschaft und Teilnahme, JuS 1963, 51 ff, 85 ff, 125 ff

Baumann, Jürgen; Weber, Ulrich: Strafrecht, Allgemeiner Teil, 9. Aufl., Bielefeld 1985

Baumann, Jürgen; Brauneck, Anne-Eva; Hanack, Ernst-Walter: Alternativ-Entwurf eines Strafgesetzbuchs, Allgemeiner Teil, 2. Aufl., Tübingen 1969

Beling, Ernst: Die Lehre vom Verbrechen, Tübingen 1906

Bindokat, Heinz: Mehrerlei Unrecht ?, JZ 1958, 553 ff

Blauth, Peter: "Handeln für einen anderen" nach geltendem und künftigem Strafrecht, Heidelberg 1968

Blei, Hermann: Strafrecht I, Allgemeiner Teil, 18. Aufl., München 1983

ders: Verjährung von NS-Verbrechen, JA 1969, S. 21 ff

Bloy, René: Die Beteiligungsform als Zurechnungstypus im Strafrecht, Berlin 1985

Bockelmann, Paul: Über das Verhältnis von Täterschaft und Teilnahme, Göttingen 1949, S. 31 ff

ders: Strafrecht, Allgemeiner Teil, 3. Aufl, München 1979

Bockelmann, Paul; Volk, Klaus: Strafrecht, Allgemeiner Teil, 4. Aufl., München 1987

Bruns, Hans-Jürgen: Das Recht der Strafzumessung, Eine systematische Darstellung für die Praxis, 2. Aufl., Köln 1985

Cortes Rosa, Manuel: Teilnahme am unechten Sonderverbrechen, ZStW 90 (1978), 413 ff

Cramer, Peter: Gedanken zur Abgrenzung von Täterschaft und Teilnahme, in: Festschrift für Paul Bockelmann zum 70. Geburtstag, München 1979, S. 389 ff

Dölling, Dieter: Umweltstraftat und Verwaltungsrecht, JZ 1985, 461 ff

Dowlad, Alexander: Die Strafbarkeit der aktiven Beteiligung an gebotswidrig unterlassener Hilfstätigkeit - Zugleich ein Beitrag zur Stellung der Garantenpflicht innerhalb der Akzessorietätsregelung (§ 28 StGB), Bielefeld 1981

Dreher, Eduard: Anmerkung zu BGH Urt. v. 15.7.1969, in: JR 1970, 146 ff

Dreher, Eduard; Tröndle, Herbert: Strafgesetzbuch und Nebengesetze, 45. Aufl., München 1990

Drosdowsky, Günther; u.a: Duden Bd. 8, Die sinn- und sachverwandten Wörter, 2. Aufl., Mannheim 1986

Ebermayer, Ludwig; Lobe, Adolf; Rosenberg, Werner (Hrsg.): Strafgesetzbuch nach dem neuesten Stand der Gesetzgebung, Leipziger Kommentar, 7. Aufl., Bd. 1: Einleitung u. §§ 1-52, Berlin 1954

Engisch, Karl: Einführung in das juristische Denken, 8. Aufl., Stuttgart 1983

Eser, Albin: Juristischer Studienkurs, Strafrecht, Bd. I und II, 3. Aufl., München 1980

Esser, Albert: Die Bedeutung des Schuldteilnahmebegriffs im Strafrechtssystem, GA 1958, 321 ff

Gallas, Wilhelm: Beiträge zur Verbrechenslehre, Berlin 1968

ders: Täterschaft und Teilnahme, in: Materialien zur Strafrechtsreform, Bd. I, Bonn 1954 ders: Diskussionsbeitrag, in: Tagungsbericht, 'Die Diskussionsbeiträge der Strafrechtslehrertagung 1975 in Göttingen von Gerhardt Grebing, ZStW 88 (1976), 173 f (zit: bei Grebing)

Geerds, Friedrich: Täterschaft und Teilnahme - Zu den Kriterien einer normativen Abgrenzung, Jura 1990, 173 ff

Geppert, Klaus: Zur Problematik des § 50 Abs. 2 StGB im Rahmen der Teilnahme am unechten Unterlassungsdelikt, ZStW 82 (1970), 40 ff

Gerl, Andreas: Die besonderen persönlichen Merkmale i.S.d. § 28 StGB, Berlin 1975

Grünwald, Gerald: Zu den besonderen persönlichen Merkmalen (§ 28), in: Gedächtnisschrift für Armin Kaufmann, Köln 1989 S. 555 ff

Haft, Fritjof: Eigenhändige Delikte, JA 1979, 651 ff

Hardwig, Werner: § 50 StGB und die Bereinigung des Strafgesetzbuches, GA 1954, 65 ff

Hassemer, Winfried: Theorie und Soziologie des Verbrechens, Ansätze zu einer praxisorientierten Rechtsgutslehre, Frankfurt a.M. 1973

Heidland, Fritz: Die besonderen persönlichen Merkmale im Sinne des § 50 Abs. 2 StGB, Heidelberg 1971

Herzberg, Rolf Dietrich: Täterschaft und Teilnahme, München 1977

ders: Eigenhändige Delikte, ZStW 82 (1970), 896 ff

ders: Zur Problematik der "besonderen persönlichen Merkmale" im Strafrecht, ZStW 88 (1976), 68 ff

ders: Täterschaft, Mittäterschaft und Akzessorietät der Teilnahme, ZStW 99 (1987), 49 ff

ders: Der agent provocateur und die "besonderen persönlichen Merkmale" (§ 28 StGB), JuS 1983, 737 ff

ders: Akzessorietät der Teilnahme und persönliche Merkmale, GA 1991, 145 ff

Hillenkamp, Thomas: Vorsatztat und Opferverhalten, Göttingen 1981

Hirschberg, Max: Die Schutzobjekte der Verbrechen, Speziell untersucht an den Verbrechen gegen den Einzelnen, Breslau 1910

Jäger, Herbert: Strafgesetzgebung und Rechtsgüterschutz bei Sittlichkeitsdelikten, Eine kriminalsoziologische Untersuchung, Stuttgart 1957

Jährig, Wolf Axel: Die persönlichen Umstände des § 50 StGB, Köln 1974
Jakobs, Günther: Strafrecht, Allgemeiner Teil, Berlin 1983
ders: Niedrige Beweggründe beim Mord und die besonderen persönlichen Merkmale in § 50 II und III StGB, NJW 1969, 489 ff
ders: Anmerkung zu BGH Urt. v. 15.7.1969, in: NJW 1970, 1089 f
Jescheck, Hans-Heinrich: Lehrbuch des Strafrechts, Allgemeiner Teil, 2. Aufl., Berlin 1972; 4. Aufl., Berlin 1988
Jescheck, Hans-Heinrich; Ruß, Wolfgang; Willms, Günther (Hrsg.): Strafgesetzbuch, Leipziger Kommentar, 10. Aufl., Erster Bd.: §§ 1-31, Berlin 1985; Vierter Bd.: §§ 80-184 c, Berlin 1988; Fünfter Bd.: §§ 185-262, Berlin 1989; Sechster Bd.: §§ 263-302 a, Berlin 1988; Siebter Bd.: §§ 303-358, Berlin 1988
Kaufmann, Armin: Lebendiges und Totes in Bindings Normentheorie, Göttingen 1954
ders: Die Dogmatik im Alternativ-Entwurf, ZStW 80 (1968), 34 ff
Koffka, Else: Ist § 50 II StGB n.F. auf den Gehilfen anwendbar, wenn der Haupttäter aus dem Gehilfen bekannten niedrigen Beweggründen tötet, die beim Gehilfen fehlen, JR 1969, 41 f
Kohlrausch, Eduard; Lange, Richard: Strafgesetzbuch mit Erläuterungen und Nebengesetzen, 43. Aufl., Berlin 1961
Krey, Volker: Strafrecht, Besonderer Teil, Bd. 1: Besonderer Teil ohne Vermögensdelikte, Berlin 1988; Bd. 2: Vermögensdelikte, Berlin 1990
ders: Studien zum Gesetzesvorbehalt im Strafrecht, Eine Einführung in die Problematik des Analogieverbots, Berlin 1977
Lackner, Karl: Strafgesetzbuch mit Erläuterungen, 18. Aufl., München 1989
Lampe, Ernst-Joachim: Das personale Unrecht, Berlin 1967
Lange, Richard: Die notwendige Teilnahme, Berlin 1940
ders: Die Schuld des Teilnehmers, insbesondere bei Tötungs und Wirtschaftsverbrechen, JR 1949, 165 ff

Langer, Winrich: Das Sonderverbrechen, Eine dogmatische Untersuchung zum Allgemeinen Teil des Strafrechts, Berlin 1972
ders: Zum Begriff der "besonderen persönlichen Merkmale", in: Festschrift für Richard Lange zum 70. Geburtstag, Berlin 1976, S. 241 ff
ders: Zur Strafbarkeit des Teilnehmers nach § 28 I StGB, in: Festschrift für Ernst Wolf zum 70. Geburtstag, Köln 1985, S. 335 ff
Larenz, Karl: Methodenlehre der Rechtswissenschaft, 5. Aufl, Berlin 1983
Loos, Fritz: Zur Wert- und Rechtslehre Max Webers, Tübingen 1970
ders: Zur Rechtsgutslehre im Strafrecht, Habilitationsschrift
ders: Zum "Rechtsgut" der Bestechungsdelikte, in: Festschrift für Hans Welzel zum 70. Geburtstag, Berlin 1974, S. 879 ff
ders: Bemerkungen zur "historischen Auslegung", in: Festschrift für Rudolf Wassermann zum 60. Geburtstag, Neuwied 1985
ders: Neuere Entwicklungen in der deutschen Dogmatik der strafrechtlichen Teilnahmelehre, in: Veröffentlichungen der Senshu-Universität, Tokyo 1991
ders: Gemeinschädliche Sachbeschädigung durch Überkleben von Wahlplakaten ?, zugl. Anmerkung zu LG Wiesbaden NJW 1978, 2107, in: JuS 1979, 699 ff
Loos, Fritz; Schwerdtfeger, Dirk: Grenzen der Strafbarkeit wegen "Unerlaubten Entfernens vom Unfallort" nach geltendem Recht, DAR 1983, 209 ff
Lüderssen, Klaus: Zum Strafgrund der Teilnahme, Baden-Baden 1967
Luhmann, Niklas: Legitimation durch Verfahren, Neuwied 1969
ders: Soziologische Aufklärung, Aufsätze zur Theorie sozialer Systeme, Köln 1970
ders: Funktionen und Folgen formaler Organisationen, 2. Aufl., Berlin 1972
Maiwald, Manfred: Der Zueignungsbegriff im System der Eigentumsdelikte, Heidelberg 1970
ders: Die Amtsdelikte, JuS 1977, 353 ff
ders: Historische und dogmatische Aspekteder Einheitstäterlösung in: Festschrift für Paul Bockelmann zum 70. Geburtstag, München 1979, S. 343 ff

ders: Literaturbericht, Strafrecht, Allgemeiner Teil (Teilnahmelehre), in: ZStW 88 (1976), 712 ff
ders: Literaturbericht, Strafrecht, Allgemeiner und Besonderer Teil, ZStW 93 (1981), 864 ff
Martin: Die Stellungnahme des Generalbundesanwalts zur Verjährung der Beihilfe zum Mord aus niedrigen Beweggründen, NJW 1969, 1157 ff
Maunz, Theodor; Dürig, Günter: Grundgesetz, Kommentar, Bd. 4, 6. Aufl., München 1990 (zit: Maunz/Dürig/*Bearbeiter*)
Maurach, Reinhard: Deutsches Strafrecht, Allgemeiner Teil, 4. Aufl., Karlsruhe 1971
ders: Die Mordmerkmale aus der Sicht des § 50 StGB, JuS 1969, 249 ff
Maurach, Reinhard; Zipf, Heinz: Strafrecht, Allgemeiner Teil, Teilbd. 1: Grundlehren des Strafrechts und Aufbau der Straftat, 7. Aufl., Heidelberg 1987
Maurach, Reinhard; Gössel, Karl-Heinz; Zipf, Heinz: Strafrecht, Allgemeiner Teil, Teilbd. 2: Erscheinungsformen des Verbrechens und Rechtsfolgen, 7. Aufl., Heidelberg 1989
Maurach Reinhard; Schroeder, Fr.-Chr.; Maiwald, Manfred: Strafrecht, Besonderer Teil, Teilbd. 1: Straftaten gegen die Persönlichkeits- und Vermögenswerte, 7. Aufl., Heidelberg 1988
Mayer, Hellmuth: Strafrecht, Allgemeiner Teil, Stuttgart 1953 (zit: AT)
ders: Strafrecht, Allgemeiner Teil, Studienbuch, Stuttgart 1967 (zit: StudB)
ders: Täterschaft, Teilnahme, Urheberschaft, in: Festschrift für Theodor Rittler zum 80. Geburtstag, Aalen 1957, S. 243 ff
Meyer, Maria-Katharina: Tatbegriff und Teilnehmerdelikt GA 1979, 252 ff
Nagler, Johannes: Die Teilnahme am Sonderverbrechen, Ein Beitrag zur Lehre von der Teilnahme, Leipzig 1903
Noll, Peter: Begriff und Funktion der guten Sitten im Strafrecht, in: Festschrift zum 150-jährigen Bestehen des OLG Zweibrücken, Wiesbaden 1969, S. 206 ff
Oehler, Dietrich: Das objektive Zweckmoment in der rechtswidrigen Handlung, Berlin 1959

Otto, Harro: Grundkurs, Strafrecht, Allgemeiner Teil, Allgemeine Strafrechtslehren, 3. Aufl., Berlin 1988
ders: Anstiftung und Beihilfe, JuS 1982, 557 ff
ders: Täterschaft, Mittäterschaft, mittelbare Täterschaft, Jura 1987, 246 ff
Piotet, Paul: Systematik der Verbrechenselemente und Teilnahmelehre, ZStW 69 (1957), 14 ff
Preisendanz, Holger: Strafgesetzbuch, Lehrkommentar mit Erläuterungen und Beispielen, 30. Aufl., Berlin 1978
Redslob, Robert: Die persönlichen Eigenschaften und Verhältnisse, welche die Strafbarkeit erhöhen oder vermindern, Breslau 1909
Roeder, Hermann: Exklusiver Täterbegriff und Mitwirkung am Sonderdelikt, ZStW 69 (1957), 223 ff
Roxin, Claus: Täterschaft und Tatherrschaft, 5. Aufl., Berlin 1990
ders: Kriminalpolitik und Strafrechtssystem, 2. Aufl., Berlin 1973
ders: Ein neues Bild des Strafrechtssystems, ZStW 83 (1971), 369 ff
ders: Sinn und Grenzen staatlicher Strafe, JuS 1966, 377 ff
Rudolphi, Hans-Joachim: Die verschiedenen Aspekte des Rechtsgutsbegriffs, in: Festschrift für Richard Honig zum 80. Geburtstag, Göttingen 1970, S. 151 ff
ders: Inhalt und Funktion des Handlungsunwertes im Rahmen der personalen Unrechtslehre, in: Festschrift für Reinhard Maurach zum 70. Geburtstag, Karlsruhe 1972, S. 51 ff
Rudolphi, Hans-Joachim; Horn, Eckhard; Samson, Erich: Systematischer Kommentar zum Strafgesetzbuch, Bd. 1: Allgemeiner Teil, 5. Aufl., Frankfurt a.M. 1990; Bd. 2: Besonderer Teil, 4. Aufl., Frankfurt a.M. 1990 (zit: SK-*Bearbeiter*)
Samson, Erich: § 50 II n.F. und die Verjährung, ZRP 1969, 27 ff
Sauer, Wilhelm: Allgemeine Strafrechtslehren, 3. Aufl., Berlin 1955
Sax, Walter: Zur Problematik des "Teilnehmerdelikts", ZStW 90 (1978), 927 ff
Schaffstein, Friedrich: Der Täter hinter dem Täter bei vermeidbarem Verbotsirrtum und verminderter Schuldfähigkeit des Tatmittlers, NStZ 1989, 153 ff

Schall, Hero: Auslegungsfragen des § 179 StGB und das Problem der eigenhändigen Delikte - zugl. Anmerkung zu KG NJW 1977, 817, in: JuS 1979, 104 ff

Schlutter, Gustav: Zur Dogmengeschichte der Akzessorietät der Teilnahme, Breslau 1941

Schmidhäuser, Eberhard: Strafrecht, Allgemeiner Teil, Lehrbuch, 2. Aufl., Tübingen 1975, (zit: AT)

ders: Strafrecht, Allgemeiner Teil, Studienbuch, 2. Aufl., Tübingen 1984, (zit: StudB AT)

ders: Gesinnungsmerkmale im Strafrecht, Tübingen 1958

ders: Der Unrechtstatbestand, in: Festschrift für Karl Engisch zum 70. Geburtstag, Frankfurt a.M. 1969, S. 433 ff

Schöneborn, Christian: Kombiniertes Teilnahme- und Einheitstätersystem, ZStW 87 (1975), 902 ff

Schönke, Adolf; Schröder Horst: Strafgesetzbuch, Kommentar, 14, Aufl., München 1969; 20. Aufl., München 1980; 23. Aufl., München 1988, (zit: Schönke/Schröder/*Bearbeiter*)

Schroeder, Fr.-Chr: Der Täter hinter dem Täter, Ein Beitrag zur Lehre von der mittelbaren Täterschaft, Berlin 1965

Schröder, Horst: Zur Teilnahme an Tötungsdelikten, NJW 1952, 649 f

ders: Der § 50 n.F. und die Verjährung beim Mord, JZ 1969, 132 ff

ders: Roma locuta ...?, JZ 1969, 418 f

Schreiber, Hans-Ludwig: Der Begriff der Rechtspflicht, Quellenstudien zu seiner Geschichte, Berlin 1966

ders: Gesetz und Richter, Zur geschichtlichen Entwicklung des Satzes nullum crimen, nulla poena sine lege, Frankfurt a.M. 1976

ders: Probleme der Rechtsbeugung, GA 1972, 193 ff

Schünemann, Bernd: Unternehmenskriminalität und Strafrecht, Köln 1979

ders: Die Bedeutung der "Besonderen persönlichen Merkmale" für die strafrechtliche Teilnehmer- und Vertreterhaftung, Jura 1980, 354 ff, 568 ff,

Schwarz, Otto; Dreher, Eduard: Strafgesetzbuch und Nebengesetze, 30. Aufl., München 1968

Stratenwerth, Günter: Strafrecht, Allgemeiner Teil I, Die Straftat, 2. Aufl., Köln 1976; 3. Aufl., Köln 1981
ders: Zur Funktion strafrechtlicher Gesinnungsmerkmale, in: Festschrift für Hellmuth v. Weber zum 70. Geburtstag, Bonn 1963, S. 171 ff
ders: Der Versuch des untauglichen Subjekts, in: Festschrift für Hans-Jürgen Bruns zum 70. Geburtstag, Köln 1978, S. 59 ff
Stree, Walter: Teilnahme am Unterlassungsdelikt, GA 1963, 1 ff
ders: Das Versehen des Gesetzgebers, JuS 1969, 403 ff
Tiedemann, Klaus: Tatbestandsfunktionen im Nebenstrafrecht, Tübingen 1969
Trechsel, Stefan: Der Strafgrund der Teilnahme, Bern 1967
Vogler, Theo: Zur Bedeutung des § 28 für die Teilnahme am unechten Unterlassungsdelikt, in: Festschrift für Richard Lange zum 70. Geburtstag, Berlin 1976, S. 265 ff
Wagner, Heinz: Amtsverbrechen, Berlin 1975
v. Weber, Hellmuth: Teilnahme an Mord und Totschlag, MDR 1952, 265 f
Welzel, Hans: Das Deutsche Strafrecht, 11. Aufl., Berlin 1969, (zit: Lehrbuch)
ders: Abhandlungen zum Strafrecht und zur Rechtsphilosophie, Berlin 1975,
ders: Zur Systematik der Tötungsdelikte, JZ 1952, 72 ff
Wessels, Johannes: Strafrecht, Allgemeiner Teil, 20. Aufl., Heidelberg 1990
ders: Strafrecht, Besonderer Teil 1, 13. Aufl., Heidelberg 1989
Zippelius, Reinhold: Juristische Methodenlehre, 4. Aufl., München 1985

Bezüglich der Abkürzungen wird verwiesen auf:

Kirchner, Hildebert: Abkürzungsverzeichnis der Rechtssprache, 3. Aufl., München 1983

§ 28 StGB in der jetzt geltenden Fassung lautet:

> "Besondere persönliche Merkmale
> (1) Fehlen besondere persönliche Merkmale (§ 14 Abs. 1), welche die Strafbarkeit des Täters begründen, beim Teilnehmer (Anstifter oder Gehilfen), so ist dessen Strafe nach § 49 Abs. 1 zu mildern.
>
> (2) Bestimmt das Gesetz, daß besondere persönliche Merkmale die Strafe schärfen, mildern oder ausschließen, so gilt das nur für den Beteiligten (Täter oder Teilnehmer), bei dem sie vorliegen."

Diese Fassung ist seit mehr als zwanzig Jahren in Kraft. Abs. 2 gilt der Sache nach bereits seit gut 120 Jahren. Gleichwohl sind Rechtsprechung und Lehre von einem Konsens über die Auslegung der Vorschrift weit entfernt. Die Kontroversen haben sich seit 1968 sogar noch verschärft, als eine Strafmilderung auch beim Fehlen strafbegründender besonderer persönlicher Merkmale gesetzlich vorgesehen wurde (§ 50 II a.F.). Die Unsicherheit ist sowohl im Hinblick auf den großen potentiellen Anwendungsbereich der Vorschrift unbefriedigend als auch hinsichtlich der Bedeutung der Anwendung des § 28 für den konkret betroffenen Tatbeteiligten. Wird § 28 fälschlicherweise nicht angewendet, kann der Gesetzlichkeitsgrundsatz (Art. 103 II GG) oder das Schuldprinzip (als ungeschriebener Verfassungssatz[1]) verletzt sein[2]. Für den einzelnen Tatbeteiligten hat das Eingreifen der Vorschrift in mehrfacher Hinsicht erhebliche Konsequenzen: Zunächst wird die Strafhöhe wesentlich von der Anwendbarkeit des § 28 beeinflußt[3]. Für denjenigen beispielsweise,

1 vgl. BVerfGE 20, 323, 331
2 ebenso Langer, E. Wolf-Festschrift S. 335, 344
3 zur Bedeutung des zur Anwendung kommenden Strafrahmens für die Strafzumessung vgl. BGHSt 27, 2; Loos, JuS 1979, 699; Bruns, Recht der Strafzumessung S. 45 ff

der einen Schalterbeamten zum Abzweigen von Geldbeträgen anstiftet, ist die Frage, ob die Haupttat als Untreue, veruntreuende Unterschlagung oder Diebstahl zu qualifizieren ist, von weitaus geringerem Interesse als die Entscheidung über das Eingreifen eines nach §§ 28 I, 49 I herabgesetzten Strafrahmens. Des weiteren kann vom Eingreifen des § 28 - über die Vorschriften der Verfolgungsverjährung - schon die Verfolgbarkeit der Tat abhängen[4] oder gar - über §§ 30, 23, 12 i.V.m. § 28 II[5] - die Strafbarkeit überhaupt.

In den Stellungnahmen zu § 28 bzw. zu seinen Vorläufern kommt, wie schon R. Lange bemerkt[6], weit häufiger Unzufriedenheit mit der Gesetzeslage zum Ausdruck, als sich neue konstruktive Interpretationsansätze finden. Es heißt, die Vorschrift werfe mehr Fragen auf als sie löse. Vor allem sei die Einfügung des § 28 I nicht hinreichend durchdacht worden[7]. Diese weit verbreitete Auffassung legt eine erneute monographische Behandlung des Themas eigentlich nicht gerade nahe. Daß es gleichwohl geschieht, rechtfertigen die folgenden Überlegungen:
Solange die Problematik der 'besonderen persönlichen Merkmale' nicht wesentlich stärker als bisher durchdrungen und aufgehellt ist, wird sich der Gesetzgeber kaum an eine erneute Änderung des § 28 wagen. Eine Gesetzesänderung ist daher auf absehbare Zeit nicht zu erwarten. Angesichts der bereits beschriebenen großen praktischen Bedeutung der Vorschrift besteht deshalb

---

4 s. dazu näher Geppert, ZStW 82 (1970), 40, 46

5 vgl. Schönke/Schröder/Eser § 12 Rz. 13

6 JR 1949, 165

7 s. etwa BGHSt 22, 375 ff; Heidland, Die besonderen persönlichen Merkmale S. 1 m.w.N.; Schröder, JZ 1969, 132; weitere Kritik bei Lange, JR 1949, 165, 172; Jakobs, NJW 1969, 489, 492; Hardwig, GA 1954, 65, 77; Stratenwerth, AT 2. Aufl., Rz. 940; Schmidhäuser, AT 14/64, 73 ff, 95; Langer, Sonderverbrechen S. 465, 480 ff, 485 f; Blei, JA 1969, 21, 23; vgl. ferner BGHSt 8, 205, 208; Wagner, Amtsverbrechen S. 388

die dringende Notwendigkeit, ihren Anwendungsbereich möglichst klar zu bestimmen. Das Ziel muß dabei sein, den Gerichten vorhersehbare und gerechte Entscheidungen im Regelungsbereich des § 28 zu ermöglichen.

Schon nach oberflächlicher Beschäftigung mit der Bestimmung wird deutlich, daß die Thematik des § 28 aufs engste mit zahlreichen strafrechtsdogmatisch hochkontroversen und komplexen Prohlembereichen verknüpft ist. Hauptsächlich berühren sich hier die Lehre vom strafrechtlichen Unrecht, die Schuldlehre und die Teilnahmelehre (insbesondere die Lehre zum Strafgrund der Teilnahme und zum Akzessorietätsprinzip). Auch darin liegt sicherlich ein Grund für die zahlreichen mit der Vorschrift verbundenen Zweifelsfragen und Meinungsverschiedenheiten.

Der Bezug zu zahlreichen fundamentalen strafrechtlichen Problemkreisen stellt auch eine Monographie vor besondere Schwierigkeiten. Um nicht im Meer der berührten Fragen und Probleme unterzugehen, ist es unumgänglich, die Untersuchung wo immer möglich auf das unbedingt Notwendige zu reduzieren. Daraus erklärt sich auch die Beschränkung auf Unrechtsmerkmale. Nur persönliche Unrechtsmerkmale bereiten im Zusammenhang mit § 28 im Ergebnis wirklich Schwierigkeiten.

Erstes Kapitel: Die Entstehungsgeschichte der in § 28 enthaltenen Regelung

A. Der Rechtszustand vor 1871

Mit § 28 II vergleichbare Gesetzesbestimmungen finden sich bereits in den Partikularrechten des 19. Jahrhunderts[1].

Schon das unter dem maßgeblichen Einfluß Feuerbachs zustandegekommene Bayerische Strafgesetzbuch von 1813 schreibt in Art. 118 vor:

> "Mildernde oder beschwerende Umstände, welche aus der Beschaffenheit der Person oder ihrer besonderen Verhältnisse hervorgehen, kommen nur demjenigen zum Vortheile oder Nachtheile, in dessen Person sie begründet sind."

Präziser heißt es in Art. 65 III des Bayerischen Strafgesetzbuchs von 1861:

> "Bestehen nur für die Person eines einzelnen Thäters, Theilnehmers oder Begünstigten besondere Gründe, welche seine Strafbarkeit erhöhen, mindern, ausschließen oder tilgen, so sollen diese bei Beurtheilung der Strafbarkeit der übrigen weder zum Vortheile noch zum Nachtheile derselben in Betracht gezogen werden."

Art. 55 IV des Sächsischen Strafgesetzbuchs von 1868 bestimmt, daß

> "Milderungsgründe und Erschwerungsgründe, welche sich auf die persönlichen Eigenschaften und Verhältnisse des Urhebers begründen, ohne der Tat selbst nach dem Strafgesetzbuch eine andere strafrechtliche Natur beizulegen, desgleichen Strafausschließungsgründe, welche sich auf die persönlichen Eigenschaften und Verhältnisse des Urhebers gründe, bei der Beurteilung des Gehilfen außer Betracht zu bleiben" hätten[2].

---

1 Nachweise bei Maurach, JuS 1969, 249; Redslob, Die persönlichen Eigenschaften und Verhältnisse S. 5

2 vgl. zur Mittäterschaft auch Art. 51 II des Sächsischen Strafgesetzbuchs

Ähnlich heißt es in Art. 51 des Criminalgesetzbuches für Hamburg von 1869:

> "Die aus den persönlichen Verhältnissen eines Mitschuldigen sich ergebenden besonderen Eigenschaften der Tat, sowie die in dessen Person liegenden besonderen Zumessungs- oder Milderungsgründe sind für die übrigen Mitschuldigen ohne Einfluß, vielmehr ist deren Strafbarkeit lediglich nach den bei ihnen selbst in Betracht kommenden Gründen dieser Art zu beurteilen."

Im Gegensatz dazu fehlt im Preußischen Strafgesetzbuch von 1851, dem unmittelbaren Vorgänger unseres heutigen StGB, eine entsprechende allgemeine Regelung. Art. 35 prStGB ordnet vielmehr strenge Akzessorietät der Teilnahme an. Allerdings enthält der Besondere Teil dieses Strafgesetzbuchs einige die Thematik der besonderen persönlichen Merkmale anschneidende Spezialvorschriften. In § 331 II prStGB heißt es:

> "Nehmen Personen, welche keine Beamten sind, an einem der in diesem Titel bezeichneten Verbrechen oder Vergehen teil, so sollen, soweit keine Ausnahmen bestimmt sind, die allgemeinen Grundsätze über Teilnahme gelten. Auf den im § 309 - Bestechung - vorgesehenen Fall findet diese Bestimmung keine Anwendung"[3].

Daneben finden sich einige die Akzessorietät lockernde Vorschriften: § 180 prStGB etwa sieht vor, daß die privilegierte Strafe der unehelichen Mutter beim Kindesmord nicht für Extrane gelte. Auch § 228 prStGB (Straflosigkeit des Aszendenten- und Ehegattendiebstahls) verbietet die Anwendung auf Außenseiter.

---

3 zu den Gründen für diese Regelung s. Nagler, Sonderverbrechen S. 91

B. § 50 RStGB von 1871

Der erste Entwurf eines Strafgesetzbuchs für den Norddeutschen Bund (sog. Friedbergscher Entwurf) enthält in Abweichung vom Preußischen StGB folgenden Art. 41 III:

> "Wenn das Gesetz die Strafbarkeit einer That wegen besonderer in der Person des Thäters liegender Eigenschaften oder Verhältnisse erhöht oder vermindert, so sind diese die besondere Strafbarkeit bedingenden Umstände nur bei demjenigen Thäter oder Theilnehmer in Betracht zu ziehen, bei dem sie vorliegen."

Damit sollte der Rechtsprechung entgegengewirkt werden, die - zum Teil unter dem Zwang ausdrücklicher gesetzlicher Bestimmungen - bis dahin eine Durchbrechung der Akzessorietät durch persönliche Umstände der Beteiligten abgelehnt hatte[4].

In den Motiven zu diesem Entwurf heißt es[5]:

> "Der Schlußsatz des Art. 41, welcher Vorschriften darüber gibt, welchen Einfluß persönliche Eigenschaften des Thäters oder Theilnehmers auf die Strafbarkeit ausüben, will eine bekannte Kontroverse im Sinne des Bremischen Entwurfs von 1868 § 82 entscheiden. Diese Bestimmung enthält eine weitere Modifikation des an die Spitze des Paragraphen gestellten Grundsatzes und entspricht damit derjenigen Auffassung, von welcher das Preußische Strafgesetzbuch bei den für Kindesmord und den von Ascendenten gegen Kinder verübten Diebstahl gegebenen Bestimmungen ausgegangen ist ... Zur Begründung der Bestimmung kann hier auf die Bremischen Motive von 1868 S. 47 ff Bezug genommen werden."

Der in Bezug genommene § 82 des Bremischen Entwurfs lautet:

> "Die auf die Strafbarkeit der That Einfluß übenden besonderen Umstände, welche nur in der Person des einen oder anderen Urhebers oder Theilnehmers vorhanden sind,

---

4 s. z.B. die Entscheidung des Preußischen Obertribunals in: Die Rechtsprechung des Königlichen Obertribunals in Strafsachen, hrsg. von Oppenhoff, Bd. I S. 5 ff

5 S. 94

sollen bei der Beurteilung der Strafbarkeit der übrigen weder zum Vortheile noch zum Nachtheile derselben in Betracht gezogen werden, soweit das Gesetz nicht ein anderes bestimmt."

In den Motiven zu § 82 des Bremischen Entwurfs ist das wie folgt erläutert:

"Jeder soll nur auf seine Person, aus seinen strafrechtlichen Verhältnissen zur That beurteilt werden ... und wo die von mehreren begangene oder beförderte That von dem persönlichen Standpunkte des einen als qualifiziert erscheint, einer höheren oder milderen, schwereren oder leichteren Strafe unterliegt, da soll dies bei der Bestrafung des anderen, der diesen persönlichen Standpunkt nicht teilt, nicht in Anschlag gebracht werden ... Bekanntlich fassen manche die Theilnahme anders auf. Da der Theilnehmer nur die Handlung eines anderen veranlasse oder unterstütze, so wird unterstellt, daß sein Wille nicht direkt und unbedingt auf die Ausführung der That, vielmehr nur insoweit, als dieselbe durch diesen Thäter geschehe, gerichtet sei. Der Theilnehmer assimiliere sich daher gewissermaßen der Persönlichkeit des Thäters, seine Strafbarkeit sei nur eine aus der Strafbarkeit des letzteren abgeleitete, er müsse daher nach dem auf den Thäter zur Anwendung kommenden Strafgesetze, auch sofern dies die Person des Thäters berücksichtige, gerichtet werden. Diese auch im preußischen Rechte angenommene Theorie ruht in der That auf einer willkürlichen Fiktion ... Der überall sonst befolgte Grundsatz der Gerechtigkeit, daß strafrechtlich jeder nach seinem eigenen Maße zu messen sei, drängt auch mit einer solchen Entschiedenheit sich auf, daß jenes Ausnahmeprinzip mit einiger Konsequenz gar nicht durchgehalten werden kann."

Der zweite Entwurf eines Strafgesetzbuchs für den Norddeutschen Bund enthält in Art. 48 eine gegenüber Art. 41 III des ersten Entwurfs leicht abgeänderte Bestimmung über die Zurechnung persönlicher Umstände. Sie wurde als § 50 des Reichsstrafgesetzbuchs von 1871 Gesetz. § 50 RStGB lautet:

"Wenn das Gesetz die Strafbarkeit einer Handlung nach den persönlichen Eigenschaften oder Verhältnissen, desjenigen, welcher dieselbe begangen hat, erhöht oder vermindert, so sind diese besonderen Thatumstände *dem* Thäter oder *demjenigen*[6] Theilnehmer (Mittäter, Anstifter oder Gehülfe) zuzurechnen, bei welchem sie vorliegen"

In den Motiven zu Art. 48 des zweiten Entwurfs heißt es:

> "Die strafbare Handlung, an welcher mehrere Personen teilgenommen, kann gegenüber dem einzelnen Theilnehmer in bezug auf ihren rechtlichen Charakter und die durch ihn bedingte Schwere derselben eine verschiedenartige sein, je nach den persönlichen Eigenschaften oder Verhältnissen, in denen der Thäter sich befindet, zum Beispiel bei der Theilnahme eines Dritten an einem von jemandem gegen einen Verwandten aufsteigender Linie begangenen Totschlag; die That ist gegenüber dem Dritten ein einfacher Totschlag, gegenüber dem Thäter ein qualifizierter. Der Entwurf hat angenommen, daß in einem solchen Falle jeder Theilnehmer nach dem Gesetze bestraft werden soll, welches auf seine That ohne Rücksicht auf die besonderen persönlichen Eigenschaften und Verhältnisse der übrigen Theilnehmer Anwendung leidet, und auch hierdurch den allgemeinen Satz zur Geltung bringen wollen, daß ein jeder lediglich nach dem Grade seiner Verschuldung, wie sie sich nach seiner Thätigkeit und seinen Verhältnissen gestaltet, bestraft werden soll."

Zu beachten ist, daß beide Entwürfe, obschon sie sich in der Begründung für die Nichtzurechnung der nicht in eigener Person erfüllten besonderen persönlichen Merkmale völlig an den Bremischen Entwurf von 1868 anlehnen, nur solche persönlichen Eigenschaften und Verhältnisse erwähnen, die die Strafe erhöhen oder vermindern. Ungeregelt blieben also die strafbegründenden und die strafausschließenden persönlichen Eigenschaften und Verhältnisse. Was die Verfasser der Entwürfe zu dieser Beschränkung bewogen haben mag, läßt sich nicht mehr ermitteln[7].

Das anscheinend wortlose Übergehen der strafbegründenden besonderen persönlichen Merkmale ist umso beachtenswerter, als die Motive zum Bremischen Entwurf expressis verbis auf diese Merkmalsgruppe eingehen. Man liest dort:

---

6 Hervorhebung durch Verf.

7 Mutmaßungen über die Herausnahme der strafausschließenden Eigenschaften und Verhältnisse stellt Maurach (JuS 1969, 249, 251) an.

> "Sie [die in § 82 getroffene Bestimmung] umfaßt zwei Fälle, sowohl den, wo die Handlung nicht allgemein, vielmehr nur unter der Voraussetzung einer besonderen persönlichen Eigenschaft des Handelnden strafbar ist, als den anderen, wo die Handlung allgemein strafbar ist und nur in der Person des einen oder anderen Thäters oder Theilnehmers besondere Umstände vorhanden sind, die auf die Zurechnung oder den Grad der Strafbarkeit Einfluß haben."

Ob die Verfasser des Bremischen Entwurfs die in den Motiven und der Fassung des Gesetzentwurfs angelegte Konsequenz der gänzlichen Straflosigkeit der Beteiligung Extraner an echten Sonderverbrechen wirklich gezogen haben, bleibt unklar. Die Väter der beiden Entwürfe eines Strafgesetzbuchs für den Norddeutschen Bund sind dagegen offensichtlich von der Strafbarkeit des extranen Teilnehmers am echten Sonderverbrechen ausgegangen. Dies ist damit zu belegen, daß der Friedbergsche Entwurf eine dem § 331 II prStGB (Grundsatz der ungemilderten Bestrafung des extranen Teilnehmers am Amtsverbrechen) entsprechende Vorschrift in Art. 336 enthält und der zweite Entwurf zum RStGB diese Vorschrift als "überflüssig" gestrichen hat.

§ 50 RStGB blieb in der Fassung von 1871 trotz zahlreicher, z.T. auch die strafbegründenden persönlichen Merkmale mitbehandelnder Reformvorschläge[8] bis 1943 unverändert.

C. § 50 RStGB i.d.F. von 1943

Durch Verordnung vom 29.5.1943 wurde mit Einführung der sog. limitierten Akzessorietät ein dem heutigen § 29 entsprechender neuer Abs. 1 des § 50 RStGB geschaffen. § 50 RStGB a.F. wurde zu § 50 II. Sein Wortlaut erfuhr Änderungen: Während § 50 a.F. die zu regelnden Merkmale als "persönliche Eigenschaften und Verhältnisse" bezeichnete und auf sie Bezug nehmend von "besonderen Thatumständen" sprach, erschien nun der Terminus "besondere

---

8 näher dazu Roeder, ZStW 69 (1957), 223, 261 ff

persönliche Eigenschaften oder Verhältnisse". Inhaltlich wurde die Regelung auf strafausschließende besondere persönliche Eigenschaften und Verhältnisse erstreckt. Die Vorschrift hatte nun folgenden Wortlaut:

> "Sind mehrere an einer Tat beteiligt, so ist jeder ohne Rücksicht auf die Schuld des anderen nach seiner Schuld strafbar [Abs. 1]. Bestimmt das Gesetz, daß besondere persönliche Eigenschaften oder Verhältnisse die Strafe schärfen, mildern oder ausschließen, so gilt das nur für den Täter oder Teilnehmer, bei dem sie vorliegen [Abs. 2]."

D. § 50 StGB i.d.F. des Art. 1 EGOWiG von 1968

Die zum jetzigen Rechtszustand hinführende Änderung erfuhr § 50 StGB durch das Einführungsgesetz zum Gesetz über Ordnungswidrigkeiten vom 24.5.1968, 1. Abschnitt, Art. 1[9].

Abs. 1 des § 50 blieb unverändert. Abs. 2 wurde zu Abs. 3, wobei der Begriff der "besonderen persönlichen Eigenschaften oder Verhältnisse" durch den der "besonderen persönlichen Merkmale" ersetzt wurde. Wirklich neu war Abs. 2, durch den der Gesetzgeber erstmals eine allgemeine Regelung für straf*begründende* besondere persönliche Merkmale traf. Außerdem wurden die "persönlichen Eigenschaften und Verhältnisse" um die "persönlichen Umstände" erweitert und alle drei unter dem Oberbegriff "besondere persönliche Merkmale" zusammengefaßt; mit dieser auf Gallas[10] zurückgehenden Formulierung sollte vor allem dem oft in die Wendung "Eigenschaften und Verhältnisse" hineininterpretierten[11] Erfordernis der Dauerhaftigkeit eine Absage erteilt werden[12].

---

9 BGBl. I S. 503

10 Materialien zur Strafrechtsreform, Bd. 2, AT, 1958, S. 72

11 s. nur Schönke/Schröder, 14. Aufl, § 50 Rz. 20; Schwarz/Dreher, 30. Aufl., § 50 Anm. 3; Maurach, AT 4. Aufl., S. 608

12 s. die Kabinettsvorlage, BT Drucks. V/1319, S. 61, und schon früher die Begr. zu § 33 des E 62, S. 152

Abs. 2 lautete nun:

> "Fehlen besondere persönliche Eigenschaften, Verhältnisse oder Umstände (besondere persönliche Merkmale), welche die Strafbarkeit des Täters begründen, beim Teilnehmer, so ist dessen Strafe nach den Vorschriften über die Bestrafung des Versuchs zu mildern."

Anlaß für die Einfügung des Abs. 2 war der neue § 14 OWiG[13], der durch das EGOWiG vom 24.5.1968 in das OWiG kam. § 14 OWiG enthält eine eigenständige und abschließende Regelung der Beteiligung. Er behandelt in diesem Zusammenhang die Frage der Verantwortlichkeit von Beteiligten beim Vorliegen besonderer persönlicher Merkmale umfassend, also auch hinsichtlich strafbegründender besonderer persönlicher Merkmale. Der Sonderausschuß für die Strafrechtsreform hielt es nicht für sinnvoll, die bis dahin offene Frage der strafbegründenden besonderen persönlichen Merkmale allein für das Ordnungswidrigkeitenrecht zu entscheiden und sie im Strafrecht offenzulassen, zumal auch bisher das Fehlen einer ausdrücklichen Regelung zu unangemessenen Ergebnissen geführt habe[14].

Der gem. Art. 167 EGOWiG am 1.10.1968 in Kraft getretene neue § 50 StGB ging im wesentlichen auf § 33 des E 62 zurück, der in seinem Abs. 1 dem § 50 II a.F. entspricht, in seinem Abs. 2 dem § 50 III a.F. Hinsichtlich der strafmodifizierenden Merkmale sollte es nach der Begründung des Entwurfs bei der rein individuellen Zurechnung bleiben[15]. Bei der Behandlung der strafbegründenden besonderen persönlichen Merkmale geht der E 62 - wie in der Begründung zu § 33 ausdrücklich klargestellt wird[16] - von der Strafbarkeit der Extranenteilnahme am Sonderdelikt aus[17]. Dies, so die Begründung, ent-

---

13 Er entspricht § 9 des Entwurfs zum OWiG.

14 Protokoll der 57. Sitzung für die Strafrechtsreform, V. Wahlperiode, S. 1095; ähnlich die Begr. zum Kabinettsbeschluß, BT Drucks. V/1319, S. 61, wo es sogar heißt, daß die Nichterwähnung der strafbegründenden Merkmale "notgedrungen zu unausgewogenen Ergebnissen führt"

15 Beispielhaft werden Rücktritt und Rückfall genannt (Begr. zu § 33 E 62 S. 152).

16 a.a.O. S. 152

17 Mit "Sonderdelikt" ist zunächst nichts anderes gemeint als ein Delikt, bei dem ein besonderes persönliches Merkmal strafbarkeitsbegründend wirkt.

spreche allgemeiner Meinung und sei hinsichtlich Anstiftung und Beihilfe zu militärischen Straftaten durch § 1 III WStG vom 30.3.1957 anerkannt worden. Die Verfasser des Entwurfs nehmen Anstoß daran, daß die Teilnehmerstrafe sich in den Fällen strafbegründender persönlicher Merkmale bisher immer nach der Täterstrafe richtete, gleichgültig ob auch beim Teilnehmer diese strafbegründenden Merkmale vorlagen oder nicht. Denn daraus folge, daß es beispielsweise bei den unechten Sonderstraftaten[18] nach § 50 II i.d.F. von 1943 berücksichtigt werde, falls dem Teilnehmer das besondere persönliche Merkmal fehle, bei den echten Sonderstraftaten[19] hingegen nicht. Unausgewogene Strafdrohungen seien die Konsequenz. Durch eine dem § 33 I E 62 entsprechende Vorschrift könne, so meinten die Verfasser des E 62, das Fehlen des beim Täter vorhandenen strafbegründenden besonderen persönlichen Merkmals beim Teilnehmer wenigstens strafmildernd berücksichtigt werden. Hingegen könne nicht der in § 33 II E 62 (= § 28 II StGB jetziger Fassung) für die strafschärfenden, -mildernden oder -ausschließenden Merkmale festgeschriebene Grundsatz gelten, daß nämlich besondere persönliche Merkmale nur bei dem Tatbeteiligten zu berücksichtigen sind, der sie selbst aufweist. Denn die Übertragung dieses Grundsatzes würde zum Wegfall der Strafbarkeit des Teilnehmers führen, sofern ihm das strafbegründende besondere persönliche Merkmal fehle[20].

Die Tatsache, daß § 33 I E 62 (= § 28 I StGB jetziger Fassung) nur den Fall des Nichtvorliegens der besonderen persönlichen Merkmale beim Teilnehmer und eben nicht auch - wie Abs. 2 - den ihres Fehlens beim Täter behandelt, rechtfertigen die Verfasser des E 62 so:

> "Bei den Sonderstraftaten folgt das [d.h. der Umstand, daß die strafbegründenden besonderen persönlichen Merkmale nur beim Teilnehmer fehlen dürfen, niemals aber beim Täter] schon aus der Umschreibung des Tatbestandes. Bei den sog. eigenhändigen Straftaten ergibt es sich auch aus der

---

18 z.B. Freiheitsberaubung im Amt (§ 341 a.F.) und einfache Amtsunterschlagung (§ 350 a.F.)

19 z.B. Rechtsbeugung oder Aussageerpressung

20 Begr. zu § 33 E 62, BT Drucks. IV/650, S. 152; dieser Begründung hat sich die Kabinettsvorlage (BT Drucks. V/1319, S. 61 ff) nahezu wörtlich angeschlossen

Natur der Sache. Hierher gehören z.B. die Blutschande und die Doppelehe. Bei diesen Straftaten ist zwar möglich, daß jemand, bei dem die strafbegründenden besonderen persönlichen Merkmale vorliegen, von einer anderen Person zur Tat bestimmt oder dabei gefördert wird. Nicht denkbar ist es hingegen, daß Täter sein kann, wer in diesen Fällen diese besonderen persönlichen Merkmale in seiner Person nicht aufweist, selbst wenn sie, soweit das überhaupt möglich ist, beim Teilnehmer vorliegen."[21] [22]

E. § 28 i.d.F. des Zweiten Strafrechtsreformgesetzes von 1969

Den bisher letzten Schritt in der Geschichte der Regelung der besonderen persönlichen Merkmale tat der Gesetzgeber, indem er durch das Zweite Strafrechtsreformgesetz vom 4.7.1969 den heutigen § 28 schuf. Er gilt seit dem 1.1.1975.

Der Sache nach hat dieses Gesetz keine Änderung gegenüber § 50 i.d.F. 1968 gebracht. Jedoch hält es sich in Text und Aufbau noch enger an die §§ 33, 34 des E 62. § 50 II und III wurde zu § 28 I und II. Ihm läßt das Gesetz die Regelung des ehemaligen § 50 I als selbständigen § 29 folgen.

---

21 BT Drucks. IV/650, S. 152; fast gleichlautend die Kabinettsvorlage BT Drucks. V/1319, S. 61 ff

22 Das intensive Eingehen auf diesen aus heutiger Sicht als Gemeinplatz erscheinenden Umstand wird bei einem Blick in ältere Gesetzentwürfe verständlich. So wurde sowohl im Entwurf der Strafrechtskommission von 1913 (§ 37 I E 1913) als auch im Entwurf von 1919 (§ 30 E 1919) mittelbare Täterschaft des an der Tat eines nichtverantwortlich handelnden Intraneus beteiligten Extranen für möglich gehalten (s. näher dazu Roeder, ZStW 69 (1957), 223, 261). Andererseits erkannte der Amtliche Entwurf des Allgemeinen Deutschen Strafgesetzbuchs von 1925 (§ 28 I E 1925) und der Entwurf eines Allgemeinen Deutschen Strafgesetzbuchs (Reichstagsvorlage) von 1927 (§ 32 I E 1927) die Möglichkeit der Teilnahme auch dann an, wenn die strafbegründenden Merkmale zwar beim Teilnehmer, nicht jedoch beim Täter vorlägen. Schließlich ließ es der Entwurf der Amtlichen Strafrechtskommission von 1933 (§ b I IL, § bb III IIL) für die Strafbarkeit aller Beteiligten genügen, daß das besondere persönliche Merkmal auch nur bei einem von ihnen vorliegt (s. Roeder, ZStW 69 (1957), 223, 263).

Die Begründung des E 62 gibt als Motiv dieser Umgruppierung an, es sei notwendig zu verdeutlichen, daß § 33 E 62 (= § 28) Fragen des Tatbestandes, § 34 E 62 (= § 29) hingegen Fragen der Schuld regele[23].

F. Schlußfolgerungen aus der Entstehungsgeschichte des § 28

Bemerkenswert ist zunächst, daß die beiden in § 28 zusammengefaßten Regelungen eine recht unterschiedliche Historie haben. Während dem § 28 II vergleichbare Vorschriften seit 1871 fester Bestandteil des StGB sind und sogar schon früher in etlichen Partikularstrafrechten vorkamen, fand eine Bestimmung über das Fehlen strafbegründender besonderer persönlicher Merkmale beim Teilnehmer erst rund 100 Jahre später Aufnahme ins StGB.

Interessanter noch als die frühzeitige Aufnahme einer Vorschrift, die die Zurechnung strafmodifizierender persönlicher Merkmale betrifft, ist die Tatsache, daß diese Norm in ihrem Kernbestand über die gesamte Dauer ihres Bestehens hinweg trotz der tiefgreifenden Veränderungen, denen das Gesetz die Täterschafts- und Teilnahmebestimmungen im Laufe der letzten 120 Jahre unterzogen hat, und unbeschadet der Fortentwicklung der Teilnahmelehre in der Wissenschaft unangetastet geblieben ist.
Will man dieses Phänomen erklären, muß man die tragenden Gründe analysieren, die den Gesetzgeber dazu bewogen haben, die Regelung der *strafmodifizierenden* persönlichen Merkmale zu schaffen und zu bewahren:

In den Motiven zu Art. 82 des Bremischen Entwurfs von 1868, auf die der Friedbergsche Entwurf in der Begründung zu Art. 41 II vollinhaltlich verweist, lautet der bereits oben im Zusammenhang zitierte entscheidende Begründungssatz für die individuelle Zurechnung besonderer persönlicher Merkmale: "Der überall sonst befolgte Grundsatz der Gerechtigkeit drängt auch mit einer solchen Entschiedenheit sich auf, daß jenes Ausnahmeprinzip

---

23 BT Drucks. IV/650 S. 153

[gemeint ist die strenge Akzessorietät auch hinsichtlich der genannten besonderen persönlichen Umstände] mit einiger Konsequenz gar nicht durchgehalten werden kann."

Die ebenfalls bereits zitierte Begründung zum Zweiten Entwurf des RStGB führt an, der Entwurf habe in Art. 48: "den allgemeinen Satz zur Geltung bringen wollen, daß ein jeder lediglich nach dem Grade seiner Verschuldung, wie sie sich nach seiner Thätigkeit und seinen Verhältnissen gestaltet, bestraft werden soll."

Schon an diesen beiden Sätzen wird deutlich, daß es in erster Linie unspezifizierte Strafwürdigkeitserwägungen waren, die zur Aufnahme des § 50 in das RStGB von 1871 führten, ohne daß versucht wurde, einen Ableitungszusammenhang aus allgemeinen Begriffen wie Unrecht, Akzessorietät u.s.w. herzustellen[24].

Dies wird bestätigt durch die Ausführungen des mit den Gesetzgebungsmaterialien hervorragend vertrauten Oberreichsanwalts im Anhang zum Beschluß der Vereinigten Strafsenate des Reichsgerichts vom 18.4.1894[25]. Es heißt dort: "Die Vorschrift des § 50 ist ein Ausfluß des strafpolitischen Grundsatzes, daß strafrechtlich ein jeder nach seinem eigenen Maße zu messen, nach dem Grade seiner Verschuldung, wie sie sich nach den in seiner Person begründeten besonderen Umständen (Eigenschaften und Verhältnissen) gestaltet, zu strafen ist. Ob diese Ausnahmevorschrift [gemeint ist § 50] dem Wesen der Teilnahme entspricht und sie zu billigen ist oder nicht, - ich halte sie für sehr verständlich -, ist hier ebensowenig zu erörtern, als hier Anlaß zu allgemeinen Betrachtungen über das Wesen der Teilnahme gegeben ist."

Es wäre irrig, aus der Verwendung des Begriffs "Verschuldung" auf eine vom Gesetzgeber intendierte Differenzierung der besonderen persönlichen Umstände nach Schuld- und Unrechtsmerkmalen zu schließen. Eine solche Annahme ließe jedenfalls unberücksichtigt, daß bis 1943 der Grundsatz extremer Akzessorietät galt.

---

24 so auch Vogler, Lange-Festschrift S. 265, 275

25 abgedruckt in RGSt 25, 266 ff, 269 ff

Wie wenig man sich mit der Regelung der Zurechnung besonderer persönlicher Umstände einer übergreifenden Dogmatik verpflichtet fühlte, beweist nicht zuletzt § 82 des Bremischen Entwurfs, der die Anordnung der individuellen Zurechnung der "besonderen Umstände" mit den Worten schließt: "soweit das Gesetz nicht ein anderes bestimmt".

Eine Durchsicht der die strafmodifizierenden besonderen persönlichen Merkmale betreffenden Materialien zu § 50 i.d.F. von 1968 einschließlich des E 62 ergibt erstaunlicherweise kein wesentlich anderes Bild. Auch hier dominieren Strafwürdigkeitsargumente, denen kein konsistentes dogmatisches Konzept zugrunde liegt.

Zum Beleg sei zunächst Gallas zitiert, wobei der verbrechenssystematische Charakter der Merkmale, die Gallas anspricht, hier nicht interessieren soll.
In der 16. Sitzung der Großen Strafrechtskommission stellte Gallas die Frage, ob an der Anwendbarkeit des § 50 II i.d.F. 1943 auf Strafschärfungen wegen besonderer Pflichtenstellungen, wie etwa die Beamteneigenschaft bei den unechten Amtsdelikten, festzuhalten sei. Gallas trug zunächst die dagegen bestehenden dogmatischen Bedenken vor, namentlich "den Gedanken, daß wer zur fremden Pflichtverletzung anstiftet oder wer bei dieser Pflichtverletzung mitwirkt, auch an dem Unrechtsgehalt dieser besonderen Pflichtverletzung teilhat, insofern also eigentlich keine Strafmilderung verdient". Schließlich setzte sich Gallas jedoch mit folgender Erwägung über diesen Einwand hinweg: "Ich möchte aber meinen, daß die Verletzung der eigenen höchstpersönlichen Pflichten immer ein zusätzliches Moment der Strafwürdigkeit enthält, sodaß also die Verschiedenbehandlung von Teilnehmer und Täter doch wohl gerechtfertigt ist"[26].
Im Anschluß daran befaßte sich die Kommission mit der Anwendbarkeit des § 33 I E 62 (= § 28 I) auf schuldtypisierende Merkmale, insbesondere Gesinnungsmerkmale wie z.B. "böswillig". Dazu äußerte Gallas: "... könnte man sich fragen ..., ob es richtig ist, den Teilnehmer an der böswilligen Haupttat,

---

26 Niederschr. Bd. II S. 73

der selbst nicht böswillig handelt, zu bestrafen. Es ist doch so, daß dann beim Täter die Strafbarkeit überhaupt nur eintritt, wenn er böswillig handelt, das objektive Unrecht, das er anrichtet, also nicht ausreicht, um seine Strafbarkeit zu begründen, während es beim Teilnehmer genügen soll, daß er von der fremden Böswilligkeit weiß, was ja etwas ganz anderes ist, als wenn er selbst böswillig wäre. Man könnte also auf den Gedanken kommen, hier nun wirklich die Strafbarkeit davon abhängig zu machen, bei wem dieses Merkmal vorliegt ... Denkt man die Dinge durch, dann kommt man freilich zu gewissen kriminalpolitischen Bedenken gegen diese Lösung, die an sich vom Gesinnungsstandpunkt aus die konsequente wäre. Es würde sich nämlich eine nicht unbeträchtliche Einschränkung der Strafbarkeit ergeben ... Dieses Ergebnis zeigt wohl, daß man hier nicht die Lösung wählen kann, die vom reinen Schuldgedanken aus die konsequenteste wäre, vielmehr einen Kompromiß schließen muß"[27].

Ebenfalls zu den Gesinnungsmerkmalen heißt es in der Kabinettsvorlage zum EGOWiG von 1968[28]: "Es erscheint gerechter, wenn in allen derartigen Fällen besondere Strafdrohungen nur für den Täter und Teilnehmer gelten, bei dem die maßgebenden Merkmale gegeben sind."

Auch die Begründung für die Einführung der Strafmilderung hinsichtlich des Teilnehmers, bei dem strafbegründende besondere persönliche Merkmale des Täters fehlen, greift unmittelbar auf allgemeine Gerechtigkeitserwägungen durch.

Man ging wie selbstverständlich von der Strafbarkeit der Teilnahme an Delikten mit strafbegründenden, nur beim Täter vorliegenden besonderen persönlichen Merkmalen aus und empfand es als "unausgewogen"[29], "ungerecht"[30], "unzuträglich"[31], "ungereimt"[32], daß das Fehlen der besonde-

---

27 Niederschr. Bd. II S. 73 f

28 BT Drucks. V/1319 S. 61

29 Begr. zu § 33 E 62, BT Drucks IV/650 S. 152; Kabinettsvorlage, BT Drucks. V/1319 S. 62

30 Gallas in der 16. Sitzung der Großen Strafrechtskommission, Niederschr. Bd. II S. 73

ren persönlichen Merkmale beim Teilnehmer dann, wenn es sich um ein strafmodifizierendes Merkmal handelt, strafmindernd berücksichtigt werde, im Fall eines strafbegründenden Merkmals dagegen ohne Auswirkung auf die Teilnehmerstrafe bleibe.

Es waren somit unmittelbar Gerechtigkeitserwägungen, die § 50 II von 1968 (= § 28 I n.F.) zugrunde lagen.

Unter der Voraussetzung, daß der Gesetzgeber § 50 III von 1968 (= § 28 II n.F.) als sachgerecht angesehen hat - und davon ist angesichts der sachlich unveränderten Übernahme der Regelung auszugehen - hätte die einzig konsequente Lösung des Problems der straf*begründenden* besonderen persönlichen Merkmale nur in der Straflosigkeit des nichtqualifizierten Teilnehmers liegen können: Straf*modifizierende* besondere persönliche Merkmale des Täters werden nämlich dem sie nicht selbst aufweisenden Teilnehmer überhaupt nicht zugerechnet. Denn seine Strafe wird nicht bloß gemildert, vielmehr wird sie dem Grunddelikt entnommen, dem sie auch beim Fehlen des Merkmals beim Täter entnommen würde. Hätte man beabsichtigt, bei straf*begründenden* Merkmalen analog zu verfahren, müßte der Teilnehmer straflos bleiben, da hier kein Grunddelikt existiert, aus dem die Strafe abgeleitet werden könnte, und Sonderstrafrahmen speziell für diese Fälle gibt es im Gesetz bisher kaum.

Diese konsequente Lösung hat der Gesetzgeber jedoch nicht gewollt, obgleich die Inkonsequenz der dann Gesetz gewordenen Regelung bei der Gesetzesvorbereitung verschiedentlich erkannt worden war[33]:

---

31 Protokoll der 57. Sitzung des Sonderausschusses für die Strafrechtsreform, V. Wahlperiode S. 1095

32 Begr. zu § 30 AE, Allgemeiner Teil, S. 69

33 Sowohl in der Begründung zu § 33 E 62, S. 152, als auch in der Kabinettsvorlage, S. 62, und den Protokollen des Sonderausschusses, S. 1095, findet sich die Formulierung, durch die neue Bestimmung - § 33 I des E 62 bzw. § 50 II StGB - werde das Fehlen strafbegründender besonderer persönlicher Merkmale beim Teilnehmer "wenigstens" bzw. "zumindestens" mildernd berücksichtigt.

In der Begründung zur Kabinettsvorlage[34] wird die Hinnahme der aufgezeigten Inkonsequenz so zu rechtfertigen versucht: "Der in dem neuen Abs. 3 enthaltene Grundsatz kann hier nicht gelten, da er zum Ausschluß der Strafbarkeit für den Teilnehmer führen würde, bei dem die besonderen strafbegründenden Merkmale fehlen"[35]. Dabei handelt es sich jedoch offensichtlich um eine Scheinbegründung. Daß die konsequente Übertragung des dem § 50 III zugrundeliegenden Prinzips - keine Akzessorietät hinsichtlich besonderer persönlicher Merkmale - zur Straflosigkeit des Teilnehmers führen müßte, wenn strafbegründende besondere persönliche Merkmale allein beim Täter vorhanden sind, ist, wie oben ausgeführt, die dann denknotwendige Folge. Zu begründen wäre also gewesen, warum man diese Konsequenz vermeiden will. Für die Kabinettsvorlage und für die Verfasser des E 62 scheint der Grund so selbstverständlich gewesen zu sein, daß sie es für überflüssig hielten, ihn anzuführen.

Etwas aufschlußreicher sind die Ausführungen des Referenten des Bundesjustizministeriums in der 57. Sitzung des Sonderausschusses für die Strafrechtsreform[36]: "Eine andere Lösung [als die einer bloßen Strafmilderung] ist wohl nicht möglich, da ein spezieller Strafrahmen für das Handeln ohne besondere persönliche Merkmale, auf den zurückgegriffen werden könnte, fehlt und ein Ausschluß der Strafbarkeit in den genannten Fällen nicht angemessen wäre, wie das Beispiel zeigt, daß jemand, der nicht Richter ist, einen Richter zu einer Rechtsbeugung anstiftet." Die Notwendigkeit der Strafbarkeit des extranen Teilnehmers wird hier mit einer Wertung ("unangemessen") 'begründet' und lediglich mit einem an das Rechtsgefühl appellierenden Beispiel untermauert. Letztlich handelt es sich also auch dabei um nichts anderes als unspezifische Strafwürdigkeitsüberlegungen[37].

---

34 BT Drucks. V/1319 S. 62

35 bis auf die §§-Bezeichnung wortgleich die Begr. zu § 33 I des E 62, BT Drucks. IV/650 S. 152

36 S. 1095

37 Wie hier wird auch in BGHSt 22, 375, 377 die Ansicht vertreten, daß § 50 II von 1968 (= § 28 I n.F.) vor allem auf Gerechtigkeitserwägungen beruht.

G. Zusammenfassung

Zusammenfassend bleibt zur Entstehungsgeschichte des § 28 festzuhalten: Konkrete Strafwürdigkeits- und Gerechtigkeitserwägungen haben bei der Regelung der Beteiligung mehrerer beim Vorliegen besonderer persönlicher Merkmale in der Person einzelner Beteiligter ganz im Vordergrund gestanden. Eine Beziehung zu abstrakten Ableitungsbegriffen wurde nicht hergestellt[38].

Welche Bedeutung diesem Befund für die heutige Interpretation des § 28 zukommt, wird noch zu behandeln sein. Auch muß hier noch dahinstehen, ob der überragende Einfluß fallbezogener Strafwürdigkeitsgesichtspunkte auf die Genese des § 28 wirklich, wie vielfach behauptet wird, zu einer konzeptionslosen[39], vom Gesetzgeber nicht hinreichend durchdachten[40], widersprüchlichen[41], höchst fragwürdigen[42], ja verfehlten[43] Vorschrift geführt hat.

---

38 Das steht, was die Entstehung speziell des § 50 i.d.F. von 1968 angeht, in einem gewissen Widerspruch zu dem bei anderen Fragen der Teilnahme von den Verfassern des Entwurfs eingenommenen Standpunkt: Während bei § 50 Gerechtigkeitserwägungen und nicht zuletzt das Bestreben, Strafbarkeitslücken zu vermeiden, vorrangig waren, wurden an anderer Stelle im Interesse eines "geschlossenen Systems" keine Zugeständnisse gemacht. So meinte Gallas in der Großen Strafrechtskommission (Niederschr. S. 70): "Im übrigen wäre ich bereit, um der Geschlossenheit und Sinnhaftigkeit der Teilnahmeregelung willen auch gewisse minder bedeutsame Lücken in Kauf zu nehmen".

39 so Jakobs, AT 23/1

40 so BGHSt 22, 375; Schröder, JZ 1969, 132; Heidland, Die besonderen persönlichen Merkmale im Sinne des § 50 Abs. 2 StGB S. 1

41 so Stratenwerth, AT Rz. 941

42 so Schmidhäuser, AT 14/73 Fn. 14

43 so Langer, Sonderverbrechen S. 467

Zweites Kapitel: Die höchstrichterliche Rechtsprechung zu § 28 und seinen Vorgängern

Die Judikatur zu § 28 und seinen Vorläufern erfährt in dieser Arbeit eine recht umfangreiche Darstellung. Dies erscheint notwendig, weil die Entwicklungslinien der Rechtsprechung bisher, soweit ersichtlich, noch nirgends im Zusammenhang dargestellt und aufgearbeitet worden sind.

Soweit im folgenden konkrete Gerichtsentscheidungen angesprochen werden, ist mehrerlei zu beachten: Einzelne Urteile tauchen in der Darstellung mehrfach auf. Dies beruht darauf, daß die Rechtsprechung des RG und des BGH nicht einfach chronologisch wiedergegeben, sondern unter dem Gesichtspunkt unterschiedlicher Begründungsansätze dargestellt wird. Da etliche Entscheidungen mehrere Begründungsansätze vereinen, erscheinen sie hier mehrfach. Demjenigen, der die hier für mehrere unterschiedliche Ansätze in Anspruch genommenen Urteile an den angegebenen Fundstellen nachliest, wird auffallen, daß die einzelnen Begründungslinien häufig nicht die Trennschärfe besitzen, wie sie die Darstellung im Text dieser Arbeit vermuten läßt. Dies hängt damit zusammen, daß das Erkennen der einzelnen Begründungsansätze häufig eine genauere Interpretation der Entscheidungsgründe voraussetzt. Aus dem Bestreben, die von den Gerichten gegebenen Begründungen deutlich hervortreten zu lassen und bestimmte Entwicklungen aufzuzeigen, wurden dabei eine gewisse Überzeichnung und bisweilen auch Vereinfachung in Kauf genommen. Des weiteren werden nachfolgend mehrfach Entscheidungen wiedergegeben, die im Ergebnis von anderen ebenfalls mitgeteilten Urteilen abweichen. Diese Abweichungen werden hier in der Regel weder betont noch kommentiert, denn es kommt für die Zwecke dieser Arbeit nicht auf die von der Rechtsprechung gefundenen Ergebnisse an, sondern auf die Begründungen.

A. Die Rechtsprechung des Reichsgerichts zu § 50 RStGB von 1871

Die nun folgende ausführliche Darstellung der reichsgerichtlichen Rechtsprechung zu § 50 RStGB rechtfertigt sich vor allem daraus, daß überaus viele Urteile des *BGH* auf einschlägige Reichsgerichtsentscheidungen verweisen. Ein Erfassen des heutigen Standpunktes des BGH zum Problem der besonderen persönlichen Merkmale ist daher ohne die Kenntnis der Judikatur des RG kaum möglich.

§ 50 RStGB hat in der reichsgerichtlichen Rechtsprechung immer wieder eine Rolle gespielt. Die in vielen Entscheidungen anzutreffenden Verweisungen auf frühere unveröffentlichte Urteile lassen ahnen, daß die Mehrzahl der zu § 50 RStGB ergangenen Urteile nicht veröffentlicht ist. Die nachfolgende Untersuchung beschränkt sich jedoch auf die veröffentlichte Judikatur.
Für die Beantwortung der Frage, wie "das Reichsgericht" § 50 RStGB verstanden hat und ob und ggf. in welche Richtung sich dieses Verständnis im Laufe der Zeit gewandelt hat, ist, wie bereits angedeutet, neben der Kenntnis der von dem Gericht als "persönliche Eigenschaften oder Verhältnisse" anerkannten gesetzlichen Merkmale vor allem die Kenntnis der die Anwendung oder Nichtanwendung der Vorschrift tragenden *Begründungen* erforderlich. Insoweit ausführlich begründete Urteile sind jedoch recht selten.

I. Die vom RG unter dem Gesichtspunkt des § 50 behandelten Gesetzesmerkmale

Zu den "persönlichen Eigenschaften oder Verhältnissen" i.S.d. § 50 RStGB zählt das RG die Gewerbsmäßigkeit[1], die Gewohnheitsmäßigkeit[2], den Rückfall[3], die Beamteneigenschaft und die amtliche Beziehung zu einem Ge-

---

1 RGSt 4, 184, 186; 23, 378; 25, 266, 268; 26, 3, 4; 61, 268, 269; JW 1934, 170 Nr. 16; RGSt 71, 72, 73
2 RGSt 4, 184, 186; 23, 378; 25, 266, 268
3 RGSt 2, 161, 162; 4, 184, 186; 23, 378; 74, 273, 274

genstand[4], die Elternschaft bei § 181 Nr. 2 a.F. (schwere Kuppelei)[5], die nichteheliche Mutterschaft i.S.d. § 217[6], das Anvertrautsein der Sache bei § 246 2. Fall[7], die Angehörigeneigenschaft aus § 257 II a.F.[8] und wohl auch die Eigenschaft als militärischer Untergebener i.S.d. § 95 Militärstrafgesetzbuch a.F.[9]

Den folgenden gesetzlichen Merkmalen hat das RG hingegen die Anerkennung als persönliche Eigenschaften oder Verhältnisse i.S.d. § 50 RStGB versagt: Besitz und Gewahrsam i.S.d. § 246[10], Überlegung beim Mordtatbestand a.F.[11], Entgeltlichkeit bei § 219 a.F.[12] und Gewinnsucht i.S.d. § 133 II a.F.[13]

II. Begründungen für die Anwendung oder Nichtanwendung der Vorschrift

1. Strafmodifizierender bzw. strafbegründender Charakter; Tatbestandskriterium

Das am häufigsten vom RG gebrauchte Argument *gegen* die Anwendbarkeit des § 50 RStGB lautet: Das betreffende Merkmal *erhöht oder vermindert die Strafbarkeit nicht, sondern begründet sie*[14]. Das häufigste Argument *für* seine

---

4 RGSt 55, 181, 182; 63, 31, 35; 65, 102, 104 f; 68, 90, 91; JW 1938, 1583 Nr. 2; RGSt 75, 289, 290

5 RGSt 22, 51, 53

6 RGSt 2, 153, 155; HRR 1933 Nr. 1056; RGSt 72, 373, 374 f; 74, 84, 86

7 RGSt 72, 326, 328

8 RGSt 14, 102, 104 ff; allerdings wendete das RG § 50 RStGB nicht unmittelbar an, da dort nur strafschärfende und -mildernde Merkmale genannt waren.

9 RGSt 25, 234, 236

10 RGSt 68, 90

11 RGSt 56, 25, 26

12 RGSt 60, 158, 159

13 RGSt 62, 203, 207; 63, 31, 35

14 so RGSt 22, 51, 53 bzgl. der schweren Kuppelei i.S.d. § 181 RStGB im Verhältnis zur einfachen Kuppelei; RGSt 25, 234, 236 bzgl. § 97 Militärstrafgesetzbuch a.F. im Verhältnis zu §§ 223 f RStGB; RGSt 36, 148, 154 bzgl. Art. 3 I der Postgesetznovelle von 1899; RGSt 55, 181, 182 bzgl. der

Anwendbarkeit war: Das jeweilige Merkmal *begründet die Strafbarkeit nicht, sondern erhöht oder vermindert sie*[15].

Die Dominanz dieses Ansatzes wäre logisch betrachtet nur bei den Entscheidungen zu erwarten gewesen, die ein Eingreifen des § 50 RStGB ablehnen. Da es in diesen Fällen nämlich genügt, von den mehreren Tatbestandsvoraussetzungen des § 50 RStGB irgendeine zu verneinen, liegt es nahe, vorrangig auf die - nach heutiger Auffassung - weniger problematische Frage der bloß strafschärfenden bzw. -mildernden Wirkung des Merkmals einzugehen. Gleichwohl schenkten die erkennenden Senate auch dann, wenn sie § 50 RStGB für einschlägig hielten, dieser Frage in der Regel weit größere Aufmerksamkeit als derjenigen, ob es sich bei dem betreffenden Umstand um eine persönliche Eigenschaft oder ein persönliches Verhältnis handelt. Offensichtlich hielt man die Annahme strafschärfender statt strafbegründender Wirkung für problematischer, jedenfalls für eher begründungsbedürftig als die Qualifizierung des Merkmals als persönliche Eigenschaft oder persönliches Verhältnis.

Zunächst soll deshalb ein Blick auf diese im Vordergrund stehende *Begründung aus dem strafändernden oder strafbegründenden Charakter des Merkmals* geworfen werden.

Eine derartige Begründung spricht nur dann für sich selbst und bedarf keiner weiteren Erklärung, wenn es um ein Merkmal geht, dessen Fehlen beim Täter zu seiner vollständigen Straflosigkeit führen würde. In allen anderen Fällen, in denen - untechnisch ausgedrückt - ein Auffangtatbestand existiert,

---

Beamteneigenschaft bei den sog. reinen Beamtendelikten; RGSt 68, 90 bzgl. Besitz und Gewahrsam i.S.d. § 246

15 s. etwa RGSt 55, 181, 182 bzgl. der Beamteneigenschaft bei den sog. gemischten Beamtendelikten; RGSt 65, 102, 105 bzgl. der amtlichen Beziehung zum Gegenstand der Amtsunterschlagung (§§ 350 f a.F.); RGSt 71, 72, 73 bzgl. der gewerbsmäßigen Unzucht unter Männern i.S.d. § 175 a Nr. 4 a. F. gegenüber der einfachen Unzucht unter Männern gem. § 175 a. F.; JW 1938, 1583 bzgl. der Beamteneigenschaft in § 340 gegenüber § 223

stellt sich sofort die Frage, warum denn eigentlich das in Rede stehende Merkmal die Strafe schärft und eben nicht begründet oder umgekehrt.

Soweit sich die einzelnen Urteile dazu äußern, wird die Annahme bloß straf*ändernder* Wirkung der Sache nach fast stets damit erklärt, daß das gesetzliche Merkmal "*den deliktischen Tatbestand an sich nicht berühr*[e]"[16], der Paragraph oder Absatz, der das straferhöhende Merkmal enthält, "*keinen selbständigen Tatbestand*" bilde[17] oder die strafändernde Norm "*keinen strafrechtlichen Thatbestand enth*[alte]"[18].

Zur Rechtfertigung der Annahme des straf*begründenden* Charakters wird darauf hingewiesen, der betreffende Umstand stelle "*ein Tatbestandsmerkmal*" dar[19], sei "*Teil des Tatbestandes*"[20], oder gehöre "*zum Tatbestand* des Delikts"[21].

---

16 s. RGSt 25, 266, 268: "Der Umstand, daß Hehlerei, Jagdvergehen und Wucher gewerbs- oder gewohnheitsmäßig verübt werden, berührt *den deliktischen Thatbestand an sich* nicht; dieser bleibt der gleiche, ob er gewerbs- beziehungsweise gewohnheitsmäßig verübt [wird] oder nicht; es [kann] daher im Falle des Zusammenwirkens mehrerer als Thäter oder Theilnehmer bei dem einen dieses Merkmal zutreffen, bei dem anderen dagegen fehlen."

17 RGSt 65, 102, 104, wo die schwere Amtsunterschlagung deshalb als sog. Amtsdelikt qualifiziert wird, weil § 351 kein selbständiger, in den Bereich der Urkundsdelikte fallender Tatbestand sei

18 RGSt 14, 102, 104 - Dort wird als Begründung dafür, daß "die Grundsätze über die Strafbarkeit des Anstifters und das hierbei anzuwendende Gesetz ... der Ausdehnung des in § 257 II normierten Strafausschliessungsgrundes auf den Anstifter nicht entgegen[stehen]" (S. 105), u.a. angeführt, es könne bei Anwendung des § 257 II a.F. nicht gesagt werden, daß auf den Anstifter ein anderes Strafgesetz angewendet werde, als auf den Täter, denn § 257 II a.F. sei im Verhältnis zu § 257 I 1. Alt. *kein anderes Strafgesetz*, er enthalte weder eine Strafnorm noch einen strafrechtlichen *Tatbestand* (S. 104)); der Sache nach wohl auch RGSt 71, 72, 73: "Die Gewerbsmäßigkeit der Unzucht mit Männern ist nach der Fassung des § 175 a Nr. 4 in den beiden ersten Begehungsformen lediglich ein Erschwerungsgrund gegenüber der einfachen Unzucht mit Männern. Die Gewerbsmäßigkeit ist demnach eine persönliche Eigenschaft des Täters i.S.d. § 50 RStGB, die die Strafe erhöht."

19 so RGSt 36, 148, 154: "Die Gewerbsmäßigkeit bildet bei dieser Straftat [gewerbsmäßige Beförderung unverschlossener Postsendungen i.S.d. Art. 3 I der Postgesetznovelle von 1899] *ein Tatbestandsmerkmal*, einen Umstand, der die Strafbarkeit des verbotenen Anstaltsbetriebes erst be-

Hinter diesem *'Tatbestandskriterium'* steht eine Überlegung, die am deutlichsten in RGSt 14, 102 ff[22] mitgeteilt wird. Es heißt dort sinngemäß[23]: Da nach dem Strafgesetzbuch die Strafbarkeit des Anstifters und des Gehilfen von der Begehung der Tat durch einen anderen abhängig ist, muß der objektive wie der subjektive *Tatbestand* der Handlung gegeben sein, um die Strafbarkeit des Teilnehmers zu begründen. Umgekehrt ist dann alles das auf die Strafbarkeit des Teilnehmers von Einfluß, was für die Frage, welches Strafgesetz auf die vom Täter verübte Handlung anzuwenden ist, Bedeutung hat. Die Abhängigkeit der Strafbarkeit der Teilnahme von dem Charakter der Haupttat erstreckt sich aber *nicht auf die Modalitäten der Anwendung des durch die Handlung des Täters bestimmten Strafgesetzes* auf die einzelnen Mitschuldigen, also nicht auf die Strafzumessung, nicht auf die gesetzlich bestimmten Strafmilderungs- oder Strafschärfungsgründe und nicht auf die bei dem einen oder anderen Beteiligten etwa vorhandenen Strafausschließungs- oder Strafaufhebungsgründe. Bezüglich der strafmildernden oder strafschärfenden persönlichen Eigenschaften und Verhältnisse ist dies durch die positive Bestimmung des § 50 RStGB ausdrücklich anerkannt.

Die Untersuchung, ob das persönliche Merkmal Teil eines anderen Strafgesetzes, also eines neuen Tatbestandes ist, oder ob es nur eine Straferhöhung oder -verminderung innerhalb ein und desselben Strafgesetzes, ein und desselben Tatbestandes, bewirkt, ist nach Ansicht des Gerichts also wegen der

---

gründet, nicht einen Umstand, der im Sinne des angezogenen § 50 RStGB die ohnehin gegebene Strafbarkeit des Betriebes nach den persönlichen Eigenschaften oder Verhältnissen des Täters erhöht."

20 so RGSt 55, 181, 182: "§ 50 RStGB behandelt die sog. strafändernden im Gegensatz zu den strafbegründenden Umständen, die, weil sie *Teile des Tatbestandes* sind, nicht unter den § 50 RStGB fallen. Deshalb gehört die Beamteneigenschaft nicht zu den Umständen des § 50 RStGB bei den reinen Beamtenvergehen, wohl aber bei den sog. gemischten Beamtenvergehen, die das Gesetz nur wegen der Beamteneigenschaft des Täters mit höherer Strafe bedroht."

21 so RGSt 56, 25, 26: "Die Überlegung beim Mord ist ... keine persönliche Eigenschaft des Täters i.S.d. § 50 RStGB, sondern stellt sich als *zum Tatbestand des § 211 gehöriges* Merkmal dar."

22 Urteil des 1. Strafsenats vom 29. 4. 1886

23 s. a.a.O. S. 103 f

akzessorischen Natur der Teilnahme notwendig. Anhand welcher Kriterien das RG die Unterscheidung im Einzelfall durchführt, ist unklar. Jedenfalls liegt nicht die in neuerer Zeit insbesondere von Schmidhäuser[24] herausgearbeitete Differenzierung von materiellem und formellem Tatbestand zugrunde; denn in diesem Fall müßte die Frage nicht lauten, ob das persönliche Merkmal Teil eines neuen Tatbestandes ist, sondern ob sie Teil der unrechtsbegründenden tatbestandlichen Rechtsgutsverletzung ist oder nicht[25]. Aus einer davon abweichenden, wie auch immer gearteten begrifflichen Kennzeichnung des Tatbestandes läßt sich für die Beantwortung der heute allein noch interessierende Frage, wie das RG die persönlichen Merkmale bestimmt hat, kaum etwas gewinnen[26]. Der Ansatz des RG beim Tatbestand soll deshalb hier nicht weiter verfolgt werden.

Vielmehr ist darauf einzugehen, wie das RG die Zugehörigkeit oder Nichtzugehörigkeit eines bestimmten gesetzlichen Merkmals zu den *persönlichen Eigenschaften oder Verhältnissen* i.S.d. § 50 RStGB begründet.

2. Wortlaut

Das Gericht geht für die Untersuchung, ob es sich bei dem jeweiligen Umstand um ein Merkmal i.S.d. § 50 RStGB handelt, in erster Linie vom *Wortlaut des § 50 RStGB* aus. Das wird nicht nur an Urteilen deutlich, in denen regelrecht unter die Begriffe "persönliche Eigenschaften" und "persönliche Verhältnisse" subsumiert wird, sondern auch daran, daß in nahezu allen Entscheidungen immerhin eine ausdrückliche Zuordnung zu einem der beiden Begriffe vorgenommen wird[27].

---

24 Engisch-Festschrift S. 433, 443

25 vgl. Schmidhäuser, a.a.O. 443, 446

26 Die Abgrenzung von strafändernden und strafbegründenden Merkmalen ist zwar auch heute noch wegen der unterschiedlichen Rechtsfolgen der Abs. 1 und 2 des § 28 von einiger Bedeutung, im Rahmen der vorliegenden Arbeit interessiert sie zunächst jedoch nicht.

27 s. z.B. RGSt 2, 261, 262 (Rückfall als persönliche Eigenschaft); RGSt 4, 184, 186 (Gewerbsmäßigkeit als persönliche Eigenschaft); RGSt 22, 51,

Unter einer persönlichen Eigenschaft verstand das Gericht ein "das Wesen und die Charaktereigentümlichkeit des Menschen bezeichnendes Moment"[28]. Persönliche Verhältnisse wurden im Einklang mit dem Schrifttum als "die Beziehungen des Menschen zu anderen oder zu irgendeinem Dinge" definiert[29].

Die in der älteren Literatur vielfach geforderte Dauerhaftigkeit der persönlichen Eigenschaft oder des persönlichen Verhältnisses hat das RG nicht ausdrücklich und grundsätzlich als Voraussetzung der Anwendbarkeit des § 50 RStGB anerkannt[30].

3. Gesetzeszweck; Wille des Gesetzgebers; Strafzweck der Vergeltung

Vor allem in älteren Entscheidungen rekurriert das RG (auch) auf den *Zweck des § 50 RStGB*, den hinter dieser Vorschrift stehenden *gesetzgeberischen Willen* und den *Schuldvergeltungsgedanken*.

Der 3. Senat schickt im Urteil vom 20.5.1881[31] seiner Feststellung, daß die Gewerbsmäßigkeit ebenso wie die Gewohnheitsmäßigkeit und der Rückfall eine "persönliche Eigenschaft" ist, die Bemerkung voran, § 50 RStGB verwirkliche den "strafpolitischen Grundsatz, daß *ein jeder lediglich nach dem*

---

53 (Elternschaft i.S.d. alten Kuppeleitatbestandes als persönliches Verhältnis) u.s.w.

28 s. nur RGSt 25, 266, 268

29 s. die Nachweise in der Stellungnahme des Obereichsanwalts zu dem der Entscheidung RGSt 25, 266 ff zugrundeliegenden Fall in RGSt 25, 266, 269, 270

30 Im Urteil des 2. Senats vom 20.5.1881 (RGSt 4, 184 ff) heißt es zur Gewerbsmäßigkeit der Hehlerei: "Ließe sich auch das Requisit der Dauer als notwendig zugeben, so würde daraus nicht folgen, daß diese Dauer eine unbegrenzte sein müsse" (S. 186). Vgl. ferner die in RGSt 25, 266 ff wiedergegebene, das Moment der Dauer voraussetzende Auffassung des vorlegenden 3. Senats. Die Vereinigten Strafsenate nehmen in RGSt 25, 266 ff selbst nicht ausdrücklich Stellung. S. ferner RGSt 56, 25, 26, wo der 5. Senat äußert, daß "die Überlegung beim Mord, da ihrer Natur nach nichts Dauerndes, keine persönliche Eigenschaft i.S.d. § 50 RStGB" sei.

31 RGSt 4, 184 ff

Grade seiner Verschuldung, wie sie sich nach seiner Tätigkeit und seinen Verhältnissen gestaltet, bestraft werden soll"[32].
Im Urteil des 1. Senats vom 29.4.1886[33] heißt es zur Rechtfertigung der individuellen Wirkung des Strafausschließungsgrundes der Angehörigeneigenschaft i.S.d. § 257 II a.F.: "Die in den Motiven zu § 50 RStGB betonte *Absicht des Gesetzgebers, daß ein jeder lediglich nach dem Grade seiner Verschuldung ... bestraft werde*, muß naturgemäß bei Strafausschließungsgründen nicht weniger durchschlagend erscheinen, als bei bloßen Schärfungs- und Milderungsgründen"[34].
Die Vereinigten Strafsenate machen in ihrer Entscheidung vom 18.4.1884[35] für die Anwendung des § 50 RStGB auf die Gewerbs- und Gewohnheitsmäßigkeit geltend, für sie spreche der in den Motiven betonte *Wille des Gesetzgebers*, daß im Falle der Beteiligung mehrerer an einer Tat, deren Strafbarkeit das Gesetz mit Rücksicht auf die persönlichen Eigenschaften und Verhältnisse des Täters erhöhe oder vermindere, *ein jeder nach Maßgabe seiner Verschuldung* bestraft werden solle[36].
Wie das RG den Begriff "Verschuldung" dogmatisch versteht, wird in den Urteilen ebensowenig erläutert, wie sich eine Begründung dafür findet, warum die jeweils als persönliche Eigenschaften oder Verhältnisse qualifizierten Merkmale gerade und ausschließlich Einfluß auf die persönliche "Verschuldung" ausüben. Letzteres dürfte damit zu beantworten sein, daß der Begriff Verschuldung nach dem Sprachgebrauch des Gerichts wohl allgemein dasjenige Quantum bezeichnen soll, das die Strafwürdigkeit der Tat begründet.

32 a.a.O. S. 185
33 RGSt 14, 102 ff
34 a.a.O. S. 104
35 RGSt 25, 266 ff
36 a.a.O. S. 268/269

4. Tat- bzw. Täterbezogenheit

Schließlich finden sich Urteile, in denen schon die Unterscheidung von *Tat- und Täterbezogenheit* anklingt, wie sie heute der ständigen Rechtsprechung des BGH zugrunde liegt und auch in der Literatur vorherrscht.
Der 1. Strafsenat des RG hatte im Urteil vom 9.1.1893[37] darüber zu entscheiden, ob § 50 RStGB auf den Gehilfen eines gewerbsmäßigen Jagdvergehens Anwendung findet, wenn der Gehilfe nicht selbst gewerbsmäßig handelt. Das Gericht läßt § 50 RStGB mit der Begründung eingreifen, daß "Gewerbsmäßigkeit wie auch Gewohnheitsmäßigkeit und Rückfall *die objektive Gestaltung der Tat* unberührt lassen und sonach i.S.d. § 50 RStGB zu den persönlichen Eigenschaften gehören"[38].
Der 3. Senat lehnt in seinem Urteil vom 5.4.1894[39] eine Anwendung des § 50 RStGB auf einen Zivilisten, der einen Soldaten zu einer gefährlichen Körperverletzung an einem Vorgesetzten (§ 97 Militärstrafgesetzbuch) angestiftet hatte, mit folgender Begründung ab: "Denn es ist ohne weiteres klar, daß im Falle der Anwendung eines gefährlichen Werkzeugs bei dem tätlichen Angriff die in § 97 vorgesehene Straferhöhung durch die erhöhte Gefährlichkeit *der Tat* und den Erfolg derselben, nicht aber durch besondere persönliche Eigenschaften oder Verhältnisse *des Täters* bedingt wird"[40].
Der 2. Senat wendet im Urteil vom 22.6.1894[41] § 50 RStGB auf den nicht gewerbsmäßig handelnden Gehilfen einer gewerbsmäßigen Hehlerei mit folgender Begründung an: "Die Gewerbsmäßigkeit berührt die *objektive Gestaltung der betreffenden Straftat an sich nicht*. Sie gehört zu den persönlichen Eigenschaften"[42].

---

37 RGSt 23, 378 ff
38 a.a.O S. 378
39 RGSt 25, 234 ff
40 a.a.O. S. 237
41 RGSt 26, 3 ff
42 a.a.O. S. 4

Schließlich ist hier das Urteil vom 22.3.1926[43] zu nennen, in dem der 3. Senat § 50 RStGB auf den unentgeltlich handelnden Anstifter zur Lohnabtreibung (§ 219 a.F.) nicht anwendet, weil "Entgeltlichkeit ... ein sachlicher Umstand, der *nicht den Täter, sondern die Tat kennzeichnet*", sei[44].

5. Der Einfluß besonderer persönlicher Merkmale auf die Strafzumessung außerhalb des § 50

Zum Abschluß der Darstellung der reichsgerichtlichen Judikatur zu § 50 RStGB sei noch auf die Entscheidung RG JW 1938, 1583 Nr. 2 hingewiesen. In dem dort abgedruckten Urteil vom 5.4.1938 erklärt der 1. Senat, die Strafe eines nicht in amtlicher Eigenschaft zur Körperverletzung im Amt Beihilfe leistenden Tatbeteiligten sei § 223 zu entnehmen, nicht § 340. Gleichwohl sei das Landgericht durch § 50 RStGB nicht völlig gehindert, bei der Strafzumessung den Umstand zu berücksichtigen, daß der Angeklagte Hilfe zu einer Körperverletzung im Amt geleistet habe. § 50 RStGB dürfe nicht so ausgelegt werden, daß er in dieser Richtung innerhalb des gesetzlichen Strafrahmens die Strafzumessungsfreiheit hätte einschränken wollen[45].

III. Zusammenfassung

Der Überblick über die § 50 RStGB berührenden Urteile des RG führt zu der Erkenntnis, daß die Abgrenzung strafändernder von strafbegründenden Merkmalen von dem Gericht offenbar als schwieriger empfunden wurde als die Entscheidung darüber, ob ein bestimmtes Tatbestandsmerkmal zu den persönlichen Eigenschaften und Verhältnissen i.S.d. § 50 RStGB gehört.

Dennoch hat sich hinsichtlich des zuerst genannten Problems der Abgrenzung strafändernder von strafbegründenden Merkmalen schon recht früh

---

43 RGSt 60, 158 ff
44 a.a.O. S. 159
45 a.a.O. S. 1584

eine relativ einheitliche Praxis herausgebildet. Danach kommt es darauf an, ob das betreffende Merkmal zu einem neuen Tatbestand führt - dann wirke es strafbegründend - oder ob es den alten Tatbestand gleichsam nur modifiziert - dann sei es strafändernd.
Dieser Ansatz basiert auf einem bestimmten - tatbestandsorientierten - Verständnis der Teilnahmeakzessorietät.

Bezüglich des zweiten Problems - Abgrenzung persönlicher Merkmale i.S.d. § 50 RStGB von anderen Merkmalen - ist eine vergleichbar einheitliche Linie nicht erkennbar.
Das häufige Fehlen einer Begründung für die Annahme oder die Ablehnung eines persönlichen Merkmals i.S.d. § 50 RStGB mag seine Ursache in einem - nicht selten trügerischen[46] - Evidenzgefühl der erkennenden Senate aufgrund eines allzu wortlautorientierten Verständnisses des § 50 RStGB haben. Daß eine am Wortlaut der Vorschrift haftende Auslegung in Wahrheit oft zu keinem eindeutigen Ergebnis führt, machen neben einander widersprechenden Entscheidungen[47] die zahlreichen Urteile deutlich, die sich - sicher nicht ohne Grund - um einen über den Gesetzeswortlaut hinausgreifenden Ansatz bemühen.

Ein solcher Ansatz ist, wie dargelegt, die Frage danach, ob das Merkmal die individuelle "Verschuldung" kennzeichnet.
Dieser teleologische Ansatz, der sich, soweit ersichtlich, nur in Urteilen vor der Jahrhundertwende findet, bleibt aber konturenlos. Denn die ihn zugrundelegenden Urteile rezitieren bloß formelhaft die einschlägigen Wendungen der Gesetzesmaterialien, ohne die dort verabsäumte nähere, insbesondere verbrechenssystematische Erläuterung des mit dem Begriff der Verschuldung Gemeinten nachzuholen. Immerhin ist es unwahrscheinlich, daß mit

---

46 Ohne jede Begründung wurde z.B. die Gewinnsucht i.S.d. § 133 II a.F. in RGSt 62, 203, 207 und RGSt 63, 31, 35 als nicht dem § 50 RStGB unterfallend angesehen.

47 z.B. bzgl. der Gewerbs- und Gewohnheitsmäßigkeit: RGSt 25, 266 ff und die Vorlage des 3. Senats zu dieser Entscheidung

"Verschuldung" die Schuld im technischen Sinne, insbesondere die Abgrenzung Schuldmerkmale/Unrechtsmerkmale gemeint gewesen sein könnte. Dagegen spricht schon der Umstand, daß auch das RG z.B. die Beamteneigenschaft i.S.d. unechten Amtsdelikte, die es ja wie selbstverständlich zu den persönlichen Eigenschaften zählt[48], wohl kaum als ein nur die Schuld berührendes Merkmal angesehen hat.

Ein anderer Ansatz zur Bestimmung der unter § 50 RStGB fallenden gesetzlichen Merkmale konnte im vorangehenden mit aller Vorsicht aus den Urteilen herausgelesen werden, die darauf abstellen, ob das Merkmal den Täter oder die Tat (die Tat an sich, ihre erhöhte Gefährlichkeit oder objektive Gestaltung) kennzeichnet.
Auch hier bleiben die Vorstellungen, die dieser Unterscheidung zugrunde liegen, im Dunkeln. Dargestellt werden sie vom Gericht - soweit ersichtlich - nirgends[49].

Es ist festzuhalten, daß es dem RG nicht gelungen ist, ein eindeutiges Kriterium zur Bestimmung der "persönlichen Eigenschaften und Verhältnisse" i.S.d. § 50 RStGB (1871) zu entwickeln.

---

48 s. RGSt 55, 181, 182; 63, 31, 35; 65, 102, 104 f; 68, 90, 91; JW 1938, 1583 Nr. 2; RGSt 75, 289, 290

49 Allerdings wird der durch die einschlägigen Äußerungen des RG vielleicht hervorgerufene Eindruck oberflächlicher, ja willkürlicher Unterscheidung bei der später durchzuführenden Untersuchung der Entwicklung des Kriteriums der Tat- bzw. Täterbezogenheit in der Rechtsprechung des BGH in Frage gestellt (s. B V 2 b bb).

B. Die Rechtsprechung des Bundesgerichtshofs

I. Die vom BGH unter dem Gesichtspunkt des § 50 a.F. bzw. des § 28 n.F. behandelten Gesetzesmerkmale

Der nachfolgend zusammengestellte Katalog der vom BGH unter dem Gesichtspunkt der Anwendbarkeit des § 28 behandelten Merkmale ist Beweis dafür, daß höchstrichterliche Urteile, in denen die Vorschrift eine Rolle spielt, nicht ausgesprochen selten sind. Dies wird man mit aller Vorsicht als Indiz nicht nur für die besondere Problematik der Vorschrift, sondern auch für ihre praktische Relevanz bewerten dürfen.

Als besondere persönliche Merkmale anerkannt sind die Mordmerkmale Habgier[50], niedrige Beweggründe[51], die Ermöglichungs- und die Verdeckungsabsicht[52], die Vermögensbetreuungspflicht i.S.d. § 266 I[53], die Amtsträgereigenschaft i.S.d. echten und unechten Amtsdelikte[54], die nichteheliche Mutterschaft i.S.d. § 217 I[55], die Schwangerschaft i.S.d. § 218 III (früher Abs. 1)[56], die Gewerbsmäßigkeit[57], die Gewohnheitsmäßigkeit[58], die Rückfälligkeit i.S.d. § 48 a.F.[59]

---

50 NStZ 1981, 299; NJW 1982, 2738

51 BGHSt 22, 375, 378; 23, 39; 25, 287, 289 f; StrV 1984, 69; NJW 1982, 2738; anders BGHSt 17, 215, 217 und wohl 1, 368, 371

52 bei Holtz MDR 1980, 628; BGHSt 23, 39, 40; 25, 287, 290; StrV 1984, 69

53 BGHSt 26, 53, 54; bei Holtz MDR 1979, 105; NJW 1983, 1807, 1809 f (insoweit in BGHSt 31, 232 ff nicht abgedruckt); StrV 1983, 330

54 LM Nr. 1 zu § 351; BGHSt 5, 75, 81 f; 6, 308, 309 f; NJW 1955, 720; BGHSt 17, 215, 216 f; 22, 375, 377; NJW 1991, 576, 578

55 BGHSt 17, 215, 217 mit Verweisung auf BGHSt 1, 235, 240, wo § 50 II jedoch nicht ausdrücklich genannt wird

56 BGHSt 1, 139, 142; 3, 228, 229

57 BGHSt 3, 191, 192; 4, 41, 43; 6, 260, 261

58 BGHSt 17, 215, 217

59 bei Dallinger MDR 1952, 407; BGHSt 17, 215, 217

Dagegen hat der BGH zu folgenden Merkmalen festgestellt, daß es sich bei ihnen nicht um besondere persönliche Merkmale handele:
Die Mordmerkmale der zweiten Gruppe (also Heimtücke[60], Grausamkeit[61], gemeingefährliche Mittel)[62], die Bandenzugehörigkeit i.S.d. § 401 b II Nr. 2 RAO[63] [64], die Gemeinschaftlichkeit des Angriffs i.S.d. § 223 a[65], die verfassungsfeindliche Absicht i.S.d. § 94 a.F.[66], die Unzuchtsabsicht i.S.d. § 235 III a.F.[67], die Zueignungsabsicht i.S.d. § 242[68], die Zerstörungsabsicht i.S.d. § 220 a I[69].

II. Auffälligkeiten

Überblickt man die Judikatur des BGH, so fällt zunächst ins Auge, daß überdurchschnittlich viele Entscheidungen, in denen es um das Vorliegen "besonderer persönlicher Merkmale" geht, Mordmerkmale betreffen. Weil der Grund dafür aber wohl kaum in einer zahlenmäßigen Dominanz der Mordfälle gegenüber den übrigen vom BGH zu verhandelnden Sachverhalten liegt, ist er entweder in der Problematik der Mordmerkmale (und der Auffas-

---

60 BGHSt 2, 251, 255 f; 6, 330; 23, 103, 105; 25, 287, 289; NJW 1982, 2738
61 bei Dallinger MDR 1970, 382; BGHSt 24, 106, 108
62 BGHSt 22, 375, 378
63 BGHSt 6, 260, 261 f; 8, 70, 72; 8, 205, 209 (zu § 243 I Nr. 6 a.F.); a.A.: BGHSt 4, 32, 35; der Sache nach auch BGHSt 12, 220, 226
64 § 401 b RAO i.d.F. vom 4.7.1939 hatte folgenden Wortlaut: "Gewerbsmäßiger, bandenmäßiger und gewaltsamer Schmuggel (1) Wer gewerbsmäßig Zoll hinterzieht oder gewerbsmäßig Bannbruch begeht, wird mit Gefängnis nicht unter drei Monaten bestraft. (2) Ebenso wird bestraft, 1. wer sich mit zwei oder mehr Personen zu gemeinschaftlicher Ausübung der Zollhinterziehung oder des Bannbruchs verbindet und das Vergehen gemeinschaftlich mit ihnen ausführt; 2. ..."
65 BGHSt 6, 260, 263
66 BGHSt 17, 215, 217
67 BGHSt 22, 375, 380 mit Verweisung auf ein unveröffentlichtes Urteil des 5. Strafsenats vom 21.11.1958, 5 StR 501/58
68 BGHSt 22, 375, 380
69 BGHSt 22, 375, 380, 381

sung des BGH zum Verhältnis von § 211 zu § 212) oder/und in der Problematik der vom BGH der Abgrenzung besonderer persönlicher Merkmale zugrunde gelegten Kriterien zu vermuten.

Weiterhin ist das Gefälle in der Häufigkeit der höchstrichterlichen Behandlung strafschärfender, -begründender, -mildernder und -ausschließender besonderer persönlicher Merkmale bermerkenswert.
Am häufigsten hatte sich der BGH mit strafschärfenden und strafbegründenden Merkmalen zu befassen. Daß die strafbegründenden Merkmale so stark vertreten sind, erstaunt umso mehr, als der die strafbegründenden Merkmale regelnde § 50 II (jetzt § 28 I) erst seit Oktober 1968 in Kraft ist.
Ein strafmildernder Umstand ist dagegen, soweit ersichtlich, erst zweimal ausdrücklich unter dem Gesichtspunkt des § 50 III a.F. bzw. § 28 II gewürdigt worden[70].
Urteile des BGH zu den im Jahre 1943 in § 50 aufgenommenen strafausschließenden besonderen persönlichen Merkmalen sind - jedenfalls in veröffentlichter Form - noch seltener[71].
Wiederum entsteht der Verdacht, die den BGH am häufigsten beschäftigenden Merkmale seien auch die problematischsten.

Schließlich ist festzustellen, daß bezüglich der Qualifizierung eines gesetzlichen Merkmals als besonderes persönliches Merkmal i.S.d. § 28 bzw. § 50 a.F. Urteile nicht nur in der Begründung, sondern auch im Ergebnis voneinander abweichen[72].

---

70 BGHSt 17, 215, 217 (nichteheliche Mutterschaft i.S.d. § 217 I); BGHSt 3, 228, 229 (Schwangerschaft i.S.d. § 218 I a.F.)

71 BGHSt 14, 172, 173 (Vortatbeteiligung bei § 257 III a.F. als "strafausschließendes Verhältnis")

72 Beispielsweise wurde die bandenmäßige Begehung des Bandenschmuggels (§ 401 b II Nr. 1 RAO) vom 2. Strafsenat im Urteil vom 13.2.1953 in einem obiter dictum als ein Merkmal angesehen, dessen Fehlen beim Gehilfen das Eingreifen des § 50 zur Folge habe (BGHSt 4, 32, 35). Diese Ansicht gab der 2. Senat im Urteil vom 22.6.1955 auf (BGHSt 8, 70, 72). Er schloß sich damit einer Entscheidung des 1. Strafsenats vom 13.7.1954 (BGHSt 6, 260 ff) an. Dagegen entschied der Große Senat am

III. Die vom Gericht herangezogenen Auslegungsmittel

Aufschlußreich könnte die Wahl der *Auslegungsmittel* in den Entscheidungen des BGH zu § 28 bzw. § 50 a.F. sein.

1. Wortlaut

Den *Wortlaut* des § 50 a.F. zieht der BGH wohl am häufigsten zur Auslegung der Vorschrift heran. Insbesondere in älteren Urteilen wird das jeweilige Merkmal an den schon vom RG[73] entwickelten Definitionen der "besonderen persönlichen Eigenschaften" und "besonderen persönlichen Verhältnisse" gemessen[74].

10.11.1958 (BGHSt 12, 220 ff), auf Teilnehmer, die selbst nicht bandenmäßig mitwirken, finde § 401 b II Nr. 1 RAO keine Anwendung (S. 220 LS b; S. 226, allerdings ohne Erwähnung des § 50). Ein anderes Merkmal, dessen Behandlung in der Judikatur des BGH kontrovers war, ist das der niedrigen Beweggründe i.S.d. § 211 II. Der 1. Strafsenat ließ die Frage, ob Beweggründe persönliche Merkmale i.S.d. § 50 sein können, zwar ausdrücklich offen (BGHSt 1, 368, 372), neigte aber offensichtlich dazu, dies zu verneinen (auf S. 371 heißt es: "Gegen diese Auffassung [d.h. die Anwendung des § 50 a.F. auf den Teilnehmer, wenn niedrige Beweggründe zwar bei ihm, nicht aber beim Täter gegeben sind], spricht schon das sonderbare Ergebnis"). Deutlicher drückt sich - allerdings nur in einem obiter dictum - der 3. Senat im Urteil vom 13.4.1962 (BGHSt 17, 215 ff) aus. Bloße Beweggründe, Absichten und ähnliche innere Merkmale charakterisieren seiner Ansicht nach "im Gesamtbild im allgemeinen weniger den Täter als die Tat" (S. 217); so fielen die niedrigen Beweggründe nicht unter § 50 II a.F., weil sie in erster Linie die Tat als besonders schwer erscheinen lassen, mögen sie mitunter auch den Täter beleuchten (S. 217). Der 5. Strafsenat hingegen entschied am 20.5.1969 (BGHSt 22, 375, 377), die niedrigen Beweggründe als Tatbestandsmerkmale des Mordes seien "besondere persönliche Merkmale, die die Strafbarkeit des Täters begründen" i.S.d. § 50 II i.d.F. von 1968 (S. 377 ff). Seither ist dies ständige Rspr. Der Generalbundesanwalt vertrat in seiner Stellungnahme zu dem in BGHSt 22, 375 ff entschiedenen Fall die entgegengesetzte Meinung (NJW 1969, 1057).

73 s.o. A II 2

74 z.B. BGHSt 6, 260, 262; 8, 70, 72; 8, 205, 208; Urt. v. 21.11.1958 (zit. in BGHSt 22, 375, 380)

In BGHSt 17, 215, 217 wird die Unterscheidung von Tat- und Täterbezogenheit (auch) auf den Wortlaut des § 50 II gestützt.
BGHSt 22, 275, 278, 279 leitet sogar die umstrittene Qualifizierung der "*niedrigen Beweggründe*" als besonderes persönliches Merkmal in erster Linie aus dem Gesetzestext ab.

2. Entstehungsgeschichte

In BGHSt 22, 375 ff rekurriert das Gericht u.a. auf die *Entstehungsgeschichte*, indem es auf die amtliche Begründung des Regierungsentwurfs zur Neufassung des § 50 II verweist[75]. Allerdings wird die Entstehungsgeschichte nur insoweit herangezogen, als es gerade um die - nicht näher begründete - Auffassung des Regierungsentwurfs zur Einordnung der "niedrigen Beweggründe" als besonderes persönliches Merkmal geht.

3. Gesetzeszweck

Teleologisch argumentiert der BGH, soweit ersichtlich, nur in zwei Entscheidungen im 8. und im 17. Band[76].
Dabei beschränkt sich die Entscheidung BGHSt 17, 215 ff[77] auf die bloße Behauptung, daß die Unterscheidung nach tat- und täterbezogenen Merkmalen dem "Sinn" des § 50 II entspreche[78].
Ausführlicher geht das Gericht in BGHSt 8, 205 ff auf den Gesetzeszweck und die Gesetzessystematik ein. Es heißt dort: "Der Absatz 2 des § 50 kann nicht ohne Rücksicht auf den leitenden Grundsatz des Absatzes 1 ausgelegt werden. Die Vorschrift bildet eine Einheit und regelt die Anwendung des Schuldgrundsatzes bei der Tatbeteiligung mehrerer. Eine Auslegung des Ab

75 s. S. 379 sub 4.
76 BGHSt 8, 205, 209; 17, 215, 217
77 Urteil des 3. Senats vom 13.4.1962
78 S. 217

satzes 2, die diesen Zweck der Vorschrift in das Gegenteil verkehrte, kann deshalb nicht zutreffen. Der Senat legt den Absatz 2 daher eng und streng innerhalb des Gesetzeszwecks des § 50 aus"[79].

IV. Urteile, die die Frage der Anwendbarkeit des § 28 bzw. des § 50 a.F. übergehen

War im vorangehenden die Rede von Urteilen, die auf § 28 bzw. seine Vorläufer eingehen, so sei nun noch kurz auf solche Urteile hingewiesen, die dadurch auffallen, daß sie auf diese Vorschrift gerade *nicht* eingehen[80]. Gemeint sind Entscheidungen, die Straftaten betreffen, bei denen nur ein Beteiligter ein bestimmtes Merkmal verwirklicht und hinsichtlich dieses Merkmals *in der Literatur* die Anwendbarkeit des § 28 diskutiert wird. Weiter kommen hier solche Urteile in Betracht, bei denen der BGH schon unter Zugrundelegung *seiner eigenen Auffassung zu § 28* die Anwendung dieser Vorschrift jedenfalls hätte erwägen müssen (etwa Straftaten im Zusammenhang mit Straftaten nach §§ 142, 153 ff[81])[82]. Ob das Gericht die Vorschrift hier unbewußt oder bewußt übergeht und welche Gründe ggf. für ein bewußtes Übergehen maßgebend sind, kann nicht gesagt werden.

---

79 S. 209

80 vgl. dazu auch Langer, Wolf-Festschrift S. 335, 343 ff

81 Lediglich in BGHSt 3, 320, 322 wurde einmal die Anwendbarkeit des § 50 II auf den in einer aussagenotstandsähnlichen Lage befindlichen Anstifter zur uneidlichen Falschaussage diskutiert.

82 Nachweise solcher Urteile bei Langer, Wolf-Festschrift S. 335, 336, 345

V. Die Begründungen im einzelnen

Im Anschluß an diese mehr allgemeinen Bemerkungen zur Rechtsprechung des BGH sollen im folgenden die *Begründungen*, mit denen das Gericht die Anwendbarkeit des § 28 bzw. § 50 a.F. bejaht oder verneint, näher betrachtet werden.

Die Darstellung verfolgt das Ziel, die heutige Auffassung des BGH zu § 28 nicht bloß durch die von dem Gericht selbst gebrauchten oft formelhaften Wendungen wiederzugeben. Vielmehr sollen die zum jetzigen Stand der Rechtsprechung führenden Entwicklungen nachgezeichnet und die in den wichtigsten Urteilen hinter dem Ergebnis stehenden konkreten Erwägungen transparent gemacht werden.

Für diesen Zweck geeignet sind allerdings nur solche Urteile, die zumindest ein Minimum an Begründung enthalten. Durch diese Bedingung wird die Zahl der verwertbaren Entscheidungen nicht unerheblich reduziert[83].

Es erscheint sinnvoll, die Rechtsprechung zu § 50 II i.d.F. der Strafrechtsangleichungsverordnung von 1943 gesondert von der Rechtsprechung zu § 50 II, III i.d.F. des Art. 1 des EGOWiG von 1968 darzustellen.

1. Die Rechtsprechung des BGH zu § 50 II i.d.F. von 1943

Von den zu § 50 i.d.F. von 1943 ergangenen Urteilen des BGH werden zunächst diejenigen referiert, die eine Anwendung der Vorschrift im konkreten Fall ablehnen, danach die Entscheidungen, in denen § 50 angewendet wird. Diese Trennung ist erforderlich, weil bei einer gemeinsamen, etwa chronologischen Darstellung der Überblick verloren ginge; denn oftmals behandelt ein Urteil mehrere Merkmale und bejaht dabei die Anwendbarkeit des § 50 für das eine, verneint sie jedoch für das andere Merkmal. Vor allem

---

83 Nicht wenige Urteile verweisen zur Begründung lediglich auf frühere Entscheidungen des BGH oder des RG, oder sie verzichten ganz auf eine Begründung (aus jüngerer Zeit s. BGH NJW 1983, 1809 und BGHSt 26, 54 (beide zu § 266)).

aber sind die Gründe für die *Ablehnung* des § 50 häufig leicht auszumachen, und typische Argumentationsgänge können sichtbar gemacht werden. Die *Annahme* des Vorliegens eines besonderen persönlichen Merkmals i.S.d. § 50 erfolgt dagegen in vielen Fällen ohne Gründe, oft werden nur einzelne Voraussetzungen ausdrücklich begründet, nicht selten wird sogar nur auf andere Entscheidungen verwiesen.

a) Argumentationsgänge und Argumentationsvarianten, die dazu führen, daß eine *Anwendung des § 50 II unterbleibt*

aa) Strafbegründender, nicht strafmodifizierender Charakter

In einigen Urteilen wird das Eingreifen von § 50 II deshalb verneint, weil das fragliche Merkmal *die Strafe nicht, wie in § 50 II vorausgesetzt, bloß schärfe, sondern begründe*[84].

Zuweilen wird im Zusammenhang mit der Ablehnung der Anwendbarkeit von § 50 II auch betont, bei dem in Rede stehenden Merkmal handele es sich um ein "*echtes Tatbestandsmerkmal*"[85]. Dies erweckt den Anschein, als halte das Gericht § 50 II auf Merkmale der Tatbestände des Besonderen Teils (formelle Tatbestandsmerkmale) für prinzipiell unanwendbar. Der Schein trügt jedoch. Dem BGH war bei der betreffenden Äußerung nämlich nicht unbekannt, daß schon das RG § 50 auf Tatbestandsmerkmale anwendete[86] und daß selbst die Materialien zum RStGB entsprechende Beispiele enthal-

---

84 BGHSt 1, 368, 371/372 (2. Senat): niedrige Beweggründe; BGHSt 2, 251, 255 (1. Senat): Heimtücke; BGHSt 12, 329, 330 (4. Senat): Heimtücke; BGHSt 5, 75, 82 (5. Senat): Vortatbeteiligung i.S.d. § 346 a.F.

85 deutlich BGHSt 2, 251, 255 f (1. Senat) unter Hinweis auf BGHSt 1, 368, 371 (2. Senat); vgl. auch BGHSt 6, 260, 261

86 s.o. A I

ten[87]. Hätte also der BGH Tatbestandsmerkmale schlechthin von dem Anwendungsbereich des § 50 ausschließen wollen, so wäre eine eingehende Begründung dieses Standpunktes unbedingt erforderlich gewesen. Ebenso ausgeschlossen erscheint, daß der BGH auf die bereits oben[88] erwähnte Unterscheidung von formellem und materiellem Tatbestand abgehoben hat. Tatsächlich wollte das Gericht in den genannten Entscheidungen mit der Hervorhebung der Zugehörigkeit zu den "echten Tatbestandsmerkmalen" nur auf die *strafbegründende statt strafschärfende* Wirkung des jeweiligen Merkmals hinweisen[89].

Bei diesem Ansatz brauchte die Frage, ob es sich bei dem betreffenden Umstand um eine "besondere persönliche Eigenschaft" oder ein "besonderes persönliches Verhältnis" handelt, nicht beantwortet zu werden. Denn jedenfalls "schärfte" nach Ansicht des Gerichts dieser Umstand die Strafe nicht, sondern begründete sie, sodaß § 50 (1943), der ja nur strafmodifizierende Merkmale betraf, nicht einschlägig war.

bb) Kein Beruhen der Strafmodifizierung auf dem besonderen persönlichen Umstand

Einen anderen, in der Folgezeit häufig beschrittenen Weg, das Nichteingreifen des § 50 II zu rechtfertigen, ging erstmals wohl der 1. Senat im Urteil vom

87 vgl. die Motive zu § 48 des Zweiten Entwurfs eines Gesetzbuchs für den Norddeutschen Bund. Dort wird die Teilnahme eines Nichtverwandten am Aszendententotschlag beispielhaft als Anwendungsfall der Vorschrift genannt (Nachweis bei RGSt 25, 266, 272).

88 A II 1 a.E.

89 Diese Interpretation wird bestätigt durch BGHSt 22, 375, 377 sub II. Dort heißt es: "Nach der ständigen Rspr. des BGH sind die Tatsachen, die die vorsätzlich ausgeführte Tötung eines Menschen nach § 211 als Mord kennzeichnen, "echte Tatbestandsmerkmale" (BGHSt 1, 368, 371). Da sie also die Strafbarkeit des Täters begründen, ... fallen sie unter diese Bestimmung, wenn sie zugleich "besonderes persönliches Merkmal" sind" (S. 377).

13.7.1954[90]. Das Gericht hatte die Anwendbarkeit des § 50 II auf die Tat einer Angeklagten zu prüfen, die u.a. der Beihilfe zu banden- und gewerbsmäßiger Zollhinterziehung (§ 401 b I, II Nr. 1 RAO) schuldig war, selbst aber weder gewerbsmäßig noch bandenmäßig gehandelt hatte.

Die Gewerbsmäßigkeit des Haupttäters allein hätte nach Ansicht des Senats die Anwendung des Strafrahmens des § 401 b RAO auf die Gehilfin nicht gerechtfertigt, denn Gewerbsmäßigkeit sei, so meint der BGH, eine "persönliche Eigenschaft" i.S.d. § 50 II[91]. Das Hinzutreten der Bandenmäßigkeit des Schmuggels ändere das Ergebnis jedoch[92]. Die Bandenmäßigkeit - verstanden als die Verbindung von mindestens drei Personen zu gemeinschaftlicher Ausübung der Zollhinterziehung und gemeinschaftlicher Tatausführung[93] - schließe eine Bestrafung des Gehilfen aus dem Grundtatbestand aus. Eine "besondere persönliche Eigenschaft" sei die Bandenmäßigkeit nicht, weil sie nicht mit dem Wesen des Täters verbunden sei. Ob sie als "besonderes persönliches Verhältnis", d.h. als Beziehung zu anderen Menschen oder zu Dingen[94], betrachtet werden kann, läßt der BGH letztlich offen. Selbst wenn in der Verbindung mit zwei oder mehr Personen ein solches Verhältnis zu sehen sein sollte, liege der *hauptsächliche "Grund der Strafschärfung"* doch im zeitlich und örtlich gemeinschaftlichen Zusammenwirken bei der Durchführung des Schmuggels[95]. Die Strafschärfung *beruhe* hier nicht entscheidend auf "besonderen persönlichen Verhältnissen" des Täters, sondern habe ihr Schwergewicht in der besonderen Gestaltung der Tat[96].

Der Senat zerlegt das Merkmal der bandenmäßigen Begehung also in zwei Komponenten. Er räumt ein, daß es sich bei der ersten, der Verabredung, möglicherweise um ein besonderes persönliches Verhältnis i.S.d. § 50 han-

---

90 BGHSt 6, 260 ff

91 S. 261, ohne Begr. und mit Hinweis auf RGSt 25, 266, RGSt 72, 225 und frühere unveröffentlichte Urteile des 4. und des 1. Strafsenats des BGH

92 S. 261

93 S. 261/262

94 S. 262 unter Verweisung auf RGSt 25, 266, 270

95 S. 262

96 S. 262

delt, läßt die Vorschrift aber gleichwohl nicht zum Zuge kommen, weil der eigentliche gesetzgeberische Grund der Strafschärfung in der zweiten Komponente, der gemeinschaftlichen Durchführung, zu finden sei. Daß die gemeinschaftliche Durchführung kein besonderes persönliches Verhältnis darstellt, setzt der Senat als selbstverständlich voraus.

Auch im Urteil des 2. Senats vom 21.6.1955[97] geht es um Beihilfe zum Bandenschmuggel. Die Anwendung des § 50 II auf den Gehilfen wird mit nahezu gleicher Begründung wie in BGHSt 6, 260 ff abgelehnt[98]: Die Verbindung zur gemeinschaftlichen Begehung setze zwar eine Willensübereinstimmung voraus und könne für sich allein ein persönlicher Umstand sein. Das Schwergewicht der bandenmäßigen Begehung liege aber in der äußeren Gefährlichkeit der Tatausführung.
Der Senat stellt es dahin, ob § 50 II nur zutrifft, wenn *ausschließlich* persönliche Umstände oder Verhältnisse die Erhöhung der Strafe begründen. Wenn sachliche Umstände *überwiegen*, soll die Vorschrift jedenfalls nicht anwendbar sein[99].

Der 3. Senat hatte im Urteil vom 6.10.1955[100] darüber zu entscheiden, ob die Strafe eines Gehilfen des Bandendiebstahls (§ 243 I Nr. 6 a.F.) gem. § 50 II dem Grundtatbestand (§ 242) zu entnehmen sei, weil der Angeklagte zwar an der bandenmäßigen Verabredung beteiligt gewesen war, nicht aber örtlich und zeitlich gemeinsam mit den anderen Tatbeteiligten an den Diebstählen mitgewirkt hatte. Auch hier verwehrt der BGH dem Angeklagten die Wohltat des § 50 II. Zur Begründung der Unanwendbarkeit des § 50 - der als "im einzelnen nicht völlig klare Vorschrift" bezeichnet wird[101] - führt das Gericht an: Es komme nicht darauf an, ob die der Tat vorausgehende Verbrechensverabredung nach § 243 I Nr. 6 ein persönliches Verhältnis der Beteiligten

97 BGHSt 8, 70 ff
98 S. 72
99 S. 72
100 BGHSt 8, 205 ff
101 S. 208

zueinander bilde. Auch wenn dies der Fall sei, liege der *Grund der Strafschärfung* des Bandendiebstahls nicht allein hierin, sondern offensichtlich auch in der besonderen Gefährlichkeit örtlich gemeinsamer Tat*begehung*[102] [103]. Wenn aber ein "persönliches Verhältnis" nicht der *alleinige* Grund der Strafschärfung sei, habe es nach § 50 II außer Betracht zu bleiben; denn das Gesetz habe dann nicht nur den Täter, sondern durch hinzutretende Umstände die Tat als ganze erschwerend gekennzeichnet.

Der Unterschied zu den beiden zuvor referierten Urteilen liegt in der Forderung, daß das besondere persönliche Merkmal *alleiniger* Grund der Strafschärfung sein müsse, damit § 50 II zur Anwendung kommen könne[104].

cc) Kein besonderes persönliches Verhältnis und keine besondere persönliche Eigenschaft

Ein dritter vom BGH zur Begründung der Unanwendbarkeit des § 50 II beschrittener Weg ist der, die Subsumierbarkeit des Merkmals unter die Begriffe "*besondere persönliche Eigenschaft*" und "*besonderes persönliches Verhältnis*" zu verneinen.

Vor allem in älteren Entscheidungen prüfen die Richter in Anlehnung an die vom RG entwickelten Definitionen das jeweilige Merkmal daraufhin, ob es ein "persönliches Verhältnis" oder eine "persönliche Eigenschaft" darstellt[105]. Oft erläutern die genannten Entscheidungen nicht, woran die Zuordnung zu den persönlichen Verhältnissen oder Eigenschaften scheitert. Stets wird die Nichtanwendung des § 50 auf zusätzliche Gründe gestützt.

---

102 Hervorhebung dort

103 S. 209

104 Auch in BGHSt 6, 308 (Urt. des 1. Ferienstrafsenats vom 12.8.1954) ist die Trennung der beiden Fragen - Handelt es sich um ein besonderes persönliches Merkmal ? Ist dieses besondere persönliche Merkmal der Grund der Strafschärfung ? - angedeutet. In Leitsatz 2 (S. 308) heißt es: "... eine an die besonderen persönlichen Eigenschaften oder Verhältnisse anknüpfende Strafschärfungsvorschrift".

105 vgl. etwa BGHSt 2, 251, 255/256; 6, 260, 262; 8, 205, 208; 12, 329, 330; 17, 215

dd) Tatbezogenheit, keine Täterbezogenheit

Im Verlauf der Zeit verneinte der BGH das Vorliegen eines besonderen persönlichen Merkmals zunehmend auch mit mangelnder *Täterbezogenheit* bzw. mit vorhandenem *Tatbezug.* Daneben wurde der Versuch, das betreffende Merkmal zusätzlich unter die Begriffe persönliche Eigenschaften und persönliche Verhältnisse zu subsumieren, gar nicht mehr unternommen.
Die Termini "Täterbezogenheit" und "Tatbezogenheit" finden sich in veröffentlichten Entscheidungen des BGH wohl seit 1962[106], wurden aber vereinzelt schon vorher verwendet[107]. Der Sache nach differenzierten etliche Senate des BGH bereits seit längerem danach, ob das Merkmal auf den Täter bezogen sei oder ob es die Tat kennzeichne[108].
All diese Urteile sollen im folgenden speziell unter dem Gesichtspunkt untersucht werden, wie die Unterscheidung jeweils vorgenommen wird, und welche materialen Gründe hinter ihr stehen.

Der 1. Senat führt in der Entscheidung BGHSt 6, 260 ff als Argument gegen das Eingreifen des § 50 II auf den nicht bandenmäßig mitwirkenden Gehilfen am Bandenschmuggel an, die Strafschärfung beruhe "nicht entscheidend auf besonderen persönlichen Verhältnissen des *Täters*, sondern auf der besonderen Gestaltung der *Tat*"[109]. Zuvor hatte das Gericht das gemeinschaftliche zeitliche und örtliche Zusammenwirken der Beteiligten bei der Durchführung des Schmuggels deswegen als Grund der Strafschärfung bezeichnet, weil gerade dies "die Tat für die zur Bekämpfung des Schmuggels berufenen Beam

106 BGHSt 17, 215, 217 ff
107 s. das Zitat eines Urteils des 5. Senats vom 21.11.1958 (Az. 501/58) in BGHSt 22, 375, 380
108 erstmals BGHSt 1, 139 ff - Da der BGH in dieser Entscheidung jedoch zur Anwendbarkeit des § 50 II gelangt, soll erst später auf sie eingegangen werden.
109 S. 262; Hervorhebungen dort

ten erfahrungsgemäß besonders gefährlich" mache[110]. Das legt die Vermutung nahe, daß nach Ansicht des Gerichts alles, was die Gefährlichkeit der Tatausführung beeinflußt, kein besonderes persönliches Merkmal sein kann.

In BGHSt 8, 70, 72[111] heißt es zum selben Problem ganz ähnlich: "Das Schwergewicht der bandenmäßigen Begehung liegt jedoch in der äußeren Gefährlichkeit der Tatausführung. Die bandenmäßige Begehung des Schmuggels ist deshalb stärker ein Merkmal der *Tat* und nicht des *Täters*"[112] [113].

Der 3. Senat wendet § 50 II im Urteil BGHSt 8, 205 ff auf die Strafe des Teilnehmers am Bandendiebstahl (§ 243 I Nr. 6 a.F.) nicht an. Er begründet dies damit, daß das Gesetz nicht nur den *Täter*, sondern durch hinzutretende Umstände die *Tat* als ganzes erschwerend gekennzeichnet habe[114]. Zwar liege im Unterschied zum Bandenschmuggel die strafschärfende Gefährlichkeit zunächst in der allgemeinen Verbrechensverabredung und erst in zweiter Linie in der örtlichen Tatgefahr, doch rechtfertige das keine andere Behandlung unter dem Gesichtspunkt des § 50 II. Selbst wenn die der Tat vorausgehende Verbrechensverabredung ein "persönliches Verhältnis" der Beteiligten bilde, so liege der Grund der Strafschärfung des Bandendiebstahls nicht hierin allein, sondern auch in der besonderen Gefährlichkeit örtlich gemeinsamer Tat*begehung*[115].

In BGHSt 17, 215 ff lehnt der 3. Senat die Anwendung des § 50 II auf den selbst nicht in verfassungsfeindlicher Absicht handelnden Gehilfen einer Geheimbündelei (§ 128, 94 a.F.) mit der Begründung ab, die staatsgefährdende Absicht betreffe in erster Linie die Tat[116], sei in erster Linie ein *tatbe-*

---

110 S. 262; s. auch S 263
111 Urt. des 2. Senats vom 21.6.1955
112 Hervorhebungen dort
113 a.a.O. S. 72
114 a.a.O. S. 299
115 Hervorhebung dort; s. a.a.O. S. 209
116 S. 217

zogenes Merkmal[117]. Nach Wortlaut und Sinn des § 50 II sei in Grenzfällen entscheidend, ob das gesetzliche Merkmal überwiegend die Tat oder überwiegend den Täter kennzeichne[118]. Der Grund der Strafschärfung in § 94 a.F. sei die erhöhte *Gefährlichkeit des Tuns* im Lichte staatsfeindlicher Bestrebungen[119].
Auch in dieser Entscheidung wird also die aus der Tatbezogenheit resultierende akzessorische Zurechnung des Merkmals mit seinem Einfluß auf die Gefährlichkeit der Tathandlung gerechtfertigt.

b) Entscheidungen des BGH, in denen das Vorliegen eines besonderen persönlichen Merkmals und/oder die Anwendbarkeit des § 50 II *bejaht* werden

Urteile des BGH, die eine Begründung für die Anwendung des § 50 II enthalten, sind recht selten. Eine nicht geringe Anzahl der Äußerungen des Gerichts zugunsten eines Eingreifens des § 50 II tragen die Entscheidung nicht, sondern erfolgen als bloße obiter dicta. Daß in solchen Fällen ausführliche Begründungen meist fehlen, liegt auf der Hand.

Der 1. Strafsenat führt in seinem Urteil vom 19.6.1951[120] zur Erklärung dafür, daß er den Teilnehmer an einer Kindestötung nicht nach § 217 sondern nach § 211 straft, ohne Erwähnung des § 50 lediglich an, die Vorschrift des § 217 beziehe sich auf einen persönlich beschränkten Täterkreis[121]. Bei solchen sog. unechten Sonderdelikten sei anerkannt, daß sich ihre Strafdrohung nur gegen denjenigen richte, der dem tatbestandlich beschriebenen Täterkreis angehöre, während der Tatbeitrag des Außenstehenden nach dem Grunddelikt zu beurteilen sei[122].

117 S. 218
118 S. 217 unter Verweisung auf BGHSt 8, 70, 72
119 S. 218 mit Hinweis auf BGHSt 9, 142, 145
120 BGHSt 1, 235 ff
121 a.a.O. S. 240
122 a.a.O. S. 240

Aus diesen Sätzen den Schluß zu ziehen, § 50 II (bzw. § 28) sei stets bei Delikten mit persönlich beschränktem Täterkreis anwendbar -, erscheint angesichts der Beiläufigkeit dieser Bemerkung und in Anbetracht der Tatsache, daß sich der Senat offensichtlich nicht einmal bewußt war, die Vorschrift des § 50 berührende Aussagen zu machen[123], zu gewagt.

Im Urteil vom 10.11.1951[124] hatte der 2. Senat zu begründen, warum eine Schwangere auch dann nur nach § 218 I a.F. strafbar sei, wenn sie zur Durchführung der Abtreibung an sich selbst anstifte oder Hilfe leiste. Der äußerlich getrennten Behandlung der Tat der Schwangeren und derjenigen des Fremdabtreibers in § 218 I und III liege, so das Gericht, eine verschiedene soziale und sittliche Bewertung nicht der *Taten*, sondern allein der handelnden *Personen* zugrunde[125]. Dieselbe Tat solle nach dem Willen des Gesetzgebers bei der Schwangeren milder, bei dem Dritten aber, der sich nicht in der seelischen Notlage der Schwangeren befinde, strenger bestraft werden[126]. Die Bedeutung der milderen Strafdrohung des § 218 I a.F. bestehe darin, daß die Schwangerschaft als strafmildernde Eigenschaft anerkannt werde, die nach § 50 II dem Anstifter oder Gehilfen nicht zugute kommen dürfe[127].

Mit der Entscheidung vom 10.2.1953[128] geht es dem 2. Strafsenat an sich darum, daß derjenige, der einen anderen in der Absicht anstiftet, am Diebesgut teilzuhaben, nur wegen Anstiftung zum Diebstahl zu bestrafen ist, auch wenn er den Beuteanteil i.S.d. § 259 verwertet[129]. Im Rahmen seiner Darle-

---

123 Anderenfalls hätte er § 50 wohl wenigstens einmal erwähnt.
124 BGHSt 1, 139 ff
125 a.a.O. S. 141 mit Verweisung auf Lange, Die notwendige Teilnahme S. 76
126 a.a.O. S. 141
127 a.a.O. S. 142 (§ 218 I a.F. wird ausdrücklich als Strafmilderungsgrund bezeichnet); ebenso BGHSt 3, 328, 329 (Schwangerschaft als "strafmildernde persönliche Eigenschaft")
128 BGHSt 4, 41 ff
129 a.a.O. S. 41 Leitsatz. Diese Rspr. hat der BGH (BGHSt GS 7, 134 ff) bekanntlich aufgegeben.

gung, daß an diesem Ergebnis auch die Absicht des Täters zu gewerbsmäßiger Hehlerei nichts ändere, kommt der Senat auf § 50 zu sprechen[130]. Das Merkmal der Gewerbsmäßigkeit sei nur eine persönliche Eigenschaft i.S.d. § 50. Den Charakter der Hehlerei ändere es aber nicht. Das geschützte Rechtsgut sei beim Diebstahl dasselbe wie bei der Hehlerei. Auch wenn der Täter gewerbsmäßig handele, verletze er kein neues Rechtsgut[131].

Aus der Entscheidung des 5. Senats vom 10.11.1953[132] geht hervor, daß die Amtsträgereigenschaft des Täters einer (persönlichen) Begünstigung im Amt (§ 346 a.F.) als besondere persönliche Eigenschaft betrachtet wird. Dennoch will das Gericht § 50 II nicht anwenden, weil es sich bei § 346 a.F. um ein eigentliches Amtsdelikt und mithin nicht um einen bloßen Strafschärfungsgrund gegenüber § 257 I 1. Alt. a.F. handele[133].

Der 1. Senat gibt im Urteil vom 13.7.1954[134] zu erkennen, daß er § 50 II auf den nicht gewerbsmäßig handelnden Teilnehmer an einer gewerbsmäßigen Zollhinterziehung (§ 401 b I RAO) anwenden würde[135]. (Im Ergebnis kommt § 50 II aber deshalb nicht zum Zuge, weil die Haupttäter die Tat bandenmäßig ausführten[136]). § 401 b RAO enthalte "keine selbständigen Straftatbestände", sondern nur hervorgehobene, mit schwererer Strafe bedrohte Fälle der nach § 396 RAO[137] strafbaren Steuerhinterziehung. Damit will der BGH die bloß strafschärfende Wirkung der Gewerbsmäßigkeit begründen. Weiter heißt es, Gewerbsmäßigkeit sei eine besondere persönliche Eigenschaft i.S.d. § 50 II. Es folgen sodann Verweisungen auf RGSt 25, 266;

---

130 a.a.O. S. 43
131 a.a.O. S. 43
132 BGHSt 5, 75 ff
133 a.a.O. S. 81 f
134 BGHSt 6, 260 ff
135 a.a.O. S. 261
136 a.a.O. S. 262; s. auch oben bei Fn. 90
137 § 396 RAO i.d.F. 4.7.1939 bedrohte den mit Strafe, der zu seines oder eines anderen Vorteil Steuern verkürzt.

72, 255 und unveröffentlichte Urteile des 4. und des 1. Strafsenats des BGH. Schließlich wird noch angedeutet, daß die Strafschärfung auf dem besonderen persönlichen Merkmal "beruhen" müsse[138].

Der 1. Feriensenat des BGH läßt im Urteil vom 12.8.1954[139] § 50 II für die versuchte Anstiftung zur Gefangenenbefreiung durch einen Nichtbeamten eingreifen[140]. Das Gericht erklärt die prinzipielle Möglichkeit einer (analogen) Anwendung des § 50 II auch auf die *versuchte* Anstiftung aus dem Teilnahmecharakter der versuchten Anstiftung und der Geltung des in § 50 enthaltenen Rechtsgedankens für alle Teilnahmeformen[141].
Voraussetzung für das Eingreifen des § 50 II war, daß die Beamteneigenschaft in § 347 a.F. ein strafschärfendes besonderes persönliches Merkmal ist. Dazu führt der Senat aus, die Gefangenenbefreiung sei kein echtes Amtsverbrechen. Sie könne innerhalb (§ 347 a.F.) und außerhalb eines Amtes (§ 121 a.F.) begangen werden. Verschiedenheiten im Wortlaut der beiden Strafbestimmungen beeinträchtigten nicht die Gleichheit ihres Grundtatbestandes. Die Strafschärfung des § 347 a.F. gegenüber § 121 a.F. beruhe auf der Beamteneigenschaft des Täters[142]. Daß die Beamteneigenschaft eine "besondere persönliche Eigenschaft" oder ein "besonderes persönliches Verhältnis" ist, wird stillschweigend vorausgesetzt[143].

Der Große Strafsenat des BGH hat am 10.11.1958[144] auf eine Vorlage des BayObLG hin entschieden, daß "auf Teilnehmer, die selbst nicht bandenmäßig mitwirken, ... die Strafschärfung des § 401 b II Nr. 1 RAO (Bandenschmuggel) keine Anwendung" finde[145]. Obwohl der Große Senat ebenso wie die Entscheidungen BGHSt 6, 260, 262 und BGHSt 8, 70, 72

---

138 a.a.O. S. 61
139 BGHSt 6, 308 ff
140 a.a.O. S. 310
141 a.a.O. S. 311
142 a.a.O. S. 310
143 a.a.O. S. 309 Leitsatz 2
144 BGHSt 12, 220 ff
145 a.a.O. S. 221 sub 2. u. 3., 220 Leitsatz b

davon ausgeht, daß die Strafschärfung des § 401 b RAO gegenüber § 396 RAO (Zollhinterziehung) den Zweck hat, der Gefahr entgegenzutreten, die im zeitlichen und örtlichen Zusammenwirken von zwei und mehr Personen für die Zollbeamten liegt[146], hält er die Bandenmäßigkeit der Teilnahme an der Zollhinterziehung für einen "persönlichen Strafschärfungsgrund"[147]. Die härtere Strafe solle jeden aber auch nur den treffen, der durch sein persönliches Mitwirken an der Tatausführung zu deren größerer Gefährlichkeit beigetragen habe. Das erschwerende Moment der bandenmäßigen Begehung werde entgegen den Vorschriften der §§ 47, 48, 49 denjenigen nicht zugerechnet, die an der Zollhinterziehung oder dem Bannbruch nicht bandenmäßig mitgewirkt hätten. Die Strafschärfungsvorschrift des § 401 b RAO habe insofern eine ähnliche Bedeutung wie § 50 II[148] [149].
An diesem Urteil erstaunt zweierlei: Zum einen wird § 50 II der Sache nach angewendet, gleichzeitig hält der Große Senat die Vorschrift aber offensichtlich nicht für direkt einschlägig[150]. Zum anderen bezeichnet das Gericht die bandenmäßige Begehung als persönlichen Strafschärfungsgrund und verneint damit seine Zurechenbarkeit bei Beteiligten, die selbst nicht bandenmäßig handeln, obwohl der Große Senat ganz ebenso wie der 1. und der 2. Senat in

---

146 a.a.O. S. 225

147 a.a.O. S. 226

148 a.a.O. S. 226. Der Senat verweist in diesem Zusammenhang auf drei Entscheidungen des RG zu dem Vorgänger des § 401 b RAO, der Vorschrift des § 146 I Vereinszollgesetz (VZG) (RGSt 39, 53; 47, 377, 379; 60, 344, 346). Besonders deutlich nennt den Grund für die individuelle Zurechnung der bandenmäßigen Begehung RGSt 60, 344, 346: "Wesentlich kommt es beim Bandenschmuggel und somit für die Anwendbarkeit des - darin dem § 50 ähnelnden - § 146 VZG auf die in der Person des einzelnen Täters verwirklichte und darum nur ihm zuzurechnende größere Rechts- und Sicherheitsgefährdung an, die darin liegt, daß er durch sein persönliches zeitlich und örtlich mit dem der anderen Teilnehmer zusammentreffendes Mitwirken zur höheren Gefährlichkeit der Tat beigetragen hat, was für andere Teilnehmer nicht zuzutreffen braucht."

149 zum Wortlaut des § 401 b RAO s. Fn. 64

150 Eine Auseinandersetzung mit Urteilen, die im gleichen Zusammenhang auf § 50 II rekurrieren - BGHSt 4, 32, 35; 6, 260, 262; 8, 70, 72 - findet nicht statt.

BGHSt 6, 260 ff bzw. BGHSt 8, 70 ff - die in Parallelfällen § 50 für unanwendbar halten - davon ausgeht, daß der Grund der Strafschärfung in der erhöhten Gefährlichkeit zeitlichen und örtlichen Zusammenwirkens mehrerer liegt[151].

Der 1. Senat kommt im Urteil vom 15.3.1960[152] über § 50 II zur Straflosigkeit des zu seiner persönlichen Begünstigung anstiftenden Vortatbeteiligten, weil die Vortatbeteiligung ein "auf den persönlichen Verhältnissen" des Anstifters beruhender Strafausschließungsgrund sei[153].

Nur nebenbei und ohne Begründung erklärt der 3. Senat im Urteil vom 13.5.1962[154] § 50 II auf die nichteheliche Mutterschaft i.S.d. § 217 und die Amtsträgereigenschaft i.S.d. uneigentlichen Amtsdelikte für anwendbar[155]. Auch Rückfall und Gewohnheitsmäßigkeit werden in diesem Urteil als Beispiele für solche Umstände genannt, die die Rechtsfolge des § 50 II auslösen können[156]. Bei diesen Merkmalen überwiege eindeutig die "Täterbezogenheit", und dies sei für die Anwendbarkeit des § 50 II in Grenzfällen entscheidend[157].

---

151 Auch insoweit verweist das Gericht lediglich auf Urteile des RG, unterläßt es jedoch, auf die abweichenden Urteile BGHSt 6, 260 ff; 8, 70 ff und 8, 205 ff einzugehen.

152 BGHSt 14, 172 ff

153 a.a.O. S. 173 mit Verweisung auf RGSt 61, 270 ff; 71, 152, 154; BGHSt 9, 71, 74

154 BGHSt 17, 215 ff

155 a.a.O. S. 217

156 a.a.O. S. 217

157 a.a.O. S. 217

c) Zusammenfassende Würdigung der Rechtsprechung des BGH zu § 50 II i.d.F. von 1943

aa) *Verneinung* der Voraussetzungen des § 50 II

(1) Die Beschäftigung mit den Urteilen des BGH, die eine Anwendung des § 50 II (1943) ablehnen, hat gezeigt, daß viele von ihnen *ohne eine ausdrückliche Stellungnahme* dazu auskommen, ob es sich bei dem konkreten Umstand um eine "besondere persönliche Eigenschaft" bzw. ein "besonderes persönliches Verhältnis" handelt.

(a) Zum einen bestand häufig die Möglichkeit, § 50 II 'zu erledigen', indem dargetan wurde, daß die *Strafbarkeit durch das fragliche Merkmal nicht bloß erhöht sondern begründet* wird.
Die Kriterien, mit deren Hilfe die Frage nach Schärfung oder Erhöhung entschieden wird, sind allerdings nicht eindeutig.

(b) Zum anderen wurde, wie gezeigt, die Anwendbarkeit des § 50 II nicht selten verneint, indem das Gericht feststellt, daß *die Strafschärfung jedenfalls nicht auf dem betreffenden Umstand beruhe.*
Diese Vorgehensweise schien einige Vorzüge zu haben: Es konnte dem vom Gesetzgeber mit der Strafschärfung verfolgten Zweck besser Rechnung getragen werden, indem nicht in starrer Begrifflichkeit verharrt, sondern ausdrücklich nach dem wahren Grund der Strafschärfung gefragt wurde. Gleichzeitig konnte an den dem natürlichen Sprachgebrauch am besten entsprechenden reichsgerichtlichen Definitionen der "besonderen persönlichen Eigenschaften und Verhältnisse" festgehalten werden, denn die Subsumierbarkeit eines Merkmals unter diese Begriffsbestimmungen präjudizierte das Ergebnis - die Anwendbarkeit des § 50 II - nicht unbedingt. Außerdem durfte jetzt die wegen der Vagheit dieser reichsgerichtlichen Definitionen oft schwierige Zuordnung eines Umstandes zu den "persönlichen Eigenschaften oder Verhältnissen" offen gelassen werden, sofern die Strafschärfung ihren Grund jedenfalls nicht in diesem Umstand hatte.

Gleichwohl überwiegen die Mängel dieses Lösungsweges. Vor allem ist gegen ihn einzuwenden, daß er nur bei solchen strafschärfenden Merkmalen gangbar ist, die sich in mehrere Komponenten zerlegen lassen (in ein persönliches, für die Strafschärfung nicht hinreichend ursächliches Element und in ein sachliches, ursächliches Element)[158]. Außerdem ist die Schwierigkeit unübersehbar, die Mindestanforderungen an die notwendige Beziehung zwischen dem Merkmal und der Strafschärfung anzugeben. Fordert man nicht wie BGHSt 8, 205 ff, daß das persönliche Element alleiniger Grund der Strafschärfung sein muß, sondern läßt es genügen, daß es "überwiegt", "das Schwergewicht auf ihm liegt", entsteht das kaum lösbare Problem der Feststellung eines solchen 'Schwergewichts' und stellt sich darüber hinaus die Frage, womit die völlige Vernachlässigung des weniger 'gewichtigen' Teils zu rechtfertigen ist.

(2) Bei den Urteilen, die *ausdrücklich* dem in Rede stehenden Merkmal die Qualität einer besonderen persönlichen Eigenschaft oder eines besonderen persönlichen Verhältnisses *absprechen*, hat sich gezeigt, daß dies meist entweder aufgrund der vom RG entwickelten Definitionen geschieht oder ganz ohne Begründung. Nie jedoch wurde die Unanwendbarkeit des § 50 II *ausschließlich* darauf gestützt, daß es sich um keine persönliche Eigenschaft oder um kein persönliches Verhältnis handele. Diese Beobachtung läßt vermuten, daß das Gericht trotz Festhaltens an den dem Wortlaut stark verhafteten Definitionen des RG selbst empfand, daß eine rein grammatische Interpretation des § 50 II der ratio dieser Vorschrift nicht hinreichend zur Geltung zu verhelfen vermochte. Bestätigung findet diese Vermutung in der oben aufgezeigten Tendenz des BGH, mehr und mehr auf die Täterbezogenheit des Merkmals abzuheben und die korrekte Subsumtion unter den Wortlaut des § 50 II zu vernachlässigen[159].

---

158 s.o. B V 1 a bb

159 In BGHSt 8, 70, 72 wird bereits unpräzise von "persönlichen Umständen oder Verhältnissen" gesprochen; in BGHSt 17, 215, 217 ist die Rede von "persönlichen Eigenschaften oder Merkmalen".

(3) Alle auf den Gegensatz Täter/Tat abstellenden Entscheidungen argumentieren bei der Annahme von *Tatbezogenheit* mit der Bedeutung des jeweiligen Merkmals für die "*Gefährlichkeit der Tatausführung*".

In BGHSt 8, 205 ff wird der Eindruck erweckt, als lasse sich das Gebot der akzessorischen Zurechnung solcher die Gefährlichkeit der Tatausführung beeinflussenden Umstände dogmatisch aus dem *Schuldgrundsatz* ableiten. Es heißt dort: "Die Mitschuld eines bei der Tat abwesenden Bandenmitgliedes, das an dem Fortbestehen der gefährlichen Verbrechensverabredung der Bande noch immer teilhat, übertrifft die Mitschuld des bloß außenstehenden Tatbeteiligten erheblich. Der Schuldgrundsatz fordert die strengere Bestrafung des mitverabredeten Teilnehmers geradezu"[160]. Weiter heißt es: "Aus § 50 II folgt nichts anderes, da die ganze Vorschrift eine Einheit bildet und die Anwendung des Schuldgrundsatzes bei der Tatbeteiligung mehrerer regelt"[161]. Hier wird der Schuldgrundsatz offensichtlich in einem extrem weiten Sinn verstanden, dergestalt, daß er die Forderung nach einer dem Gewicht des eigenen Tatbeitrags angemessenen Strafe enthält[162]. Es verwundert nicht, daß bei dieser Sichtweise § 50 II dem Gericht als "im einzelnen nicht völlig klare Vorschrift"[163] erscheinen mußte. Denn diese Bestimmung geht ja - jedenfalls nach herrschender Ansicht - davon aus, daß bestimmte Teile (auch) des mit dem Delikt verwirklichten Unrechts auf die Strafe bestimmter Tatbeteiligter ohne Einfluß bleiben können. Das vom 3. Senat Gemeinte muß daher so lange vage bleiben, wie er sich zu den Elementen des Unrechts und zum Strafgrund der Teilnahme, insbesondere auch zur Reichweite des Akzessorietätsprinzips, nicht eindeutig äußert. Eine solche Äußerung findet sich aber weder in BGHSt 8, 205 ff noch in früheren Urteilen.

---

160 a.a.O. S. 208

161 a.a.O. S. 209

162 Wesentlich enger und präziser ist das in BGHSt 1, 368, 371 zum Ausdruck kommende Verständnis des 2. Strafsenats vom Regelungsbereich des § 50 I. Dort wird eine Anwendung des § 50 II auf den aus niedrigen Beweggründen zum Totschlag Anstiftenden deshalb abgelehnt, weil niedrige Beweggründe i.S.d. § 211 den Unrechtsgehalt der Tötung bestimmten und nicht die Schuld. Auf sie könne sich § 50 I daher nicht beziehen (S. 371).

163 a.a.O. S. 208

Die Ableitung des Ergebnisses in BGHSt 8, 205 ff aus "dem Schuldgrundsatz" ist daher wenig klärend.

bb) *Bejahung* der Voraussetzungen des § 50 II

Die Analyse der Urteile des BGH, die § 50 II auf den zu entscheidenden Fall anwenden oder die lediglich aussprechen, daß der in Rede stehende Umstand eine besondere persönliche Eigenschaft bzw. ein besonderes persönliches Verhältnis darstelle, hat zu allererst gezeigt, daß erstaunlich wenige Urteile insoweit eine umfassende Begründung geben. Teilweise wird die Anwendbarkeit der Vorschrift lediglich *behauptet*. Außerordentlich häufig wird 'zur Begründung' auf Urteile des RG *verwiesen*, mitunter auch auf frühere Entscheidungen des BGH.
Dieses Begründungsdefizit ist z.T. mit fehlender Relevanz der Ausführungen zu § 50 II für das Ergebnis des jeweiligen Verfahrens zu erklären. Tatsächlich hat ein nicht geringer Teil der Bemerkungen des Gerichts zur Anwendbarkeit des § 50 II und zum Vorliegen besonderer persönlicher Eigenschaften oder Verhältnisse den Charakter bloßer obiter dicta.
Soweit die Urteile auf Aussagen zu § 50 II beruhen, unterbleibt eine ausführliche Begründung häufig deshalb, weil die Vorschrift bereits in ständiger Rechtsprechung - vor allem des RG - angewendet wird[164].
Im übrigen ist festzuhalten, daß die meisten Entscheidungen, die das Vorliegen strafschärfender persönlicher Merkmale i.S.d. § 50 II i.d.F. von 1943 bejahen, eine Zuordnung zu den Begriffen "persönliche Eigenschaften" bzw. "persönliche Verhältnisse" vornehmen.

---

164 Das trifft vor allem für die Amtsträgereigenschaft, die Gewohnheitsmäßigkeit und den Rückfall zu.

2. Die Rechtsprechung des BGH zu § 50 II und III i.d.F. vom 4.5.1968 und zu § 28 n.F.

a) Die veröffentlichten Urteile

Im ersten zu § 50 II (1968) veröffentlichten Urteil[165] geht es um die Verjährung einer Mordbeihilfe. Der die Haupttat zum Mord qualifizierende "niedrige Beweggrund" lag allein bei den Haupttätern vor. Entscheidend für die Frage der Verjährung war, welcher Strafrahmen beim Gehilfen zur Anwendung kommen würde - der des § 211 oder der gem. § 50 II ermäßigte[166]. Der BGH entscheidet sich für die zweite Alternative, weil er Handeln aus "niedrigen Beweggründen" für einen "besonderen persönlichen Umstand" i.S.d. § 50 II hält[167].

Diesem Urteil liegt zunächst wieder die Unterscheidung zwischen tatbezogenen und täterbezogenen Merkmalen zugrunde. Tatbezogen und damit außerhalb des Anwendungsbereichs von § 50 sind nach Ansicht des Gerichts Tatumstände, die "nicht zur Person des Täters", sondern "zur äußeren Mordtat selbst" gehören. Ein "niedriger Beweggrund" gehöre zur Person des Täters, weil ein Motiv "in seiner Person und nirgends anders" liege[168]. Das "äußere Bild der Tat" sei in den Mordfällen der vorliegenden Art nicht schon durch den niedrigen Beweggrund der NS-Machthaber geprägt, sondern erst durch die Art seiner äußeren Verwirklichung, insbesondere durch die Schaffung eines umfangreichen Vernichtungsapparates[169]. Diese Einordnung entspreche nicht nur dem Sprachgebrauch und dem natürlichen Verständnis[170], sondern werde auch durch die Gesetzesgeschichte bestätigt[171].

---

165 BGHSt 22, 375 ff (Urt. v. 20.5.1969)
166 vgl. § 67 I a.F.
167 a.a.O. S. 377
168 a.a.O. S. 378, im Anschluß an Else Koffka (JR 1969, 41)
169 a.a.O. S. 380
170 a.a.O. S. 378
171 a.a.O. S. 379

Beiläufig nimmt das Gericht in diesem Urteil auch zu den Tatbestandsmerkmalen "gemeingefährliche Mittel" (§ 211), "Zueignungsabsicht" (§ 242), "Mißbrauchsabsicht" (§ 235 III a.F.) und "Zerstörungsabsicht" (§ 220 a) Stellung. Sie alle qualifiziert es als tatbezogene Merkmale.
Die Begehung des Mordes mit gemeingefährlichen Mitteln gehöre "zur äußeren Mordtat selbst", nicht "zur Person des Täters"[172].
Die in § 235 III a.F. genannte Absicht, die Jugendliche zur Unzucht zu gebrauchen, sei ein tatbezogenes Unrechtsmerkmal[173]. Sie erhöhe die "Verwerflichkeit der Tat als solcher"[174] und sei keine besondere Eigenschaft des Täters. Als gesetzliches Merkmal habe diese Absicht die Bedeutung, daß es nicht zur Unzucht zu kommen brauche; es genüge, wenn die Tat daraufhin angelegt sei. Die Absicht erfülle also die Funktion der Vorverlagerung des Vollendungszeitpunktes vor den Zeitpunkt der tatsächlichen Beendigung. Sie stehe anstelle eines entsprechenden äußeren Merkmals und sei deshalb tatbezogen.
Ebenso liegen nach Ansicht des Gerichts die Dinge bei der Zueignungsabsicht i.S.d. § 242 und der Zerstörungsabsicht bei § 220 a[175].

Auch in dem Fall, der dem Urteil des 5. Strafsenats vom 15.7.1969 zugrunde liegt[176], war über die Verjährung der Tat eines Gehilfen zu entscheiden, der - selbst aus niedrigen Beweggründen handelnd - zu einem in Verdeckungsabsicht begangenen Mord Beihilfe leistete. Wäre § 50 II zum Zuge gekommen, dann wäre die Tat bereits verjährt gewesen. Der erkennende Senat lehnt die Anwendung des § 50 II jedoch ab[177]. Zwar handele es sich bei der Absicht, eine andere Straftat zu verdecken, um ein "besonderes persönliches Merkmal" des Mordes. Denn die die Mordmerkmale kennzeichnende "besondere Verwerflichkeit der Tötung" sei wie bei der ersten Fallgruppe des § 211 II in

172 a.a.O. S. 378
173 a.a.O. S. 380 mit Verweisung auf ein unveröffentlichtes Urteil des 5. Strafsenats vom 21.11.1958 (5 Str 501/58)
174 a.a.O. S. 380
175 a.a.O. S. 380 f
176 BGHSt 23, 39 ff
177 a.a.O. S. 40

der Niedrigkeit des Beweggrundes zu erblicken. Da aber der angeklagte Gehilfe gleichfalls aus einem (wenn auch anderen) niedrigen Beweggrund gehandelt habe, liege bei ihm, eben weil die Verdeckungsabsicht nur ein Sonderfall niedriger Beweggründe sei, ein persönliches Mordmerkmal vor[178].

Im Urteil des 1. Senats vom 15.8.1969[179] hatte der Angeklagte seinen NS-Vorgesetzten Personen namhaft gemacht, die im Verdacht der Zugehörigkeit zu Widerstandsgruppen standen. Daraufhin wurden einige dieser Personen heimtückisch getötet. An der heimtückischen Tötung selbst war der Angeklagte nicht beteiligt, jedoch war er über ihre Planung bereits informiert, als er seinen Tatbeitrag erbrachte. Auch hier hatte der BGH über den Eintritt der Verjährung zu befinden, der - wie schon in den zuvor behandelten Urteilen - von der Anwendbarkeit des § 50 II abhing. Das Gericht lehnte die Anwendung der Vorschrift ab[180]. Heimtücke gehöre nicht zu den die Strafbarkeit begründenden "besonderen persönlichen Umständen", die nur dem Tatbeteiligten zuzurechnen seien, bei dem sie zuträfen. Da sich die Heimtücke auf die *Art der Ausführung* der Tötung beziehe, sei sie vielmehr ein "tatbezogenes" Merkmal, auf das die Vorschrift keine Anwendung finde[181].

In BGHSt 24, 106 ff[182] geht es abermals um die Verjährung der Beihilfe zu Mordtaten, bei denen die Täter, nicht jedoch der Gehilfe aus niedrigen Beweggründen handelten. Der 4. Strafsenat weist in dieser Entscheidung zunächst auf die Anwendbarkeit des § 50 II für den Fall hin, daß der niedrige Beweggrund das einzige Mordmerkmal gewesen wäre[183]. Da die Tötung hier aber zusätzlich grausam war, sei § 50 II im Ergebnis nicht einschlägig. Denn

---

178 a.a.O. S. 40
179 BGHSt 23, 103 ff
180 a.a.O. S. 105
181 a.a.O. S. 105 mit Hinweis auf ein unveröffentlichtes Urteil des 5. Strafsenats vom 14.1.1969 (5 Str 689/68)
182 Urt. v. 4.3.1971
183 a.a.O. S. 108 ohne nähere Begründung und unter Verweisung auf BGHSt 22, 375, 382

Grausamkeit sei nach der Rechtsprechung des BGH kein "täterbezogenes" Merkmal, sondern "tatbezogen"[184]. Die Strafmilderung des § 50 II könne nur dann gewährt werden, wenn die Tat *allein* aus täterbezogenen Gründen Mord sei[185].

Dem Urteil des 2. Strafsenat vom 20.2.1974[186] liegt keine Teilnahmekonstellation zugrunde. Die Bemerkungen des Gerichts zu § 50 erfolgen beiläufig. Das Gericht vergleicht dort die Merkmale "Heimtücke" und "niedrige Beweggründe" miteinander[187]. Beide Begehungsweisen unterscheiden sich nach Ansicht des Senats ihrem Wesen nach völlig. Beim heimtückischen Mord beruhe "die besondere Verwerflichkeit auf der Ausführungsweise der Tat"[188], beim Mord aus einem niedrigen Beweggrund auf "der inneren Einstellung des Täters"[189]. Dementsprechend seien die niedrigen Beweggründe im Gegensatz zur Heimtücke besondere persönliche Merkmale i.S.d. § 50 II[190]. Auf Seite 290 findet sich ausdrücklich die Gegenüberstellung der Begriffe "tatbezogen"/"täterbezogen".

Die von Holtz in MDR 1980, 628 mitgeteilte Entscheidung des 3. Strafsenats vom 5.3.1980 hat eine Beihilfe zum Mord zum Gegenstand, wobei zwar der Täter, nicht aber der angeklagte Gehilfe zur Ermöglichung einer Straftat handelte. Das Gericht milderte die Strafe des Gehilfen nach § 50 II. Es hält die genannte Absicht für einen weiteren Fall der niedrigen Beweggründe[191].

---

184 a.a.O. S. 108
185 a.a.O. S. 110 f
186 BGHSt 25, 287 ff
187 a.a.O. S. 289
188 a.a.O. S. 289
189 a.a.O. S. 289
190 a.a.O. S. 289 unter Verweisung auf BGHSt 22, 375; 23, 103
191 Der Senat verweist auf BGHSt 23, 39 und 25, 287.

Das Urteil des 5. Senats vom 28.4.1981[192] spricht sich für eine Anwendung des § 28 I auf den Mordgehilfen aus, wenn das einzige vorliegende Mordmerkmal, Habgier, bloß beim Täter gegeben ist. Habgier wird in diesem Zusammenhang als eine nur "täterbezogene" und die Strafbarkeit begründende Eigenschaft bezeichnet.
Da die Annahme von Beihilfe statt Mittäterschaft im zu entscheidenden Fall ihre sachliche Grundlage nicht allein im Fehlen der Habgier beim Angeklagten fand, gewährte das Gericht in Abgrenzung zu BGHSt 26, 53 ff eine doppelte Milderung, nämlich nach § 27 II und § 28 I.

Das Urteil des 1. Strafsenats vom 15.12.1981[193] erörtert die Bedeutung der Vorstellung, die sich ein wegen versuchter Anstiftung zur Tötung zweier Menschen Angeklagter über das Vorliegen von Mordmerkmalen bei den präsumtiven Tätern macht.
§ 28 I soll zur Anwendung kommen, wenn der Angeklagte sich vorgestellt hat, daß durch die Täter Mordmerkmale verwirklicht werden, die - wie die niedrigen Beweggründe oder die Habgier - besondere persönliche Merkmale i.S.d § 28 I sind[194], und der Angeklagte selbst ein gleichartiges "täterbezogenes" Merkmal nicht aufweist[195]. Stelle sich der Angeklagte dagegen tatbezogene Mordmerkmal vor - z.B. Heimtücke -, so trete eine Strafrahmenmilderung nach § 28 I nicht ein[196]. Die Verwirklichung oder Nichtverwirklichung eines täterbezogenen Merkmals durch den Angeklagten selbst sei in diesem Fall lediglich eine Strafzumessungstatsache.

Der 5. Senat bestätigt im Urteil vom 8.11.1983[197], dem ein Fall der Beihilfe zum Mord zugrunde liegt, wobei der Haupttäter aus niedrigen Beweggründen und in Verdeckungsabsicht tötete, daß sowohl niedrige Beweggründe als

192 NStZ 1981, 299
193 NJW 1982, 2738 (1 Str 733/81)
194 a.a.O. S. 2738 unter Bezugnahme auf BGHSt 22, 375, 377; 25, 287 ff und LK-Jähnke, § 211 Rz. 64
195 a.a.O. S. 2738
196 a.a.O. S. 2738
197 StrV 1984, 69

auch die Verdeckungsabsicht strafbegründende "täterbezogene Merkmale" seien[198]. Die Frage der Doppelmilderung entscheidet das Gericht ebenso wie in NStZ 1981, 299.

Die übrigen zu § 50 II, III (1968) bzw. § 28 ergangenen Urteile betreffen, soweit ersichtlich, sämtlich die Anwendbarkeit der Vorschrift auf den Teilnehmer an der Untreue (§ 266):

Das Urteil des 2. Strafsenats vom 8.1.1975[199] beschäftigt sich hauptsächlich mit der Frage, ob die Strafe eines Untreuebeteiligten, bei dem allein das Fehlen des Treueverhältnisses dazu führt, daß er nur als Gehilfe verurteilt werden darf, zweimal - nämlich nach § 27 II und nach § 28 I - zu mildern ist. Der Senat verneint diese Frage und macht ohne weitere Begründung deutlich, daß er das Treueverhältnis aus § 266 als besonderes persönliches Merkmal i.S.d. § 28 I betrachtet[200].

Auch der 1. Senat behandelt das Treueverhältnis i.S.d. § 266 im Urteil vom 28.1.1983[201] stillschweigend als besonderes persönliches Merkmal.

Schließlich läßt der in StrV 1983, 330 abgedruckte Leitsatz der Entscheidung des 4. Strafsenats vom 11.5.1983 erkennen, daß auch dieser Senat § 28 I auf den nicht treupflichtigen Beteiligten einer Untreue anwenden will.
Das Gericht hält eine doppelte Strafmilderung (gem. § 27 II und § 28 I) für zwingend vorgeschrieben, falls nicht allein wegen fehlenden Treueverhältnisses nur Beihilfe anzunehmen ist.

---

198 unter Hinweis auf BGHSt 22, 375, 378; 23, 39, 40
199 BGHSt 26, 53 ff
200 a.a.O. S. 54
201 NJW 1983, 1807, 1809 f (insoweit in BGHSt 31, 223 ff nicht abgedruckt)

b) Zusammenfassung

Zusammenfassend lassen sich zur Rechtsprechung des BGH zu § 50 II und III i.d.F. von 1968 bzw. § 28 folgende Feststellungen treffen.

aa) Soweit ersichtlich betreffen alle seit dem Inkrafttreten des § 50 im Jahre 1968 ergangenen veröffentlichten Urteile *Abs. 2* des § 50 (1968) bzw. *Abs. 1* des § 28. Es spricht jedoch nichts dafür, daß der BGH den Begriff der besonderen persönlichen Merkmale bei § 50 *Abs. 3* (1968) bzw. § 28 *Abs. 2* anders interpretieren will. Als gesetzgeberischen Grund für die Aufnahme *strafbegründender* besonderer persönlicher Merkmale nennt das Gericht in BGHSt 22, 375, 377 nämlich - zutreffend[202] - Gerechtigkeitserwägungen. Nur weil die strafbegründenden besonderen persönlichen Merkmale früher im Gesetz nicht erwähnt waren, wurden sie dem Teilnehmer auch dann voll zugerechnet, wenn sie bei ihm nicht vorlagen, während bloß strafschärfende besondere persönliche Merkmale wegen § 50 II (1943) schon seit jeher nicht zugerechnet werden durften.

bb) Die möglichst präzise Subsumtion unter die Begriffe "Eigenschaften" und "Verhältnisse" - hatte sie sich doch schon früher in vielerlei Hinsicht als unbefriedigend erwiesen - wurde mit der Einführung des Begriffs der "Umstände" fast vollends zur Fruchtlosigkeit verdammt.

cc) Daher lag das Aufrücken des Kriteriums der Täterbezogenheit in eine Monopolstellung nahe. Dieser Schritt mußte dem BGH umso leichter fallen, als eine dahingehende Tendenz schon unter der Geltung des § 50 II (1943) bestanden hatte.
Dennoch hat ein gewisser Wandel bei der Umschreibung - eine subsumtionsfähige Definition der besonderen persönlichen Merkmale wurde nie versucht - der Charakteristika eines besonderen persönlichen Merkmals in den Urteilen des BGH seit der Neufassung des § 50 im Jahre 1968 stattgefunden.

---

202 vgl. oben Erstes Kapitel, F (bei Fn. 29 ff)

Schlagwortartig läßt sich dieser Wandel vielleicht am ehesten als *Entmaterialisierung des Tatbezogenheitsbegriffs* bezeichnen. Wie sich jedoch sogleich zeigen wird, handelt es sich nur um eine scheinbare Entmaterialisierung.

dd) Alle Entscheidungen des Gerichts, die unter der Geltung des § 50 II (1943) die Anwendbarkeit dieser Vorschrift mit dem Argument mangelnder Täterbezogenheit des fraglichen Merkmals verneinten, gaben als materialen Grund ausdrücklich die Bedeutung des Merkmals für die *Tatausführung* an. Man mag dieses Kriterium aus dogmatischer Sicht vielleicht bemängeln. Sicherlich ist es nicht geeignet, in *allen* Fällen die Grenzen zwischen täterbezogenen und tatbezogenen Umständen befriedigend zu bestimmen; so wäre es etwa zu kurz gegriffen, die Garantenstellungen bei den unechten Unterlassungsdelikten schon deshalb als besondere persönliche Merkmale anzusehen, weil sie auf die Ausführung des Unterlassungsdelikts, das Unterlassen, ohne Bedeutung sind. Jedenfalls aber hatte es einen materialen Gehalt.

In den neueren Urteilen scheint es ein hinter der Zuordnung zu den Kategorien Tat- und Täterbezogenheit stehendes ähnlich materiales Kriterium nicht mehr zu geben.
In BGHSt 22, 375 ff beispielsweise wird der Unterschied zwischen täterbezogenen und tatbezogenen Merkmalen so beschrieben: "zur Person des Täters gehörend"/"Tatumstände, die zur Mordtat selbst gehören", "in der Person des Täters liegend"/"anstelle eines entsprechenden äußeren Merkmals stehend", "das äußere Bild der Tat prägend (etwa durch die Art der äußeren Verwirklichung eines Motivs)"[203]. Man gewinnt den Eindruck, als solle mit der Gegenüberstellung von 'inneren' und 'äußeren' Merkmalen die Unterscheidung von höchstpersönlichen (insbesondere täterpsychischen) und außenweltlich wahrnehmbaren Gegebenheiten für maßgeblich erklärt werden[204].

---

203 a.a.O. S. 378, 380; vgl. auch unten nach Fn. 212

204 In diese Richtung weist bereits eine Formulierung in BGHSt 17, 215, 217: "Obgleich diese persönlichen Eigenschaften und Merkmale vielfach auch die Tat in objektiver Hinsicht ... erschweren ..., überwiegt eindeutig die Täterbezogenheit".

BGHSt 23, 104 ff begründet die Tatbezogenheit der Heimtücke beim Mord damit, daß sich die Heimtücke auf die "Art der Ausführung" der Tötung beziehe[205]. Warum deshalb eine Zurechnung auch an den Tatbeteiligten, der selbst nicht heimtückisch handelt, erfolgen darf - wegen der darin liegenden besonderen Gefährlichkeit des Handelns für das Opfer[206] oder deshalb, weil die Heimtücke "das äußere Bild der Tat prägt"[207] - sagt das Gericht nicht.
Eindeutiger auf der Linie von BGHSt 22, 375 ff liegt BGHSt 25, 287 ff. Denn nach Ansicht des dort entscheidenden Senats ist die bei Mord erforderliche "besondere Verwerflichkeit" im Fall der Heimtücke "in der Ausführungsweise der Tat" zu erblicken[208], im Fall der niedrigen Beweggründe dagegen "in der inneren Einstellung des Täters"[209], und folglich wird Heimtücke als ein tatbezogenes, der niedrige Beweggrund als ein täterbezogenes Merkmal betrachtet[210].
Alle späteren BGH-Entscheidungen, die die niedrigen Beweggründe zu den täterbezogenen Merkmalen rechnen, verweisen auf BGHSt 22, 375 ff, ohne allerdings die dort angeführte Begründung zu wiederholen.

Die in allen soeben genannten Urteilen sich abzeichnende Gleichsetzung von 'täterbezogen' und 'personintern' bzw. von 'tatbezogen' und 'äußerlich' kann nicht auf Willkür beruhen. Deshalb muß eine Antwort auf die Frage gefunden werden, was hinter der Gegenüberstellung von 'äußerlich' und 'personintern' steht.

Sicher ist es nicht (auch nicht mit der Einschränkung bezüglich der auf äußere Verwirklichung gerichteten Absichten) die Einteilung nach subjektiven und objektiven Merkmalen. Abgesehen von der dogmatischen Unhaltbarkeit einer solchen Identifizierung besonderer persönlicher Merkmale mit

205 a.a.O. S. 105
206 Das entspräche der Rspr. zu § 50 II (1943).
207 Das läge auf der Linie von BGHSt 22, 375 ff.
208 a.a.O. S. 289
209 a.a.O. S. 289
210 a.a.O. S. 289 f

sämtlichen subjektiven Gegebenheiten kann sie schon aus den folgenden Gründen vom BGH nicht gemeint sein:
Nichts spricht dafür, daß ein Bruch mit der bisherigen Rechtsprechung, die seit jeher auch objektive Merkmale unter § 50 subsumiert hat[211], gewollt ist. In BGHSt 22, 375, 377 selbst ist die Beamteneigenschaft bei den echten Amtsverbrechen als ein mit § 50 II (1968) zu erfassendes Merkmal ausdrücklich genannt. In späteren Entscheidungen wird das Treueverhältnis i.S.d. § 266 als strafbegründendes besonderes persönliches Merkmal bezeichnet.
Auch mit der Begründung der Tatbezogenheit der Absichtsmerkmale in §§ 242, 220 a und 235 III a.F.[212] macht das Gericht ganz deutlich, daß es maßgeblich darauf ankommt, was durch das subjektive Merkmal zum Ausdruck gebracht werden soll; die Subjektivität des Umstandes an sich bedeutet also nichts.

Einen Ansatzpunkt für das Verständnis des Charakteristikums der 'äußeren' Merkmale i.S.d. neueren BGH-Rechtsprechung bieten möglicherweise die Erläuterungen des 5. Strafsenats in BGHSt 22, 375, 380 zur Tatbezogenheit bestimmter Absichtsmerkmale.
Es wird dort der Sache nach dargetan, daß es für die Tatbezogenheit genüge, wenn das fragliche Merkmal in Beziehung zur materialen Rechtsgutsverletzung stehe[213] oder zu einer mit der bewirkten Rechtsgutsverletzung intendierten weiteren Rechtsgutsverletzung[214]. Die *Beziehung zur Rechtsgutsverletzung* oder *eine bestimmt geartete Beziehung zur Rechtsgutsverletzung* scheint also jedenfalls *ein* Kriterium tatbezogener Merkmale zu sein.
Besinnt man sich auf die Urteile zu § 50 II (1943), in denen tatbezogene Merkmale charakterisiert wurden, und die dabei stets wiederkehrende Rede von der durch das betreffende Merkmal gekennzeichneten "besonderen",

---

211 Gerade die Amtsträgereigenschaft ist der Rspr. stets ein Paradebeispiel für ein besonderes persönliches Merkmal gewesen (s. die Nachweise in Fn. 4 u. 48).
212 BGHSt 22, 375, 380
213 so bezüglich §§ 242 und 235 III a.F. (a.a.O. S. 380)
214 so bei § 220 a (a.a.O. S. 380 f)

"erhöhten" oder "äußeren" (!) Gefährlichkeit des Tuns, so liegt der Gedanke nicht fern, daß auch damit der Bezug oder ein bestimmter Bezug zur Rechtsgutsverletzung gemeint gewesen sein könnte. Die zur Erläuterung der besonderen Gefährlichkeit der Tatbegehung in den einzelnen Urteilen zu findenden Ausführungen bestätigen diese Vermutung.

Unter diesem Blickwinkel bietet sich auch eine Erklärung dafür, daß in den älteren Urteilen - d.h. in denjenigen, die die Unterscheidung tatbezogen/täterbezogen zugrunde legen und zu § 50 (1943) ergangen sind - meist der Bezugspunkt der besonderen Gefährlichkeit betont wird: die besondere Gefährlichkeit *der Durchführung der Tat, ihrer Gestaltung*[215], *der Tatausführung*[216], *der Tatbegehung*[217] *oder des Tuns*[218]. Damit dürfte bezweckt gewesen sein, den mit dem Abstellen auf die Gefährlichkeit noch ganz allgemein beschriebenen Bezug zur Rechtsgutsverletzung insofern zu präzisieren und zugleich einzuengen, als nur solche Auswirkungen auf die Rechtsgutsverletzungen gemeint sein sollten, die völlig unabhängig von der Person - als Gegensatz zum Handeln verstanden - desjenigen sind, der das betreffende Merkmal aufweist[219].

Untersucht man nun die § 50 II (1968) und § 28 I betreffenden Entscheidungen daraufhin, ob auch in ihnen eine derartige einengende Präzisierung vorgenommen worden ist, so findet man sie im Begriff der *'Äußerlichkeit'* verborgen. An mehreren Stellen in den Urteilsgründen wird nämlich die "äußere Tat" mit der "Tatausführung" der Sache nach gleichgesetzt: So erklärt BGHSt 22, 375 ff, die Verwendung gemeingefährlicher Mittel i.S.d. § 211 gehöre zur äußeren Mordtat selbst[220], das "äußere Bild der Tat" werde in be-

---

215 BGHSt 6, 260, 262
216 BGHSt 8, 70, 72
217 BGHSt 8, 205, 209
218 BGHSt 17, 215, 218
219 Beispiel: Die gesteigerte Gefährlichkeit der örtlich und zeitlich gemeinsamen Begehung des Bandenschmuggels besteht unabhängig von Eigenheiten in der Person der Mitwirkenden.
220 a.a.O. S. 378

stimmten Mordfällen durch die Art der "äußeren Verwirklichung" des niedrigen Beweggrundes geprägt, nicht schon durch den niedrigen Beweggrund selbst[221]. BGHSt 23, 103 ff sagt ausdrücklich, die Heimtücke sei tatbezogen, weil sie sich auf die Art der Ausführung der Tötung beziehe[222]. Auch BGHSt 25, 287 ff begründet die Tatbezogenheit der Heimtücke damit, daß die für Mord erforderliche Verwerflichkeit "in der Ausführungsweise der Tat" begründet sei[223].

Es hat sich somit herauskristallisiert, daß auch in der Rechtsprechung des BGH seit 1969 hinter der Unterscheidung tatbezogen/täterbezogen inhaltliche Gesichtspunkte stehen. Wie sich weiter gezeigt hat, handelt es sich dabei um dieselben oder ähnliche Kriterien, wie sie schon den Urteilen zu § 50 II (1943) hinsichtlich der Tatbezogenheit zugrunde liegen.

ee) Es sei noch kurz darauf eingegangen, ob sich hinter der in etlichen Urteilen verwendeten Formel von der "*Verwerflichkeit*" möglicherweise ein zweiter selbständiger Ansatz zur Bestimmung der Tat- bzw. der Täterbezogenheit verbirgt.
Ein dahingehender Eindruck wird nicht zuletzt durch die Darstellung der Judikatur des BGH im Schrifttum hervorgerufen. Denn dort heißt es oft, der BGH halte ein Merkmal für tatbezogen, wenn es "die Verwerflichkeit der Tat als solcher" erhöhe[224] oder "das äußere Bild der Tat präge"[225].
In BGHSt 25, 287, 289 etwa sieht der 2. Strafsenat den maßgeblichen Unterschied zwischen den Mordmerkmalen Heimtücke und niedrige Beweggründe darin, daß bei der Heimtücke "die besondere Verwerflichkeit in der Ausfüh-

221 a.a.O. S. 380
222 a.a.O. S. 105
223 a.a.O. S. 289
224 Hier wird dann das Urteil, das diese Wendung erstmals enthält - Urteil des 5. Senats vom 21.11.1958 (Az. 5 Str 501/58) -, nach BGHSt 22, 375, 380 zitiert; vgl. Schönke/Schröder/Cramer, § 28 Rz. 16; SK-Samson, § 28 Rz. 18
225 so z.B. Schönke/Schröder/Cramer, § 28 Rz. 16; SK-Samson, § 28 Rz. 18

rungsweise der Tat" liege, bei den niedrigen Beweggründen dagegen in der "inneren Einstellung des Täters"[226].

Der 5. Senat äußert in BGHSt 23, 39, 40, das Gesetz finde bei der Verdeckungsabsicht "die besondere Verwerflichkeit der Tötung ... in der Niedrigkeit des Beweggrundes"[227].

Die Verweisung in BGHSt 23, 39, 40 auf BGHSt 11, 226, 228 macht deutlich, worum es geht: In BGHSt 11, 226, 228 wird erläutert, worin der "besondere Unwert" der Tötung im Vergleich zum einfachen Totschlag liegt. Synonym für den Begriff "besonderer Unwert" wird der Begriff "besondere Verwerflichkeit" gebraucht. Dann aber bedeutet die Aussage, die besondere Verwerflichkeit beruhe auf der Ausführungsweise der Tat[228] oder liege in der Niedrigkeit des Beweggrundes, keinen neuen Ansatz. Denn die Aussage, der besondere Unwert der Tötung mit gemeingefährlichen Mitteln liege in der Art der Ausführung der Tat, ist nur eine etwas präzisere Formulierung dessen, was der BGH an anderer Stelle meint, wenn er bildhaft davon spricht, die Verwendung gemeingefährlicher Mittel gehöre zur äußeren Mordtat selbst[229].

Es ist nicht anzunehmen, daß der 5. Senat in seinem u.a. in BGHSt 22, 375, 380 zitierten unveröffentlichten Urteil vom 21.11.1958[230] mit der Wendung, die Absicht i.S.d. § 235 III a.F. erhöhe "die Verwerflichkeit der Tat als solcher" und sei keine besondere persönliche Eigenschaft des Täters, etwas anderes gemeint hat, als daß der besondere Unwert der Handlung, nicht der Person anhafte. In BGHSt 22, 375, 380 ist zudem mitgeteilt, daß der 5. Senat die genannte Absicht als "tatbezogenes Unrechtsmerkmal" bezeichnet habe.

---

226 a.a.O. S. 289
227 a.a.O. S. 40
228 s. BGHSt 23, 289
229 BGHSt 22, 375, 380
230 vgl. auch Fn. 223

VI. Gesamtwürdigung der Rechtsprechung des BGH zu § 28 und seinen Vorgängern

Die vorangehende Untersuchung hat gezeigt, daß die Entwicklung der Rechtsprechung des BGH zu § 28 und seinen Vorläufern von einer eher grammatischen hin zu einer mehr teleologischen Interpretation verlaufen ist.

Das die Entscheidungen leitende materiale Kriterium der Abgrenzung besonderer persönlicher Merkmale von anderen, nicht dem § 28 unterfallenden Umständen ist *die von der Person, die das Merkmal verwirklicht oder aufweist, unabhängige Beziehung zur Rechtsgutsverletzung.*

Da dieses Kriterium keine positive Beschreibung der Wesensmerkmale besonderer persönlicher Merkmale liefert, ist mit ihm nur eine *negative Bestimmung des Anwendungsbereichs* der Vorschrift möglich. Das zur Diskussion stehende Merkmal muß auf seine oben näher bezeichnete Rechtsgutsbezogenheit und damit auf eine dem besonderen persönlichen Merkmal gerade nicht zukommende Eigenschaft untersucht werden.

Die seit 1969 ständig gebrauchten Termini der Tatbezogenheit und Täterbezogenheit bringen die maßgeblichen teleologischen Gesichtspunkte jedoch nur äußerst unzureichend zum Ausdruck. Insbesondere die in neueren Urteilen als Begründung für die Annahme von Täter- oder Tatbezogenheit zu findenden bildhaften Formeln wie z.B. "äußeres Merkmal", "das äußere Bild der Tat prägend", "in der Person des Täters liegend" sind viel zu vage und deshalb eher dazu angetan, das Gemeinte zu verschleiern, als es zu erklären[231]. Der Grund dieser unglücklichen Unterscheidung nach 'außen' und 'innen' ist wohl die schon mehrfach erwähnte Tatsache, daß den neueren Entscheidungen meist Fälle der Beteiligung am Mord zugrunde liegen und dort die Gefahr, sich zu einer derartigen Abgrenzung verleiten zu lassen, besonders groß ist.

231 Ein Beweis für die mangelnde Evidenz der Unterscheidung 'außen'/'innen' sind die Urteile BGHSt 1, 368 ff; 22, 375 ff und 25, 287 ff: Im Urteil BGHSt 1, 368, 371 spricht der 2. Senat aus, daß der niedrige Beweggrund bei § 211 "nicht das äußere Bild der Tat, sondern die innere Haltung des Täters" kennzeichne (S. 371). Trotzdem liegt es dem Senat fern, niedrige Beweggründe als besondere persönliche Verhältnisse oder Eigenschaften i.S.d. § 50 II (1943) zu betrachten. In BGHSt 22, 375, 378 und 25, 287, 289 bildet aber gerade derselbe Umstand das Hauptargument für die gegenteilige Ansicht.

Die folgende Darstellung der in der Literatur vertretenen Auffassungen zu § 28 und seinen Vorläufern beschränkt sich im wesentlichen auf Publikationen, die nach dem Inkrafttreten des § 50 RStGB von 1943 erschienen sind. Das sich mit dem alten § 50 von 1871 befassende Schrifttum ist hinlänglich aufgearbeitet[1].
Die spezielle Fragestellung dieser Arbeit rechtfertigt es außerdem, die Äußerungen der Literatur zu § 28 grundsätzlich nur so weit wiederzugeben, wie sie sich auf Unrechtsmerkmale beziehen[2].

Im folgenden wird zunächst ein Überblick über die in der Literatur häufig zur Kennzeichnung besonderer persönlicher Merkmale gebrauchten Kategorisierungen und Charakterisierungen gegeben. Anschließend sollen die verschiedenen dogmatischen Ansätze beschrieben werden, als deren Konsequenz sich die zuvor genannten Abgrenzungskriterien darstellen.

---

1 s. etwa Redslob, Die persönlichen Eigenschaften und Verhältnisse S. 19 ff; Nagler, Sonderverbrechen S. 89 ff; Schlutter, Zur Dogmengeschichte der Akzessorietät der Teilnahme, S. 79 ff; R. Lange, JR 1949, 165 ff

2 Ob etwa die im Verbrechensaufbau noch jenseits der Schuld angesiedelten Strafausschließungsgründe unter die "strafausschließenden besonderen persönlichen Merkmale" des § 28 II zu subsumieren sind, weil der Gesetzgeber sie offensichtlich mit § 28 II erfassen wollte, oder ob § 28 II nicht bemüht werden muß, weil sich die nichtakzessorische Behandlung solcher Merkmale von selbst ergibt, ist in der Regel für die Interpretation des § 28 im übrigen durch den jeweiligen Autor ohne Belang. In den meisten Fällen ist auch die Bestimmung des Verhältnisses des § 28 zu § 29 ohne besonderen Aussagewert für die jeweilige Auffassung zur Bedeutung des § 28 hinsichtlich der hier vor allem interessierenden belastenden Unrechtsmerkmale.

A. Kriterien, die im Zusammenhang mit der Charakterisierung besonderer persönlicher Merkmale i.S.d. § 28 häufig genannt werden

In den Katalog der in der Literatur diskutierten Kriterien sind nicht nur solche aufgenommen worden, die zur positiven Kennzeichnung eines besonderen persönlichen Merkmals dienen, sondern auch jene, die die Annahme eines besonderen persönlichen Merkmals ausschließen sollen.
Die Nennung eines Autors im Zusammenhang mit einem bestimmten Abgrenzungskriterium besagt übrigens - wie sich von selbst aus dem Erscheinen etlicher Autoren an verschiedenen Stellen ergibt - keinesfalls, daß dem jeweiligen Kriterium von seinem Befürworter Exklusivität zugesprochen würde.

I. Wohl am häufigsten finden sich *phänomenologische* Umschreibungen. Allerdings lassen es immer mehr Autoren nicht bei einer solchen Umschreibung bewenden, sondern bemühen sich zusätzlich um deren dogmatische Fundierung.
Die meistgebrauchte und deshalb bekannteste phänomenologische Kennzeichnung besonderer persönlicher Merkmale ist die *Täterbezogenheit* bzw. die *Tatbezogenheit*[3].

---

3 Es wäre müßig, hier alle Autoren aufzuführen, die das Begriffspaar tatbezogen/täterbezogen verwenden, denn dies tun (beiläufig) die allermeisten. Teilweise werden ähnliche Begriffe verwandt, teilweise werden die Begriffe der Tat- bzw. Täterbezogenheit - wiederum phänomenologisch - zu präzisieren versucht. Besondere persönliche Merkmale werden beispielsweise so umschrieben: "Täterelemente" (Kohlrausch/Lange, § 50 Anm. I, S. 188), "den Täter charakterisierend" (Bockelmann, AT S. 198; Lackner, § 28 Anm. 1, 2 a; Preisendanz, § 28 Anm. 2; SK-Samson, § 28 Rz. 19 a; Schönke/Schröder/Cramer, § 28 Rz. 18), "in der Person des Täters liegend" (Koffka, JR 1969, 41, 42). Umschreibungen für gesetzliche Merkmale, auf die § 28 nicht anwendbar sein soll, lauten beispielsweise: "Tatelemente" (Kohlrausch/Lange, § 50 Anm. I, S. 188), "Merkmale der Tat" (Dreher/Tröndle, § 28 Rz. 6), "tatgebundene Merkmale" (Maurach AT, 4. Aufl., S. 714), "die Tat charakterisierend" (Lackner § 28, Anm. 2 a; Preisendanz, § 28 Anm. 2; Dreher, JR 1970, 146, 147), "auf einen Erfolg in der Außenwelt gerichtet" (Dreher, JR

II. Vor allem im älteren Schrifttum wurde die Ansicht vertreten, die maßgebliche Eigenschaft eines besonderen persönlichen Merkmals sei seine *Zugehörigkeit zur Schuld* oder jedenfalls seine *Nichtzugehörigkeit zum Unrecht*[4]. Dabei wurden natürlich nicht sämtliche die Schuld betreffenden Umstände unter § 28 subsumiert. Vielmehr hat man auch hier zumeist wieder differenziert.

III. Heute ist eine Auffassung weitverbreitet, derzufolge § 28 jedenfalls auf solche Merkmale *nicht* anwendbar ist, die - auch oder ausschließlich - eine *Rechtsgutsverletzung* oder *-gefährdung* kennzeichnen[5]. Nichts anderes als die Aussonderung rechtsgutsbezogener Merkmale (was immer darunter verstan

---

1970, 146, 148; Dreher/Tröndle, § 28 Rz. 6), "das äußere Bild der Tat prägend" (Martin, NJW 1969, 1157, 1158 f).

4 so vor allem R. Lange, JR 1949, 165, 168 f; Kohlrausch/Lange, § 50 Anm. I, S. 187, 189; ähnlich v. Weber, MDR 1952, 265 f; Bindokat, JZ 1958, 553, 557; Roeder, ZStW 69 (1957), 223, 259 Fn. 132

5 so ausdrücklich SK-Samson, § 28 Rz. 19, 19 a; ders. ZRP 1969, 27, 28; Jährig, Die persönlichen Umstände des § 50 StGB, S. 37 ff; Geppert, ZStW 82 (1970), 40, 61 f, 64 f; Lackner, § 28 Anm. 2 a; Gallas, bei Grebing ZStW 88 (1976), 173, 174 ff (der Sache nach schon in Beiträge S. 158 ff und früher); Blauth, Handeln für einen anderen S. 104, 107; Heidland, Die besonderen persönlichen Merkmale i.S.d. § 50 II StGB S. 150 ff; Lüderssen, Strafgrund S. 133; Jakobs, NJW 1969, 489, 492 f; ders. NJW 1970, 1089 (möglicherweise jetzt anders, AT 23/12 ff); wohl auch Schönke/Schröder/Cramer, § 28 Rz. 20; trotz Kritik an dem Kriterium der Rechtsgutsbezogenheit (S. 60 f) der Sache nach auch Dowlad, Die Strafbarkeit der aktiven Beteiligung an gebotswidrig unterlassener Hilfstätigkeit S. 91 f; Baumann, AT, 8. Aufl., S. 612; Piotet, ZStW 69 (1957), 14, 17; Kohlrausch/Lange, § 50 Anm. I, S. 188; Bindokat, JZ 1958, 553, 557; Roeder, ZStW 69 (1957), 223, 259 Fn. 132; Maurach/Gössel/Zipf, AT II, § 53 III D 6 c bb, Rz. 154 lehnen eine Anwendung des § 28 auf Merkmale ab, die die "Rechtsgutsbeeinträchtigung konkretisieren"; wohl auch Schmidhäuser, AT 14/81; Gerl (Die besonderen persönlichen Merkmale i.S.d. § 28 StGB S. 178) erkennt als besonderes persönliches Merkmal nicht an, was einen "unmittelbaren Bezug zum Rechtsgutsangriff" aufweist; im Grundsatz auch Grünwald, Armin Kaufmann-Festschrift S. 555, 559 f, 566. Wie oben dargelegt, ist dies auch der Standpunkt des BGH (s. Zweites Kapitel, B V 2 b, VI).

den wird) dürften etliche derjenigen Autoren meinen, die das "sachliche" Unrecht kennzeichnende Elemente als generell außerhalb des Regelungsbereichs des § 28 liegend bezeichnen[6].

IV. Manche Autoren charakterisieren besondere persönliche Merkmale durch ihre angebliche Zugehörigkeit zum "*personalen Unrecht*"[7]. Häufig wird das Spezifische des "personalen Unrechts" inhaltlich präzisiert[8], z.T. auch erklärt, daß nicht sämtliche personalen Unrechtselemente besondere persönliche Merkmale i.S.d. § 28 seien[9] [10].

V. Stark an Boden gewinnt eine Meinung, nach der aus dem Bereich des Unrechts nur die das spezifische Unrecht eines Sonderdelikts verkörpernden Elemente besondere persönliche Merkmale sein können, namentlich die eine *Sonderpflicht* begründenden Merkmale[11].

---

6 so Wessels, AT § 13 IV 2 c (sachlicher Unrechtsgehalt, sachgebundene Beschreibung des tatbestandsmäßigen Erfolges, der Tatmittel, der Begehungsweise); Hardwig, GA 1954, 65, 67; Welzel, Lehrbuch § 16 V 1 (tatmäßige, sachliche Unrechtsmomente); ders. JZ 1952, 72, 75; sicher auch Kohlrausch/Lange, § 50 Anm. I, S. 187; ders. JR 1949, 165, 168 (objektives Tatunrecht)

7 Welzel, Lehrbuch § 16 V 1, 2; ders. JZ 1952, 72, 75; Hardwig, GA 1954, 65, 66 ff; Dreher, JR 1970, 146, 147 f; Dreher/Tröndle, § 28 Rz. 2, 7; Gallas, Beiträge S. 124 f, 147 f, 161

8 s. dazu unten B VI 2 b

9 s. nur Jescheck, AT § 61 VII 4 a; Wessels, AT § 13 IV 2 c

10 Der Streit innerhalb dieser Autorengruppe darüber, ob besondere persönliche Merkmale *nur* solche des personalen Unrechts sind oder ob z.B. auch spezielle Schuldmerkmale unter § 28 fallen, bleibt hier unberücksichtigt.

11 LK-Roxin, § 28 Rz. 32 f, 37, 39; Stratenwerth, AT Rz. 935; Arzt, JZ 1973, 681, 685 f (begrenzt auf § 28 I, weiter für § 28 II); Schmidhäuser, AT 14/82; ders. StudB AT 10/38; Langer, Sonderverbrechen S. 474, 484; ders. Lange-Festschrift S. 241, 262, 264; ders. E. Wolf-Festschrift S. 335; Otto, Grundkurs AT § 22 I 3 a; Eser, Studienkurs II, Fall 42 A 12; Jakobs, AT 23/12, 14; der Sache nach anscheinend auch Jescheck, AT § 61 VII 4 a, wenn er danach unterscheidet, ob das Merkmal das "von jedermann begehbare Unrecht der Haupttat kennzeichnet"

Ohne Ausschließlichkeitsanspruch werden höchstpersönliche Pflichtenstellungen von fast allen sich zu den besonderen persönlichen Merkmalen äußernden Autoren als Anwendungsfall des § 28 genannt. Dabei wird allerdings oft keine Beziehung zu den Sonderdelikten hergestellt[12].

VI. Nach einer insbesondere von Gallas klar formulierten Lehre sind die besonderen persönlichen Merkmale, soweit sie dem Unrecht zuzuordnen sind, dadurch charakterisiert, daß sie nicht (nur) die Sozialschädlichkeit der Tat kennzeichnen, sondern (auch) ihren *personalethischen Unwertgehalt*.[13] Ein solcher personalethischer Unwert wird vor allem in der Verletzung einer auf Vertrauen beruhenden Pflicht oder einer zur Treue verpflichtenden sozialen Stellung gesehen.[14]

VII. Nicht selten wird im Schrifttum auch die *persönliche Gefährlichkeit des Täters* als typischer Gegenstand eines besonderen persönlichen Merkmals genannt[15].

---

12 SK-Samson, § 28 Rz. 19; Wessels, AT § 13 IV 2 c; Dreher, JR 1970, 146, 148; Gallas, Beiträge S. 124, 159; wohl auch Schönke/Schröder/Cramer, § 28 Rz. 17 ff (allerdings nur, wenn die besondere Pflichtenbindung gerade zur Kennzeichnung des Täters ins Gesetz aufgenommen worden ist); Heidland, a.a.O. S. 107 ff; Dowlad, a.a.O. S. 85, 91 f, 143 f; Schönke/Schröder/Lenckner, § 174 Rz. 20; Vogler, Lange-Festschrift S. 265, 278 f

13 Gallas, bei Grebing ZStW 88 (1976), 175; ders. Beiträge S. 159 f, vgl. auch S. 142; Blauth, a.a.O. S. 64, 67, 76, 98, 104 f, 106 ff; Heidland, a.a.O. S. 40 f, 47, 51, 91, 102, 107 f, 153; Dowlad, a.a.O. S. 85 ff, 91 f, 143 f; mindestens z.T. auch Vogler, Lange-Festschrift S. 265, 276, 278 f; s. auch R. Lange, JR 1949, 165, 170

14 s. nur Gallas, bei Grebing ZStW 88 (1976), 175 f; ders. Beiträge S. 159; Vogler, Lange-Festschrift S. 265, 277 ff

15 Jakobs, NJW 1969, 489, 490, 491 insbes. sub II. a.E., 492, s. auch S. 493; ders. NJW 1970, 1089; SK-Samson, § 28 Rz. 19; Martin, NJW 1969, 1157, 1158 f; Gerl, a.a.O S. 178 f, 181 f; Lange, JR 1949, 165, 170 und Kohlrausch/Lange, § 50 Anm. III, S. 190; Vogler, Lange-Festschrift S. 265, 278

VIII. Äußerst weit zieht die sog. Einheitslösung den Kreis der besonderen persönlichen Merkmale, indem sie alle diejenigen *Merkmale* unter § 28 fallen läßt, *die man nicht nach den Regeln der mittelbaren Täterschaft verwirklichen kann*[16].

IX. Schließlich wird auch die Ansicht vertreten, das Charakteristische eines besonderen persönlichen Merkmals sei seine "*Werterheblichkeit*".[17] Als Werte, denen solche werterheblichen Merkmale dienen, werden etwa genannt: der Güterschutz, die Gerechtigkeit, bestimmte soziale und politische Werte außerhalb des spezifisch strafrechtlichen Bereichs.[18]

B. Die verschiedenen Interpretationsansätze

Die Kenntnis der von den einzelnen Autoren gewissermaßen als Produkt ihrer Überlegungen zu § 28 bzw. § 50 a.F. für entscheidend gehaltenen Topoi bringt für sich allein wenig Gewinn. Denn zumeist bleibt die Anwendung auf den konkreten Fall wegen der begrifflichen Unschärfe oder der Abstraktionshöhe unsicher, und eine Kritik ist allenfalls am Maßstab des Gerechtigkeitsgefühls möglich. Aussagen über die Richtigkeit des Ergebnisses lassen sich nur nach Herausarbeitung und Bewertung der Prämissen treffen, aus denen das jeweilige Abgrenzungskriterium abgeleitet wurde, und nach der Überprüfung der Folgerichtigkeit des Ableitungsvorganges. Deshalb soll anschließend versucht werden, die unterschiedlichen Ansätze deutlich zu machen.

---

16 Schünemann, Jura 1980, 354, 367; Herzberg, Täterschaft und Teilnahme S. 124, 127; ders. JuS 1983, 737, 743 für § 28 II

17 Herzberg, ZStW 88 (1976), 68, 85; ders. Täterschaft und Teilnahme S. 127; ders. JuS 1983, 737, 738 (Wertbezogenheit)

18 Herzberg ZStW 88 (1976), 68, 88; ders. Täterschaft und Teilnahme S. 127 f; ders. JuS 1983, 737, 739

I. Wortlautorientierte Ansätze

Besonders bei denjenigen Autoren, die die Abgrenzung der besonderen persönlichen Merkmale mit Hilfe phänomenologisch umschriebener Kriterien vornehmen, ist nicht selten eine starke Orientierung am Wortlaut des § 28 festzustellen.

1. Dabei wird meist an das Wort "persönliche" angeknüpft und dieser Begriff mit Blick insbesondere auf die in § 28 II angeordnete Rechtsfolge - individuelle Zurechnung - so konkretisierend zu umschreiben versucht, daß diese Rechtsfolgenanordnung schon semantisch plausibel, ja zwingend erscheint. So finden sich etwa überaus häufig die Wendungen "höchstpersönlich" und "personengebunden"[19].

2. Andere stellen den Begriff "besondere" stärker in den Vordergrund und bemühen sich, die von der Regel abweichende Zurechnungsanordnung des § 28 aus einer Gegenüberstellung von Besonderem und Allgemeinem zu legitimieren[20].

II. Gesetzessystematische und historische Interpretationen

Einer vor allem zu § 50 (1943) vertretenen Ansicht nach kommt in der Vorschrift der Grundgedanke zum Ausdruck, daß die Abhängigkeit der Teilnahme von der Haupttat auf das Unrecht in der Handlung des Haupttäters zu beschränken sei. Als Konsequenz daraus müsse die Schuld jedes Beteilig

---

19 s. etwa Gallas, Beiträge S. 124, 159 mit Fn. 54, vgl. auch S. 158; LK-Roxin, § 28 Rz. 32 a.E.; Jescheck, AT § 61 VII 4 a; Schönke/Schröder/Cramer, § 28 Rz. 18

20 so z.B. Maurach/Gössel/Zipf, AT II, § 53 III D 6, Rz. 147 ff

ten isoliert beurteilt werden[21]. § 50 I (1943) (= § 29 n.F.) enthalte die weit über die Teilnahmelehre hinausgehende Grundregel rein persönlicher Schuldhaftung, die von § 50 II (1943) (= § 28 II) in bestimmter Hinsicht präzisiert werde.[22] Die Vertreter dieser Literaturmeinung nehmen zum Teil für die Richtigkeit ihres Ansatzes u.a. die Entstehungsgeschichte des § 50 RStGB von 1871 und § 50 I (1943) in Anspruch[23].

Unterschiedlicher Ansicht sind ihre Verfechter allerdings darüber, inwieweit die Leitfunktion des § 29 n.F. (bzw. seiner Vorgänger) auch die verbrechenssystematische Natur besonderer persönlicher Merkmale präjudiziert.
Während etwa *Lange* annahm, besondere persönliche Merkmale könnten nur Schuldmerkmale sein[24], lassen es ihre heutigen Anhänger wohl ausreichen, wenn sich das Vorliegen oder Fehlen des besonderen persönlichen Merkmals auf die Schwere der Schuld auswirkt, mag es auch selbst verbrechenssystematisch dem Unrecht zuzuordnen sein[25]. Die diese Lockerung befürwortenden Autoren leiten dann allerdings den Sinn des § 28 in Wahrheit nicht mehr systematisch (ausschließlich oder auch nur vorrangig) aus § 29 ab, sondern aus dem allgemeinen Schuldprinzip[26].

---

21 so insbesondere R. Lange, JR 1949, 165, 168; Kohlrausch/Lange, § 50 Anm. I, S. 187; Sauer, Allgemeine Strafrechtslehren § 26 VI 2, S. 194; ähnlich v. Weber, MDR 1952, 265

22 so Lange, a.a.O.; v. Weber, a.a.O.; Sauer, a.a.O. S. 195

23 s. vor allem Lange, JR 1949, 165, 166; vgl. insoweit auch BGHSt 8, 205, 209

24 JR 1949, 165, 168; ders. Kohlrausch/Lange § 50 Anm. I, S. 189

25 s. Baumann/Weber, AT § 37 III 2 a; Hardwig, GA 1954, 70 f, 76; vgl. auch Preisendanz, § 28 Anm. 1

26 vgl. auch unten VI 1

III. § 28 als strafzweckorientierte Regelung

Mitunter wird § 28 als eine Vorschrift verstanden, die (auch) dem Strafzweck der Spezialprävention Rechnung trägt. Zum Teil wird dies ausdrücklich gesagt[27], zum Teil aber auch nur implizit dadurch, daß Merkmale, die die persönliche Gefährlichkeit eines Beteiligten hinsichtlich weiterer Taten zum Gegenstand haben, dem Anwendungsbereich des § 28 unterworfen werden[28]. Allerdings möchte anscheinend niemand die ratio des § 28 auf diesen spezialpräventiven Aspekt beschränken.

IV. Am Gleichbehandlungsgebot ansetzende Lehre

Verschiedentlich wird die Funktion des § 28 in der Vermeidung intrasystematischer Widersprüche gesehen. Am klarsten formuliert das Anliegen dieser Lehre *Schünemann*[29]: "§ 28 soll die ungerechtfertigte Ungleichbehandlung von Täter und Teilnehmer ausschließen bzw. so weit wie möglich abmildern, die ein unkorrigiertes Akzessorietätsprinzip deswegen mit sich bringen würde, weil es bei allen Tatbeständen, die irgendwelche speziellen objektiven oder subjektiven Anforderungen an die Person des Täters stellen, zu dem absurden Ergebnis führen würde, daß der in dieser Weise qualifizierte Beteiligte durch Vorschieben eines nichtqualifizierten Täters sich gewissermaßen hinter diesem verstecken könnte [Fall des durch strafschärfende Merkmale qualifizierten Täters], während man dem nichtqualifizierten Teilnehmer eigentlich nur raten könnte, eine noch aktivere Rolle zu übernehmen und sich als Täter zu engagieren, weil er dann nur milder oder sogar überhaupt nicht bestraft werden könnte [Fall des Teilnehmers, dem strafbegründende qualifizierende Merkmale fehlen]." Damit würde, so meint Schünemann, das Rang-

27 s. Vogler, Lange-Festschrift S. 265, 274 f, 277, s. auch S. 278 zum Merkmal der Bandenmäßigkeit i.S.d. § 244 Nr. 3 (!); Stratenwerth, AT Rz. 986; jüngst Grünwald, Armin Kaufmann-Festschrift S. 555, 566

28 s. Jakobs, NJW 1969, 489, 492 f; ders. NJW 1970, 1089; Herzberg, JuS 1983, 737, 739; Gerl, a.a.O. S. 178 f, 181 f; Martin, NJW 1969, 1157, 1159

29 Jura 1980, 354, 364

verhältnis zwischen Täterschaft als der schwereren und Teilnahme als der leichteren Beteiligungsform geradezu auf den Kopf gestellt[30]. Schünemann bezeichnet § 28 als eine unmittelbare Ausprägung des in Art. 3 GG verbürgten Gleichbehandlungsgrundsatzes, weil er die aus dem Akzessorietätsprinzip folgenden sinnlosen Strafbarkeitsgrenzen korrigiere.
Besondere persönliche Merkmale i.S.d. § 28 sind danach also prinzipiell alle diejenigen Merkmale, die sich nicht nach den Regeln mittelbarer Täterschaft 'verwirklichen' lassen[31].

V. Der Strafgrund der Teilnahme als leitendes Auslegungskriterium

Einer in der Literatur verbreiteten Ansicht zufolge hat § 28 die Aufgabe, die gesetzliche Teilnahmeregelung dahingehend zu korrigieren, daß sie zu keiner weitergehenden oder geringeren Haftung führt, als es der Strafgrund der Teilnahme gebietet. Schlagwortartig ausgedrückt geht es dieser Lehre also um eine Harmonisierung des formalen Akzessorietätsprinzips mit dem materialen Strafgrund der Teilnahme[32]. Für § 28 bleiben danach solche Verbrechensmerkmale, die außerhalb des - unter den Anhängern dieser Lehre streitigen - Strafgrundes der Teilnahme liegen.

Jähring etwa bezeichnet als Strafgrund der Teilnahme "die schuldhafte Verursachung einer Rechtsgutsverletzung durch die Hervorrufung oder Förderung fremder mit Strafe bedrohter Handlung"[33]. Daraus schlußfolgert er: "Vom Strafgrund der Teilnahme ausgehend ist dem Teilnehmer also der Deliktsteil voll zuzurechnen, der die Rechtsgüterbeeinträchtigung beschreibt (sachliche Merkmale). Alle anderen Merkmale liegen außerhalb dieses Strafgrundes.

---

30 Jura 1980, 354, 365
31 Jura 1980, 354, 367
32 s. insoweit besonders deutlich Jährig, a.a.O S. 37; Geppert, ZStW 82 (1970), 40, 59 ff, 64 f
33 a.a.O. S. 37

Der Teil der strafrechtlichen Reaktion, der auf solchen Elementen beruht, darf den Teilnehmer nicht treffen, sofern er sie nicht in eigener Person erfüllt (persönliche Merkmale)"[34].

Ganz ähnlich argumentiert *Geppert*[35]. Seine Ansicht, alle diejenigen persönlichen Merkmale seien aus dem Anwendungsbereich des § 28 I auszuklammern, die auch irgendeinen Bezug zum jeweils geschützten Rechtsgut aufweisen[36], stützt er darauf, daß das Wesen des Teilnahmeunrechts nach der herrschenden Verursachungstheorie in der Mitverursachung fremden Unrechts liege[37] und das Wesen strafrechtlichen Unrechts in erster Linie Rechtsgutsverletzung sei[38].

Ebenso ist *Langer* hier einzuordnen[39]. Dies mag zunächst überraschen, bedenkt man, daß die bisher hier behandelten Autoren § 28 für eine strafbarkeitseinschränkende (nämlich die qua Akzessorietät mögliche Zurechnung unterbindende) Norm halten, während *Langer* der Vorschrift jedenfalls z.T. strafbarkeitsausdehnende (also über den Bereich möglicher akzessorischer Zurechnung hinausgreifende) Wirkung zuspricht[40]. Die gleichwohl eine gemeinsame Darstellung rechtfertigende Parallele liegt darin, daß besondere persönliche Merkmale von anderen Merkmalen jeweils danach geschieden werden, ob eine Zurechnung des Merkmals vom Strafgrund der Teilnahme gedeckt ist oder nicht.

---

34 a.a.O. S. 38
35 ZStW 82 (1970), 40, 59 ff
36 a.a.O. S. 65
37 a.a.O. S. 62
38 a.a.O. S. 64. Diese Ausführungen Gepperts erwecken den Eindruck, als wolle er sämtliche Unrechtsmerkmale streng akzessorisch behandeln. Das liegt aber wohl nicht in seiner Absicht (vgl. seine Ausführungen zu den echten Amtsdelikten, a.a.O. S. 71).
39 Der anschließend zu referierenden Lehre Langers entspricht in ihren wesentlichen Zügen die Ansicht Schmidhäusers (s. AT 14/83 ff, 95 f; StudB AT, 10/29 ff, 34 ff, 38; 5/90)
40 s. sogleich im Text

Als Strafgrund der Teilnahme betrachtet *Langer* das vom Teilnehmer begangene Unrecht[41]. Eine Bestrafung aus dem Strafrahmen des Haupttatdelikts sei nur dann gerechtfertigt, wenn sämtliche Strafbarkeitsvoraussetzungen in der Tat des Teilnehmers vorlägen[42]. Deshalb hält *Langer* (echte) Teilnahme eines Extranen am Sonderdelikt für ausgeschlossen[43]. Völlige Straflosigkeit des am Sonderdelikt beteiligten Nichtqualifizierten ist seiner Meinung nach dennoch nicht angebracht, da sonst unberücksichtigt bliebe, daß jede Mitwirkung eines
Extraneus immerhin die für das betreffende Sonderdelikt spezifische Rechtsgutsverletzung enthalte[44]. Insofern liege in jeder Extranenteilnahme ein "Strafgrund", d.h. die Schutzobjektsverletzung durch den Nichtqualifizierten könne Grundlage seiner Strafbarkeit sein. Aufgabe des § 28 sei es, die Bestrafung dieser "QuasiTeilnahme" zu ermöglichen[45].

Auch *Piotets* Überlegungen zu § 50 i.d.F. von 1943 nehmen den Strafgrund der Teilnahme zum Ausgangspunkt[46].
Grund der Bestrafung des Teilnehmers sei die Beteiligung an der Verwirklichung der sachlichen Verbrechenselemente"[47]. Unter "sachlichen Verbrechenselementen" versteht *Piotet* Straftatmerkmale, deren Verwirklichung Rechtsgüter bedroht oder verletzt[48]. Weil sie die objektive Schwere der Tat modifizieren, sollen sie die Strafwürdigkeit aller an der Tat beteiligten Personen, die diese Merkmale kennen, beeinflussen[49]. Persönliche Merkmale da-

---

41 Sonderverbrechen S. 214, 466, 482 f
42 a.a.O. S. 211, 214, 466, 482
43 a.a.O S. 214, 479 ff, 483 f - Ebenso ausgeschlossen soll (echte) Teilnahme eines Intranen am Gemeindelikt sein (a.a.O. S. 470 f, 475, 477). Die Begründung hierfür ist allerdings etwas anders (a.a.O. S. 470 ff); ihr wird, weil es für die hier gestellten Fragen nicht darauf ankommt, nicht weiter nachgegangen.
44 Sonderverbrechen S. 483; Wolf-Festschrift S. 335, 337
45 Sonderverbrechen S. 468 ff, 483 f, 489; Lange-Festschrift S. 241, 247 Fn. 30, S. 260, 263; Wolf-Festschrift S. 335, 337
46 ZStW 69 (1957), 14 ff
47 a.a.O. S. 42 Fn. 59; s. auch S. 18
48 a.a.O. S. 17/18
49 a.a.O. S. 17/18; vgl. auch S. 31, 40

gegen zeichnen sich nach *Piotet* dadurch aus, daß ihre Verwirklichung nur die Strafwürdigkeit der Tatbeteiligten beeinflußt, bei denen sie vorliegen; sie bezögen sich nicht auf die Verletzung eines Rechtsguts, also nicht auf die Strafwürdigkeit der Teilnehmer, die sie zwar kennen, in ihrer Person aber nicht selbst verwirklichen[50]. Dem trage § 50 II (1943) Rechnung, indem er anordne, daß persönliche Merkmale nur denjenigen be- oder entlasten dürfen, bei dem sie vorlägen; eine auch nur teilweise Zurechnung zu Lasten von Tatbeteiligten, die sie nicht aufweisen, komme nicht in Betracht[51] - und zwar auch für den Fall, daß sie die Strafbarkeit begründen[52]. Folgerichtig formuliert *Piotet* die ratio des § 50 II (1943): "jedem nach seiner Strafwürdigkeit"[53].

Bei einer größeren Anzahl weiterer Autoren ist ebenfalls eine Kongruenz zwischen den nach der jeweiligen Auffassung vom Strafgrund der Teilnahme akzessorisch zu behandelnden Merkmalen und den Merkmalen, die nicht unter § 28 fallen sollen, festzustellen[54]. Ob sich auch bei ihnen die Interpretation des § 28 aus dem Standpunkt zum Strafgrund der Teilnahme entwickelt hat oder umgekehrt die Ansicht zum Strafgrund der Teilnahme Konsequenz der Auslegung des § 28 ist oder beides unabhängig voneinander betrachtet wird, läßt sich nicht mit Sicherheit sagen.

---

50 a.a.O. S. 18; vgl. auch S. 40

51 a.a.O. S. 20, 22 f

52 Hier will Piotet § 50 II analog anwenden (a.a.O. S. 22). Den heutigen § 28 I würde Piotet demnach wohl für verfehlt halten, soweit ihm die Anordnung einer teilweisen Zurechnung des besonderen persönlichen Merkmals an den extranen Tatbeteiligten entnommen wird (vgl. auch a.a.O. S. 31 ff).

53 a.a.O. S. 23

54 s. etwa Welzel, Lehrbuch § 16 V; ders. JZ 1952, 72, 74; Kohlrausch/Lange, System. Vorbem. III 1 S. 13/14; ders. a.a.O. § 50 Anm. I 1 S. 188; ders. a.a.O. Vorbem. § 47 Anm. II 2 S. 165; Roeder ZStW 69 (1957), 223, 259 Fn. 132; Bindokat, JZ 1958, 553, 557; Gerl, a.a.O. S. 85 ff, 177

VI. Ungleichbehandlung der Tatbeteiligten je nach der Verwirklichung besonderer persönlicher Merkmale als Gebot der Gerechtigkeit

Überwiegend wird § 28 in der Literatur aus dem Gerechtigkeitsgebot heraus erklärt. Das Grundmuster der Argumentation ist trotz aller gravierenden Unterschiede im einzelnen etwa dieses: Das Vorliegen bzw. Fehlen eines besonderen persönlichen Merkmals bei einem Tatbeteiligten schafft eine derart große wertungsmäßige Differenz zwischen ihm und anderen Tatbeteiligten, bei denen das besondere persönliche Merkmal fehlt bzw. vorliegt, daß die Bestrafung beider aus demselben Strafrahmen mit dem Gebot der Gerechtigkeit unvereinbar wäre[55].

Es überrascht zunächst, daß hier aus dem Gerechtigkeitsgebot die Notwendigkeit einer *Ungleich*behandlung abgeleitet wird, während nach der oben referierten Auffassung Schünemanns aus eben diesem Gebot die Erforderlichkeit einer *Gleich*behandlung zu folgern sein soll. Dieser Widerspruch erweist sich jedoch als ein nur scheinbarer, wenn man sich bewußt macht, womit die Tat des nichtqualifizierten Teilnehmers jeweils verglichen wird: bei Schünemann mit der Tat eines nichtqualifizierten "Täters", bei den nun zu besprechenden Autoren mit der Tat des qualifizierten Täters oder Teilnehmers.

Meinungsverschiedenheiten bestehen bei der verbrechenssystematischen Spezifizierung der wertungsmäßigen Differenz, sofern eine solche überhaupt vorgenommen wird.

55 s. jüngst Grünwald, Armin Kaufmann-Festschrift S. 555, 559; sehr deutlich auch Otto, Grundkurs AT § 22 I 3 a; weitere Nachweisen im folgenden

1. § 28 als Ausprägung des Schuldgrundsatzes

Zum Teil wird § 28 als Ausprägung des Schuldgrundsatzes im Sinne einer Strafzumessung im Rahmen der Schuldobergrenze bezeichnet und damit auf eine Differenz in der Schuldschwere verwiesen[56].
Soweit Autoren den Schuldgrundsatz auch in § 29 niedergelegt sehen und § 28 mit Blick auf § 29 interpretieren, sind sie auch schon oben (II.) behandelt worden.
Aus den einschlägigen Äußerungen wird allerdings stets erkennbar, daß die unterschiedliche Schuldschwere durchaus auch bloßer Reflex differierender Unrechtsschwere sein kann - mit anderen Worten: besondere persönliche Merkmale können auch solche Umstände sein, die das von einem Tatbeteiligten verwirklichte Unrecht größer oder kleiner erscheinen lassen und nur deshalb auch seine Schuld erschweren oder vermindern. Dann aber rückt die Frage in den Vordergrund, worauf die Unrechtsdifferenz beruht und wie sie näher zu charakterisieren ist.
Sofern die auf den Schuldgrundsatz verweisenden Autoren hierzu Stellung nehmen, werden sie unten zusammen mit den übrigen Lehren zum Wesen der Unrechtsdifferenz wiedergegeben.

2. § 28 als Konsequenz einer Ungleichheit im Unrechtsgehalt

Die Mehrheit derjenigen, die an das Gerechtigkeitsgebot anknüpfen, sieht die maßgebliche Ungleichheit nicht stets in der Schuldschwere, sondern lokalisiert sie auf der Stufe im Deliktsaufbau, der das jeweilige besondere persönliche Merkmal zuzuordnen ist. Ein besonderes persönliches Unrechtsmerkmal bezeichnet also eine Ungleichheit des Unrechtsgehaltes der Beteiligten, die das Unrechtsmerkmal selbst verwirklichen, und den Beteiligten, denen es fehlt; daß dadurch zugleich eine Differenz in der Schuld angelegt

56 so Baumann/Weber, AT § 37 III 2 a; Preisendanz, § 28 Anm. 1; Hardwig, GA 1954, 70 f, 76

ist, hat nur sekundäre Bedeutung. Ein besonderes persönliches Schuldmerkmal hat einen ungleichen Schuldgehalt zur Folge. Ein die Strafwürdigkeit oder -bedürftigkeit außerhalb von Schuld und Unrecht betreffendes besonderes persönliches Merkmal zeugt von unterschiedlicher Strafwürdigkeit oder -bedürftigkeit.

Da es in der vorliegenden Untersuchung primär um die besonderen persönlichen Unrechtsmerkmale geht, kann sich die Wiedergabe des Schrifttums auf diejenigen Äußerungen beschränken, die speziell eine Unrechtsdifferenz annehmen.

a) Rechtsgutsverletzung / personalethischer Unwert

Wie oben bereits erwähnt, soll es nach einer in der Literatur verbreiteten Ansicht für die Anwendbarkeit des § 28 auf Unrechtsmerkmale darauf ankommen, ob das fragliche Merkmal nicht (nur) die Sozialschädlichkeit der Tat, insbesondere die Rechtsgutsverletzung, betrifft, sondern (auch) einen besonderen personalethischen Unwert zum Ausdruck bringt[57].

Ihre ausführlichste Begründung hat diese Lehre bei *Gallas* gefunden.
Zu der Einsicht, daß das Wesen des strafrechtlichen Unrechts mit einem besonders gefährlichen Rechtsgutsangriff nicht hinreichend beschrieben ist, gelangt *Gallas* aufgrund einer Analyse der Wirkungsweise von Strafe und Strafdrohung: Die Loyalität der grundsätzlich rechtstreuen Rechtsgenossen wurzele jedenfalls im wesentlichen in moralischen Überzeugungen oder Traditionen[58]. Daß sich ihr Rechtsgehorsam auch in kritischen Situationen bewähre, hänge daher weniger von dem Gedanken an die nachteiligen Folgen des Ungehorsams, die Strafe, ab als vielmehr davon, daß sie sich in ihrer rechtstreuen Gesinnung durch die moralische Disqualifizierung bestätigt und

57 s.o. A VI
58 Beiträge S. 10

bekräftigt fühlten, die die Rechtsgemeinschaft mit der Bestrafung verbrecherischen Verhaltens ausspreche[59].

Das mit der Strafe verbundene moralische Unwerturteil, auf dem ihre "Gesinnung stärkende Wirkung"[60] beruhe, müsse, so meint *Gallas*, dann auch auf die Voraussetzungen zurückwirken, von denen die Verbrechensqualität eines Verhaltens abhänge[61]. Das verbrecherische Verhalten müsse den besonderen Makel, der ihm durch Androhung und Verhängung von Strafe aufgeprägt werde, auch verdienen; das ist für *Gallas* die selbstverständliche Konsequenz aus seiner Definition der Strafe als Vergeltung[62]. Es müsse sich von nichtkriminellem Unrecht auch durch ein zusätzliches Maß an moralischem Unwert, an Verwerflichkeit unterscheiden[63]. Diejenigen Merkmale des Tatbestandes, die der Beschreibung des sozialethischen Unwertakzents dienen sollen, bezeichnet *Gallas* als personale Unrechtselemente[64].

Zur Legitimation der Anknüpfung des Strafrechts an die Sozialmoral meint *Gallas*: "Unter der Voraussetzung, daß ein Kernbestand sozialer Moral in dem Sinne faktisch gilt, daß sich die Rechtsgenossen übereinstimmend zu gewissen fundamentalen ethischen Werten und Verhaltensregeln als für sie verbindlich bekennen und daß auch der rechtsetzende Staat im Rahmen seiner Schutzfunktion berechtigt und verpflichtet ist, an diese Wertentscheidungen der Rechtsgemeinschaft anzuknüpfen, erscheint es vom Schutzbedürfnis der Allgemeinheit her gesehen sinnvoll, solche Taten mit Strafe zu bedrohen, die, blieben sie ohne entsprechende rechtliche Reaktion, als Beispiel für ungeahndete Mißachtung fundamentaler Forderungen der sozialen Moral[65] zugleich die Grundlagen für Rechtstreue und Rechtsgehorsam der Rechtsgenossen erschüttern würden"[66].

---

59 Beiträge S. 11
60 Beiträge S. 11
61 Beiträge S. 11
62 Beiträge S. 4, 14. Gallas unterscheidet zwischen dem *Begriff* der Strafe - Vergeltung - und ihrem *Zweck* - Prävention (s. insbes. Beiträge S. 4).
63 Beiträge S. 11
64 s. Beiträge S. 124 f, 147 f, 161
65 Gallas spricht gleichbedeutend von "moralischen Grundwerten sozialen Zusammenlebens" (Beiträge S. 14 f).
66 Beiträge S. 14

Das Gewicht der beiden Komponenten 'Gefährlichkeit' und 'Sittenwidrigkeit' im Verhältnis zueinander soll allerdings je nach Deliktstyp verschieden sein[67]. Bei Tötung und Körperverletzung etwa dominiere das Moment der Rechtsgutsverletzung insofern, als die besondere Verwerflichkeit des Akts sich unmittelbar daraus ergebe. Denn Leben und körperliche Unversehrtheit der Rechtsgenossen stellten für das soziale Leben so fundamentale Werte dar, daß die sozialethische Verwerflichkeit ihrer Mißachtung offenkundig sei[68]. Umgekehrt gebe es Verbrechen, bei denen der moralische Unwertakzent als ein gegenüber der Gefährlichkeit der Tat für das geschützte Rechtsgut relativ selbständiges oder sogar dominierendes Element erscheine[69]. Zu ihnen rechnet *Gallas* insbesondere Verbrechen, die insofern einen personalethischen Einschlag aufweisen, als mit ihrer Begehung die Verletzung einer besonderen Pflichtenstellung verbunden ist[70]. Beispielhaft verweist *Gallas* auf die Amtsdelikte, Bestechlichkeit, Rechtsbeugung und Meineid[71] [72]. Er glaubt sogar an die Existenz von Strafvorschriften, bei denen es an einer Beziehung zu einem geschützten Rechtsgut überhaupt fehlt, die Strafdrohung vielmehr ausschließlich dem verwerflichen Akt als solchem gilt. Im einzelnen nennt er Sodomie, Tierquälerei und Kuppelei[73].

Da *Gallas* den Unrechtsgehalt der Teilnahme in der Förderung fremden Unrechts erblickt[74], besteht für ihn vom Strafgrund der Teilnahme her kein Anlaß, die akzessorische Haftung des Teilnehmers für die die Sittenwidrigkeit kennzeichnenden personalen Unrechtselemente nach § 28 zu lockern[75].

---

67 Beiträge S. 12 f

68 Beiträge S. 12

69 Beiträge S. 12

70 Beiträge S. 12. Weiter führt Gallas die Sittlichkeitsdelikte wegen ihres unmittelbaren Bezugs zu den moralischen Wertvorstellungen der Allgemeinheit an (Beiträge S. 12).

71 Beiträge S. 12

72 Blauth, der sich Gallas ausdrücklich anschließt (a.a.O. S. 108), führt als Beispiele § 170 c a.F. (Schwängerer), § 170 d (Träger einer Fürsorge- und Erziehungspflicht), die Sonderdelikte der Soldaten und die Amtsdelikte (Beamteneigenschaft) an (S. 206, 246).

73 Beiträge S. 13

74 s. Beiträge S. 118, 124, 144, 155, 159

75 s. Beiträge S. 124; vgl. auch S. 159

Die Notwendigkeit einer Lockerung muß sich also, wenn überhaupt, aus dem spezifischen Inhalt dieses personalen Unrechts ergeben:

In diesem Zusammenhang geht *Gallas* nun nicht auf das Spezifikum des sozialethischen Unwertes gegenüber dem nicht durch den moralischen Aspekt geprägten Unwert der Tat ein. Stattdessen behandelt er nur die Verletzung "besonderer Pflichtenstellungen"[76]. Als Grund dafür, die Verletzung einer besonderen Pflicht dem Beteiligten, der sich nicht in der besonderen Pflichtenstellung befindet, nur beschränkt zuzurechnen, nennt *Gallas* ihre "höchstpersönliche Natur"[77], das "An-die-Person-gebunden-sein"[78]. Dieser im Grunde bloß bildhaften Umschreibung verleiht *Gallas* nur in bezug auf einzelne Tatbestände, insbesondere Amtsdelikte, inhaltliche Substanz[79]. Dort werden das mit der Amtsstellung verknüpfte "erhöhte Vertrauen"[80], die dem Amtsträger auferlegte "besondere Treuepflicht"[81] und die "Vertrauensstellung"[82] hervorgehoben[83].

Eine allgemeingültige Antwort auf die hier interessierende Frage, warum die Mithaftung des Teilnehmers für einen nur vom Haupttäter verwirklichten sozialethischen Unwert gem. § 28 I bzw. II beschränkt werden soll, wird damit jedoch nicht gegeben.

---

76 Diese scheinbare Beschränkung beruht aller Wahrscheinlichkeit nach darauf, daß Gallas, wie bereits im Text erwähnt, in dieser Merkmalsgruppe nach der Novellierung des Sexualstrafrechts die einzige sieht, die noch durch einen von der Rechtsgutsverletzung isolierten sozialen Unwert gekennzeichnet ist.

77 s. Beiträge S. 124, 159 mit Fn. 54, vgl. auch S. 158

78 s. Beiträge S. 124

79 Gallas behandelt die Amtsträgerstellung aus § 340 und § 341 a.F. (Freiheitsberaubung im Amt) (Beiträge S. 159) und die Amtsträgerschaft allgemein (bei Grebing, a.a.O. S. 175).

80 s. Beiträge S. 159

81 s. Gallas, bei Grebing, a.a.O. S. 175. Weiter ist dort vom "Makel der Treuepflichtverletzung" die Rede.

82 s. Gallas, bei Grebing, a.a.O. S. 176

83 Den Vertrauensbruch als Gegenstand der besonderen sozialethischen Mißbilligung heben ebenfalls Vogler (Lange-Festschrift S. 265, 279, 281 ff), Blauth (a.a.O. S. 76), Heidland (a.a.O. S. 41, 43, 98 (Vertrauen, Treue, Verantwortung)) und Dowlad (a.a.O. S. 87 (Vertrauen, Treue)) hervor.

b) Sachliches Unrecht / personales Unrecht

Immer wieder wird im Schrifttum die Unterscheidung zwischen sachlichem und personalem Unrecht als im Rahmen des § 28 maßgeblich bezeichnet[84].

(1) Welzel

Welzel meint, "die Rechtsgutsverletzung (der Erfolgsunwert) [habe] strafrechtlich nur innerhalb einer personal-rechtswidrigen Handlung (innerhalb des Handlungsunwertes) Bedeutung"[85]. Der personale Handlungsunwert sei der generelle Unwert aller strafrechtlichen Delikte, der Sachverhaltsunwert (das verletzte bzw. gefährdete Rechtsgut) dagegen ein unselbständiges Element bei zahlreichen Delikten (den Erfolgs- und Gefährdungsdelikten)[86]. Das Handlungsunrecht charakterisiert *Welzel* näher als "täterbezogen", "personal"[87]. Nicht die von der Person des Täters inhaltlich abgelöste Erfolgsverursachung (Rechtsgüterverletzung) erschöpfe das Unrecht, sondern rechtswidrig sei die Handlung nur als Werk eines bestimmten Täters ("welche Zielsetzung er der objektiven Tat zwecktätig gegeben, aus welcher Einstellung heraus er sie begangen hat, welche Pflichten ihm dabei oblagen, all das bestimmt maßgeblich das Unrecht der Tat neben der etwaigen Rechtsgüterverletzung"[88]).

---

84 vgl. oben A IV
85 s. Lehrbuch § 11 II 2
86 s. Lehrbuch § 11 II 2
87 s. Lehrbuch § 11 II 1
88 s. Lehrbuch § 11 II 1

Aus dieser Feststellung zieht *Welzel* den Schluß, daß das Unrecht desselben Tatvorgangs für die verschiedenen Beteiligten unterschiedlich schwer sein kann[89]. Darauf, nämlich auf dem Gedanken des "personalen" Unrechts, beruht seiner Ansicht nach § 50 III a.F.[90] [91]

Es fragt sich, was die personalen Unrechtselemente kennzeichnet, soweit sie nicht (unmittelbar) den Sachverhaltsunwert im Sinne einer Rechtsgutsverletzung oder -gefährdung betreffen.
Wenn als Besonderheit der "subjektiv-täterschaftlichen Handlungsmomente" (die *Welzel* sicherlich mehrheitlich zu den besonderen persönlichen Merkmalen i.S.d. § 28 rechnet) bezeichnet wird, daß "der spezifische sozialethische Unwert einer Handlung [u.a. von ihnen] bestimmt" wird[92], dann liegt der Gedanke einer engen Verwandtschaft mit der Lehre *Gallas'* nicht fern[93].

---

89 s. Lehrbuch § 11 II 1; s. auch § 16 V 1

90 s. Lehrbuch § 11 II 1. Eine Begründung für die Beschränkung dieser Aussage auf Abs. 3 findet sich weder ausdrücklich noch implizit.

91 deutlicher noch in JZ 1952, 72, 75: "Der Grund für die Regelung des § 50 II (i.d.F. von 1943) liegt darin, daß schon das tatbestandliche Unrecht teils von tatmäßigen, teils von personalen (täterschaftsmäßigen) Momenten konstituiert wird"; s. auch Lehrbuch § 16 V 1

92 s. Lehrbuch § 13 II 1

93 Ein Unterschied der Auffassungen Welzels und Gallas', dessen Konsequenz im Hinblick auf § 28 fraglich ist, wird sichtbar, wenn man den Bezugspunkt des 'sozialethischen Unwertes' näher betrachtet: Bei *Gallas* war der fehlende Bezug zum Rechtsgut, zur Sozialschädlichkeit der Handlung, betont worden. *Welzel* bezieht "die elementaren sozialethischen Pflichten" dagegen ausnahmslos auf den Rechtsgüterschutz (s. Lehrbuch § 1 I 2 und öfter: "Den Rechtsgüterschutz bewirkt das Strafrecht dadurch, daß es bestimmtgeartete Handlungen verbietet oder gebietet. Hinter seinen Verboten und Geboten stehen elementare sozialethische Pflichten (Aktwerte)"). Vergröbernd läßt sich vielleicht sagen: Während *Gallas* die Aufgabe des Strafrechts im Rechtsgüterschutz *und* im Schutz der elementaren sozialethischen Handlungswerte erblickt, bezeichnet *Welzel* sie als Rechtsgüterschutz *durch* den Schutz der elementaren sozialethischen Handlungswerte.

(2) Hardwig

Auch nach *Hardwig* handelt es sich bei den besonderen persönlichen Merkmalen um Merkmale des personalen Unrechts[94]. Zu diesem Ergebnis gelangt er aufgrund seines besonderen Verständnisses der sog. personalen Unrechtsmerkmale.

Der gesamte Unrechtsgehalt einer Straftat gliedert sich nach *Hardwigs* Auffassung in den sachlichen und den personalen Unrechtsgehalt[95]. Während zum sachlichen Unrecht "die Tätigkeit (oder Untätigkeit) in bezug auf ein Objekt, die rechtliche und soziale Bedeutung des Objekts, die äußere Art und Weise der Tatausführung, insbesondere auch die Mittel der Tatausführung, die zeitlichen, räumlichen und sozialen Umstände der Tat" gehören sollen, seien zum personalen Unrecht der Tat zu rechnen: "die rechtlichen oder sozialen Qualitäten des Täters, insbesondere Pflichtverhältnisse des Täters, vielleicht seine Motivation, vielleicht seine innere Einstellung zur Tat"[96]. Das personale Unrecht empfange seinen Unrechtsgehalt aus der Täterpersönlichkeit als Bezugsmoment[97].

Hinsichtlich der Teilnahmefähigkeit sieht *Hardwig* zwischen beiden Unrechtsarten einen prinzipiellen - den § 50 (1943) erforderlich machenden - Unterschied. Während es bei sachlichen Unrechtsmerkmalen angemessen sei[98], gemäß dem Akzessorietätsgrundsatz die Strafe des Teilnehmers dem für den Haupttäter geltenden Strafrahmen zu entnehmen, führe ein entsprechendes Vorgehen dann, wenn das Gesamtunrecht auch personale Elemente enthalte und diese nur beim Täter vorlägen, in der Regel zu ungerechten,

---

94 GA 1954, 65 ff, 70 ff, 76

95 a.a.O. S. 67

96 a.a.O. S. 67

97 a.a.O. S. 66 f

98 Hardwig macht allerdings Einschränkungen: Auch unter den sachlichen Unrechtsmomenten kann es seiner Ansicht nach solche geben, bei denen eine uneingeschränkte Zurechnung an den sie nicht selbst aufweisenden Teilnehmer ungerecht wäre (a.a.O. S. 75). Für diese Fälle schlägt Hardwig eine Regelung beim jeweiligen Tatbestand des Besonderen Teils vor (a.a.O. S. 76).

weil nicht schuldangemessenen Ergebnissen[99]. Zwar nehme der Teilnehmer auch am personalen Unrechtsgehalt der Tat des Täters teil[100], doch habe der Unrechtsgehalt für ihn selbst eine andere Bedeutung als für den Täter[101]. Das Teilnahmeunrecht liege dann schweremäßig etwa in der Mitte zwischen dem Unrecht der Haupttat und dem Unrecht einer gedachten Haupttat ohne besonderes persönliches Merkmal[102].

Die Aufgabe des § 50 (1943) - und jetzigen § 28 - besteht nach *Hardwig* daher darin, einen dieser Sicht Rechnung tragenden Strafrahmen zur Verfügung zu stellen[103].

c) Gemeindeliktsunrecht / Sonderdeliktsunrecht

Nach den nun zu behandelnden Literaturstimmen ist allen zum Unrecht gehörigen besonderen persönlichen Merkmalen gemeinsam, daß sie die Delikte, in denen sie enthalten sind, aus der Masse der Gemeindelikte herausheben, indem sie ein nicht von jedermann (täterschaftlich) begehbares Unrecht beschreiben.

---

99 a.a.O. S. 71 ff
100 a.a.O. S. 66, 71, 73, 76
101 a.a.O. S. 71
102 a.a.O. S. 71, 73
103 a.a.O. S. 71, 73, 76

(1) Roxin

Nach *Roxin* soll § 28 - im Bereich des Unrechts - auf jene persönlichen Unrechtsmerkmale anzuwenden sein, die eine vortatbestandliche Sonderpflicht zum Ausdruck bringen[104].

Roxin charakterisiert diese Merkmale näher als "Tätermerkmale der Pflichtdelikte"[105]. Das soll heißen, daß bei dieser Deliktskategorie, die *Roxin* den Herrschaftsdelikten gegenüberstellt, über das Vorliegen von Täterschaft und Teilnahme nicht die Ausübung von Tatherrschaft entscheidet, sondern die Innehabung eben einer dem Tatbestand vorgelagerten außerstrafrechtlichen Sonderpflicht[106].
Um keine vorstrafrechtliche Sonderpflicht handele es sich, wo ein Merkmal - wie bei den echten Unterlassungsdelikten - ein strafrechtliches Jedermann-Gebot umschreibe[107]. An einer täterschaftsbegründenden Pflichtenstellung fehle es auch dort, wo der Täterkreis aus kriminalphänomenologischen Erwägungen rein faktisch beschränkt sei[108]. Die Beschränkung des Täterkreises ergebe sich hier aus der Beschaffenheit des vom Gesetzgeber ins Auge gefaßten Wirklichkeitsausschnitts[109].
Demgegenüber soll die außerstrafrechtliche Sonderpflicht dadurch gekennzeichnet sein, daß die Träger dieser Pflichten sich unter den sonstigen an der Tat Mitwirkenden durch eine besondere Beziehung zum Unrechtsgehalt der

---

104 LK-Roxin, § 28 Rz. 30; wie Roxin wohl auch Arzt, JZ 1973, 681, 684 ff und JA 1980, 556 f (bei § 28 II vertritt Arzt allerdings einen weiteren Begriff der besonderen persönlichen Merkmale (JZ 1973, 681, 686))

105 LK-Roxin, § 28 Rz. 30

106 Täterschaft und Tatherrschaft, S. 354; LK-Roxin, § 25 Rz. 29

107 LK-Roxin, § 28 Rz. 41

108 Roxin (LK § 28 Rz. 41) nennt beispielhaft die Merkmale *Mann* (§§ 175, 183), *Gefangener* (§ 121), *Gewahrsamsinhaber* (§ 276), *Reisende*, *Schiffsmänner* (§ 297) u.a.

109 LK-Roxin, § 28 Rz. 41

Tat auszeichnen und daß der Gesetzgeber sie deshalb allein um dieser Verpflichtung willen als Zentralgestalt des handlungsmäßigen Geschehens und damit als Täter ansehe[110].

Es fragt sich, was das Besondere an der 'täterschaftsbegründenden Pflicht' der 'Pflichtdelikte' ist, daß ihr Fehlen beim Teilnehmer zwar keine Straffreiheit bewirken, wohl aber eine Lockerung der Teilnahmeakzessorietät und damit eine Strafmilderung rechtfertigen soll.
Völliger Straffreiheit steht *Roxin*s Ansicht nach der Einfluß der Verletzung der tatbestandsspezifischen Sonderpflicht auf Deliktstypus und Unrechtsschwere entgegen. Denn nach allgemeinen Akzessorietätsgrundsätzen müsse der teilnehmende Extraneus nach dem vom qualifizierten Täter verwirklichten Tatbestand verurteilt werden[111].
Warum die Strafe des extranen Teilnehmers nach Maßgabe des § 28 zu mildern ist, begründet *Roxin* mit "Erwägungen der Täterlehre"[112]. Das Tätermerkmal der Pflichtdelikte - die vortatbestandliche Sonderpflicht - rücke den Teilnehmer in eine "größere Distanz" zur Täterschaft als sie bei den Gemeindelikten (den Herrschaftsdelikten) gegeben sei[113]. Während sich der Anstifter vom Täter normalerweise durch das Fehlen der Tatherrschaft unterscheide, die ihm an sich ebenfalls zugänglich wäre, sei er bei den Pflichtdelikten darüber hinaus von einer Teilhabe an der Täterschaft prinzipiell ausgeschlossen, weil er das personale Element der Pflichtverletzung in seiner Person nicht erfüllen könne[114].

Für die Anwendbarkeit des § 28 müsse es, so *Roxin*, genügen, "daß der Gesetzgeber eine vorstrafrechtliche und deshalb nicht jedermann treffende Pflicht täterschaftsbegründend wirken" lasse. Schon dieses Merkmal, das weiterer Differenzierung nicht mehr zugänglich sei, schaffe jene Distanz zum

---

110 Täterschaft und Tatherrschaft S. 353; vgl. auch LK-Roxin, § 25 Rz. 29
111 LK-Roxin, § 28 Rz. 32
112 LK-Roxin, § 28 Rz. 32
113 LK-Roxin, § 28 Rz. 32
114 LK-Roxin, § 28 Rz. 32

Teilnehmer, die eine Strafmilderung des Extraneus trage[115]. Eine obligatorische Strafmilderung, auf die der Gesetzgeber sonst bei der Anstiftung wegen der im Rahmen der Strafzumessung gegebenen Differenzierungsmöglichkeiten glaubte verzichten zu können[116], sei hier "aufgrund der besonders großen Unrechtsdifferenz zwischen Täterschaft und Teilnahme" auch vom Strafrahmen her unabweisbar[117].
Es sei, so sagt *Roxin* abschließend, die "Höchstpersönlichkeit der vortatbestandlichen Sonderpflicht", die sie trotz ihrer Unrechtsqualität zu einem besonderen persönlichen Merkmal i.S.d. § 28 mache[118].

(2) Stratenwerth

Stratenwerth befürwortet eine Anwendung des § 28 auf Merkmale, die "auch die Schuld" betreffen oder "die besonderen Pflichtenstellungen beim Sonderdelikt" kennzeichnen[119].
Im Rahmen der vorliegenden Arbeit sind nur die Merkmale der zuletzt genannten Gruppe von Interesse.

Sonderdelikte definiert *Stratenwerth* als auf Träger spezieller Pflichten eingeengte Straftaten[120]. Maßgeblich für das Vorliegen eines Sonderdelikts soll allein die "besondere Pflicht" und nicht die Stellung des Täters an sich, aus der sie folgt, sein. Die Sonderpflichten in diesem Sinne sollen sich von den "allgemeinen Rechtspflichten, die das Strafrecht sanktioniert"[121], dadurch unterscheiden, ihre 'Besonderheit' also darin haben[122], daß ihre Entstehung an besondere Vorbedingungen gebunden ist - an einen besonderen Status

115 LK-Roxin, § 28 Rz. 39
116 Nachweise bei Roxin, LK-Roxin, § 28 Rz. 32 mit Fn. 39
117 LK-Roxin, § 28 Rz. 32
118 LK-Roxin, § 28 Rz. 32 a.E.
119 AT Rz. 933, 935
120 AT Rz. 202
121 AT Rz. 700
122 s. Stratenwerth, Bruns-Festschrift S. 68

oder an Verhaltensweisen, die eine besondere Verantwortung begründen[123] -, während die allgemeinen strafrechtlich sanktionierten Rechtspflichten keines besonderen Entstehungsgrundes bedürften, sondern nur der Konkretisierung durch eine bestimmte Situation[124].
Stratenwerth kennzeichnet die Vorbedingung für das Entstehen einer Sonderpflicht näher als Möglichkeit des Täters, besonders auf ein geschütztes oder schutzwürdiges Interesse einzuwirken[125] und es dadurch eher als andere wahren oder verletzen zu können[126]. Allerdings soll das bloß faktische Bestehen dieser Möglichkeit nicht hinreichen. Vielmehr müsse diese Möglichkeit vom Gesetz ausdrücklich oder sinngemäß zur Vorbedingung der Entstehung der entsprechenden Pflicht gemacht worden sein[127]. Dies allein sei das "Besondere" an ihr[128]: Die Pflicht gelte nicht schlechthin, sondern nur unter der Vorbedingung, daß ein bestimmtes Ereignis eingetreten sei, der Täter einen bestimmten Status habe, ein bestimmtes Vorverhalten an den Tag gelegt habe[129].

Für die Milderung der Strafe des an einem Sonderdelikt beteiligten Extranen spricht nach *Stratenwerth*, daß "nur der Intraneus *besondere*[130] Pflichten verletzt"[131].

---

123 In Bruns-Festschrift, S. 59, 68, nennt Stratenwerth als mögliche Vorbedingungen auch "bloße Ereignisse".
124 AT Rz. 700
125 Bruns-Festschrift S. 68
126 Bruns-Festschrift S. 67
127 Bruns-Festschrift S. 68
128 Bruns-Festschrift S. 68
129 Bruns-Festschrift S. 68
130 Hervorhebung dort
131 AT Rz. 935

(3) Jakobs

Nach Ansicht von *Jakobs* findet § 28 auf den nichtqualifizierten Beteiligten an sog. Sonderdelikten im engeren Sinne und auf die Beteiligten an eigenhändigen Delikten Anwendung[132].
Die Erstreckung der Vorschrift auch auf die Eigenhändigkeit soll im folgenden außer Betracht bleiben, da es hier allein um die Darstellung des auf das Sonderdeliktsunrecht abhebenden Ansatzes geht.

Eine Verwandtschaft der Auffassung *Jakobs'* mit der Lehre *Roxins* besteht insofern, als *Jakobs* in den Sonderdelikten i.e.S. wie *Roxin* in den von diesem sog. Pflichtdelikten eine Deliktskategorie sieht, bei der über das Vorliegen von Täterschaft allein (abgesehen natürlich von im konkreten Tatbestand etwa zusätzlich vorausgesetzten speziellen Tätermerkmalen[133]) die Innehabung einer Sonderpflicht entscheidet und somit das Gewicht des objektiven Tatbeitrags völlig bedeutungslos ist[134].
Allerdings scheint *Jakobs* die täterschaftsbegründende Pflicht anders als *Roxin* zu definieren. Während *Roxin* jede außerstrafrechtliche Sonderpflicht ausreichen läßt, sofern nur das Strafgesetz die Täterschaft an sie knüpft[135], handelt es sich nach *Jakobs* um eine sog. "institutionell abgesicherte Pflicht"[136]. Pflichten kraft institutioneller Zuständigkeit, wie er diese Pflichtengattung auch nennt, setzten einen bestimmten Status ihres Trägers voraus. Dieser sei an vorgeformte und allenfalls in engen Grenzen disponible Regelungskontexte gebunden, also an Institutionen[137]; der Status werde nur erreicht, wenn die strafrechtlich sanktionierte Pflicht Teil eines institutionell abgesicherten Bündels von Beziehungen zwischen dem Verpflichteten und dem betreffenden Gut sei (z.B. Beamter, Vormund, Mutter) oder aber den

---

132 AT 23/12, 14, 25
133 vgl. Jakobs, AT 29/107
134 vgl. Jakobs, AT 6/91; 29/106, 112; 21/116, 119 ("Delikte mit akzessorietätsüberspringender Pflicht")
135 s.o. VI 2 c (1)
136 s. Jakobs, AT 21/119; 23/14, 25
137 AT 7/70 und öfter

Pflichtigen in eine Institution hineinziehe (z.B. Zeuge)[138]. Bei Institutionen, die für den gesellschaftlichen Bestand von elementarer Bedeutung sind, werde der Status zur Garantenstellung; *Jakobs* bezeichnet das Sonderdelikt dann als Pflichtdelikt[139].
Zur Abgrenzung von nicht aus einem Status abgeleiteten Pflichten hebt *Jakobs* darauf ab, ob durch die Pflicht der betreffenden Norm das Verhältnis des Täters zum Angriffsobjekt vollständig geregelt werde (dann handele es sich nicht um ein Sonderdelikt i.e.S.) oder ob die Pflicht nur eine schon unabhängig von ihr bestehende Beziehung strafrechtlich garantiere (dann liege ein Sonderdelikt i.e.S. vor)[140].
Inhalt jeder institutionell abgesicherten Pflicht ist nach *Jakobs* die solidarische Sorge für ein Gut[141], nicht bloß, wie bei den Jedermann-Delikten, die Rücksichtnahme auf andere bei der Gestaltung des eigenen Organisationskreises. *Jakobs* drückt diesen Unterschied in der Bezeichnung des Haftungsgrundes aus, indem er von Haftung kraft institutioneller Zuständigkeit und Haftung kraft Organisationszuständigkeit spricht[142].

Jakobs' Begründung dafür, daß § 28 auf die so präzisierten Pflichtmerkmale anzuwenden sei, basiert auf der theoretischabstrakten Qualifizierung der in § 28 geregelten Merkmale als "beschränkt akzessorisch"[143]. Höchstpersönliche Merkmale würden von § 28 (und zwar auch von seinem Abs. 2) nicht geregelt[144]. Deren Nichtakzessorietät setze die Vorschrift vielmehr voraus[145].
Die Bezeichnung eines konkreten Merkmals als "beschränkt akzessorisch" ist - das sieht *Jakobs* deutlicher als viele andere - stets nach zwei Richtungen zu rechtfertigen: Zum einen ist zu begründen, warum es dem Beteiligten, der es nicht selbst verwirklicht, überhaupt zugerechnet werden darf (Frage nach der

138 s. AT 23/25; 25/46 und öfter
139 AT 21/115 ff; 23/25
140 s. AT 25/45; 6/91
141 s. AT 7/57, 70 ff; 28/15; 29/112
142 s. AT 7/56 f, 70 f und öfter
143 s. AT 23/4
144 s. AT 23/4
145 s. AT 23/4

Möglichkeit von Teilnahme am Sonderdelikt), zum anderen, warum es nicht voll, sondern nur eingeschränkt zugerechnet wird. Die Teilnahmefähigkeit des sog. Sonderdelikts i.e.S. bedarf vor allem deshalb einer besonderen Begründung, weil *Jakobs* an anderer Stelle[146] erklärt, die Regeln einer Institution könne nur verletzen, wer darin stehe, also sonderpflichtig sei.

Jakobs meint, die - wenn auch beschränkte - Zurechnung nicht in eigener Person verwirklichter Merkmale sei nur dann angebracht, wenn dem qualifikationslos Beteiligten durch die Beteiligung etwas erreichbar werde, was er *rechtlich*[147] allein nicht erreichen könne[148]. In diesem Fall gebe gerade die Beteiligung einen Grund ab, den Pflichtenkreis des Teilnehmers[149] umfangreicher zu definieren[150]. Soweit hingegen die Beteiligung nur die *faktische* Organisationsgewalt erweitere, fehle jeder Grund, die Zurechnung an anderen Merkmalen auszurichten, als beim Alleintäter, der seine Organisationsgewalt mit Instrumenten erweitere[151].

Bei den Sonderdelikten i.e.S. ist nach *Jakobs* ersteres anzunehmen. Denn wenn auch nur ein Beteiligter eine Pflicht einbringe, stehe damit allen Beteiligten die Möglichkeit offen, eine ihnen sonst (wenn sie selbst nicht Träger der Pflicht sind) unzugängliche Institution zu desavouieren[152]. Da überhaupt nur die Pflichten im Bereich derjenigen Institutionen strafrechtlich abgesichert würden, die für das gesellschaftliche Leben notwendig seien, stelle die Mitwirkung des Extranen am Sonderdelikt einen Angriff auf die notwendige Anerkennung der Institution und mithin eine die strafrechtliche Reaktion erforderlich machende soziale Störung dar[153].

---

146 s. AT 25/46
147 Hervorhebung dort
148 s. AT 23/12
149 Bei Jakobs (AT 23/12) heißt es offensichtlich irrtümlich "des Täters"
150 s. AT 23/12
151 s. AT 23/12
152 s. AT 23/14
153 s. AT 23/15

Bei den Sonderdelikten richte sich die Erwartung an den Beteiligten auch nicht allein nach dessen Organisationsgewalt, vielmehr komme die Beziehung zur besonders verpflichteten Person als Bestimmungsmerkmal hinzu[154].
Daß andererseits die Zurechnung der Sonderpflichtverletzung an den extranen Beteiligten nur eingeschränkt stattfinde, resultiere daraus, daß bei den Sonderdelikten i.e.S. die Erwartungen rechtskonformen Verhaltens auch durch den Träger der Pflicht bestimmt würden[155]. Der nicht selbst Verpflichtete sei dann erst 'in zweiter Linie' und deshalb nur beschränkt verpflichtet und haftbar[156].

(4) Otto

Auch nach *Otto* ergeben sich die Differenzen im Unrecht des Teilnehmers zu dem des Täters, die § 28 ausgleichen soll, "durch verschiedene, in Sonderpflichten begründete Pflichtenpositionen"[157]. Bei den besonderen persönlichen Merkmalen i.S.d. § 28 handele es sich deshalb um "besondere Pflichtmerkmale"[158]. Die "besonderen Pflichtenpositionen"[159] definiert *Otto* als "Positionen, die den Verpflichteten aufgrund seiner sozialen Stellung mit einer besonderen Sorgeverpflichtung belasten"[160].
Anders als etwa Langer und Schmidhäuser will *Otto* dem extranen Beteiligten nicht nur das "in der Rechtsgutsverletzung[161] unmittelbar Ausdruck findende Unrecht" zurechnen[162]. Vielmehr soll er (eingeschränkt) auch "für den darüber hinausgehenden Vertrauensschaden"[163] haften[164].

---

154 s. AT 23/14
155 s. AT 23/25
156 s. AT 23/25; s. auch 23/12, 31
157 Grundkurs AT § 22 I 3 a
158 Grundkurs AT § 22 I 3 a und § 18 IV 5
159 Grundkurs AT § 22 I 3 a
160 Grundkurs AT § 22 I 3 a, s. auch § 18 IV 5
161 zu Ottos Definition des Rechtsguts vgl. Grundkurs AT § 1 II 3 b
162 s. Grundkurs AT § 22 I 3 a
163 Das ist für Otto der primäre, sozialgefährliche Schaden (s. Grundkurs AT, § 7 IV 3 und § 22 I 3 a).

(5) Gerl

Nach Auffassung *Gerls* erfüllt § 28 die Aufgabe, solche gesetzlichen Unrechtsmerkmale von der strengen akzessorischen Zurechnung auszunehmen, an deren Unrechtsgehalt der sie nicht selbst verwirklichende Tatbeteiligte nicht voll teilhaben kann[165] [166].
Dies soll zum einen auf die Merkmale zutreffen, die zwecks Kennzeichnung der persönlichen Gefährlichkeit des Täters auf die Täterpsyche Bezug nehmen[167], zum anderen auf alle den "Sonderunwert" des Sonderdelikts begründenden gesetzlichen Merkmale[168]. Hier interessiert allein die zuletzt genannte Gruppe[169].

Gerls Ausgangspunkt für die Bestimmung des durch die besonderen persönlichen Merkmale vertatbestandlichten Sonderunwertes ist das Wesen des Verbrechens. Das Grundgesetz (Art. 1 und 20 II 1) legitimiere den Gesetzgeber nur, solche Straftatbestände zu schaffen, deren Verwirklichung das Zu-

---

164 s. Grundkurs AT, § 22 I 3 a

165 vgl. vorerst nur: Die besonderen persönlichen Merkmale i.S.d. § 28 StGB, S. 85, 179

166 Die auf den ersten Blick naheliegende Einordnung der Meinung Gerls bei den am Strafgrund der Teilnahme ansetzenden Autoren (oben IV) wäre wohl nicht völlig korrekt, denn methodisch geht Gerl anders als diese nicht ausdrücklich von einer feststehenden Definition des Strafgrundes der Teilnahme aus, um die davon nicht mehr erfaßten Merkmale als solche des § 28 zu qualifizieren. Vielmehr setzt er bei den verschiedenen Gruppen der Tatbestandsmerkmale an, fragt nach ihrer Funktion für die Unrechtsschilderung und entscheidet daraufhin über die akzessorische Zurechenbarkeit.

167 s. a.a.O. S. 175 ff, 179, vgl. auch S. 52, 81

168 s. a.a.O. S. 85, 90 ff, 96, vgl. auch S. 52, 81

169 Als Begründung dafür, daß Merkmale, die zur Kennzeichnung der Gefährlichkeit des Handelnden für das geschützte Rechtsgut auf die innere Haltung abstellen, nicht akzessorisch zugerechnet werden dürfen, führt Gerl an, diese Merkmale beträfen den Handelnden allein (a.a.O. S. 179). Der Sache nach dürfte dies dem bereits oben (B.V.) diskutierten Ansatz beim Strafzweck der Spezialprävention entsprechen.

sammenleben der Menschen beeinträchtige und deshalb sozialschädlich sei[170]. Der durch die Straftat bewirkte soziale Schaden besteht nach Auffassung *Gerls* in der Störung bestimmter für das Zusammenleben der Bürger wesentlicher Funktionen; die das gesellschaftliche Leben tragenden Funktionseinheiten bezeichnet *Gerl* als Rechtsgüter[171].
Daraus zieht *Gerl* den Schluß, daß sämtliche Merkmale, die die Strafe begründen oder schärfen, also auch die strafbegründenden und -schärfenden besonderen persönlichen Merkmale, rechtsgutsbeeinträchtigendes Verhalten beschreiben[172]. Auch das Unrecht der Sonderdelikte muß *Gerl* somit in bezug auf den Schutz von Funktionseinheiten (Rechtsgütern) definieren. So sieht er die Grundlage des Sonderunwertes in einer Sonderbeziehung zur jeweils geschützten Funktionseinheit[173]. Zur Erläuterung führt er aus, dem einzelnen Menschen könne im Hinblick auf eine systemnotwendige Funktionseinheit des sozialen Systems eine besondere Rolle zufallen dergestalt, daß er selbst hinsichtlich der sozialen Funktionseinheit eine besondere Funktion zu erfüllen habe, die auf den Bestand dieser Einheit gerichtet sei[174]. Die möglichen besonderen Rollen faßt *Gerl* unter dem Oberbegriff Sonderstellung zusammen[175]. Die Rechtsgutsverletzung in einer derartigen Sonderstellung erscheine wegen der Mißachtung der aus der Funktion sich ergebenden besonderen persönlichen Verantwortlichkeit für das Rechtsgut in erhöhtem Maße systembedrohend (dysfunktional), weshalb ihr ein gesteigerter Unwert zukomme[176].

---

170 s. a.a.O. S. 74 f, 80, 86
171 s. a.a.O. S. 76, im Anschluß an Rudolphi, Honig-Festschrift S. 193 ff und Amelung, Rechtsgüterschutz, S. 150 ff
172 s. a.a.O. S. 86 f
173 s. a.a.O. S. 89 ff
174 s. a.a.O. S. 93
175 s. a.a.O. S. 89 und öfter
176 s. a.a.O. S. 77, 91, 93 f, 96

Den Grund für die Lockerung der akzessorischen Haftung des nicht derartige Verantwortung tragenden Tatbeteiligten erblickt *Gerl* darin, daß dieser zwar dazu beitrage, daß der Täter seiner sozialen Funktion zuwiderhandele, die Mißachtung der eigenen besonderen persönlichen Verantwortlichkeit aber nur dem Intraneus zur Last falle[177].

d) Verzicht auf eine formale Kennzeichnung des durch ein besonderes persönliches Unrechtsmerkmal ausgedrückten Unrechts

Häufig wird von den Autoren, welche die von § 28 angeordnete Ungleichbehandlung im Bereich der Unrechtsmerkmale auf einen Unterschied im Unrecht zurückführen, auf eine formale Kennzeichnung des durch ein besonderes persönliches Unrechtsmerkmal ausgedrückten Unrechts verzichtet. Man versucht vielmehr, den materialen Grund der Unrechtsdifferenz zu benennen. Diesen Versuch unternehmen freilich etliche der sich um eine formale Kennzeichnung bemühenden Autoren ebenfalls.
Als derartiger materialer Grund werden etwa genannt: eine auf dem Fehlen des besonderen persönlichen Merkmals beruhende "größere Distanz" zur Haupttat[178], die "Höchstpersönlichkeit" einer Sonderpflicht[179], eine "Sonderfunktion" oder eine "besondere Verantwortlichkeit"[180].

---

177 s. a.a.O. S. 93 f; vgl. auch S. 91, 95 f

178 erstmals wohl Dreher, JR 1970, 146 ff; ähnlich Herzberg, Täterschaft und Teilnahme S. 120 ("größerer Abstand vom Unrechtsgeschehen"); LK-Roxin, § 28 Rz. 32 ("größere Distanz zur Täterschaft", "besondere Unrechtsdifferenz zwischen Täterschaft und Teilnahme"); Vogler, Lange-Festschrift S. 265, 273

179 s. etwa Jescheck, AT § 61 VII 4 a; Schönke/Schröder/Cramer, § 28 Rz. 18; LK-Roxin, § 28 Rz. 32 f

180 s. etwa Loos, Rechtsgutslehre S. 188 ff, 195 ff; Gerl, a.a.O. S. 90 ff, 96; Jakobs, AT 23/25

3. § 28 als Konsequenz von Unterschieden im Wertbezug (Herzberg)

Den Lehren, die die Funktion des § 28 darin erblicken, einem besonderen (also über die zwischen Täterschaft und Teilnahme definitionsgemäß bestehende Differenz hinausgehenden) wertungsmäßigen Unterschied zwischen nichtqualifiziertem Teilnehmer und qualifiziertem Täter Rechnung zu tragen, ist im Prinzip auch die Auffassung Herzbergs zuzuordnen[181]. § 28 gehört nach Herzberg zu der Gruppe von Vorschriften, Regeln und Grundsätzen[182], die bestimmte Merkmale von der in §§ 26, 27 angeordneten strengakzessorischen Behandlung ausnehmen wollen[183].
Alle Akzessorietätsdurchbrechungen und -lockerungen lassen sich Herzbergs Ansicht nach sachlich aus einer gemeinsamen Wurzel ableiten; sie verselbständigten (mehr oder minder weitgehend) die Bewertung der Teilnehmertat aus Strafzweck- und Strafgerechtigkeitsgründen[184].
Eine Akzessorietätsdurchbrechung oder -lockerung kommt nach Herzberg wohl nur bei "persönlichen" Merkmalen in Betracht[185]. Darunter versteht er "Merkmale, die man nicht im Wege der Mittäterschaft oder mittelbaren Täterschaft auf sich ziehen kann"[186]. Herzberg sagt allerdings nicht, wann die Einschränkung der strengen Akzessorietät nach § 28, wann nach anderen Vorschriften und wann nach ungeschriebenen Regeln zu erfolgen habe[187]. Ebensowenig begründet er, warum die strengakzessorische Zurechnung des jeweiligen besonderen persönlichen Merkmals im Rahmen des § 28 I nur ge-

---

181 Dies wird besonders deutlich an Herzbergs Ausführungen zur Teilnahme Extraner am Sonderpflichtdelikt (Täterschaft und Teilnahme, S. 118, 120).

182 Herzberg (ZStW 88 (1976), 68, 115) nennt hier § 29, die Figur des agent provocateur und die Lehre von der notwendigen Teilnahme.

183 s. ZStW 88 (1976), 68, 76 ff, 115; s. dazu auch den neuesten Beitrag Herzbergs in GA 1991, 145 ff, der jedoch hier im einzelnen nicht mehr berücksichtigt werden konnte

184 s. JuS 1983, 737, 745

185 s. ZStW 88 (1976), 68, 114

186 so ZStW 88 (1976), 68, 80, 114. In ZStW 88 (1976), 68, 109 Fn. 165, Täterschaft und Teilnahme, S. 123 f und JuS 1983, 737, 738 Fn. 11 ist die Mittäterschaft nicht erwähnt.

187 so Herzberg selbst (JuS 1983, 737, 747)

lockert, im Rahmen des § 28 II jedoch vollständig durchbrochen wird. Herzberg beschränkt sich vielmehr auf die Angabe eines allgemeinen Gesichtspunktes, aus dem heraus die Akzessorietätseinschränkung hinsichtlich des betreffenden Merkmals geboten erscheinen soll. Dieser Gesichtspunkt ist die Wertbezogenheit[188].

Herzberg setzt dabei voraus, daß es gesetzliche Merkmale gibt, die einem Wert - welcher Art auch immer - zu dienen bestimmt sind (wertbezogene Merkmale), und solche, die das nicht sind (wertneutrale Merkmale). Wertneutrale Merkmale zielten darauf ab, den mehr oder weniger atypischen Fall der Rechtsgutsverletzung aus dem Tatbestand auszugrenzen und dadurch häufig ein kriminalphänomenologisch vorgegebenes und im Sozialbewußtsein allein lebendiges Bild nachzuzeichnen (Tatbildtypisierung)[189].

Als "Werte", auf die gesetzliche Merkmale bezogen sein könnten, nennt Herzberg zum einen den Güterschutz und die Gerechtigkeit[190]. Darauf bezogene Merkmale sollen der individuellen Unrechts-, Schuld- und Gefährlichkeitsabstufung und damit dem Streben nach kriminalpolitisch zweckvoller und gerechter Bestrafung dienen[191]. Zum anderen sollen es soziale oder politische Werte außerhalb des spezifisch strafrechtlichen Bereichs sein, zu denen ein Wertbezug bestehen könne[192]. Die Werterheblichkeit eines gesetzlichen Merkmals soll dadurch zu ermitteln sein, daß man sich einen hypothetischen Tatbestand vorstellt, der die bisher ausgegrenzten Verhaltensweisen einbezieht, und sodann im direkten Vergleich entscheidet, ob Anlaß besteht, eine Unwert- oder Strafabstufung vorzunehmen[193].

---

188 ZStW 88 (1976), 68, 85, 87, 114

189 s. ZStW 88 (1976), 68, 82 f, 84, 116; JuS 1983, 737, 739, 747

190 JuS 1983, 737, 739; ZStW 88 (1976), 68, 90, 114; Täterschaft und Teilnahme, S. 127

191 s. JuS 1983, 737, 739

192 s. JuS 1983, 737, 739. Beispielhaft nennt Herzberg (ZStW 88 (1976), 68, 88; JuS 1983, 737, 739) die Abstimmungs- und Redefreiheit im Parlament, auf die das Merkmal der Abgeordnetenstellung aus § 36 bezogen sei, und den Familienfrieden, auf den die Angehörigeneigenschaft bei § 247 bezogen sei (zu weiteren Beispielen vgl. etwa JuS 1983, 737, 747).

193 JuS 1983, 737, 739

Macht der Gesetzgeber die Strafbarkeit oder die Strafhöhe im Interesse der Gerechtigkeit oder der kriminalpolitischen Zweckmäßigkeit[194] vom Vorliegen eines bestimmten Merkmals beim Täter abhängig, glaubt Herzberg, die Strafe des Teilnehmers, der dieses Merkmal nicht selbst aufweist, nicht mehr einfach dem auf den Täter zur Anwendung kommenden Strafrahmen entnehmen zu können. Dagegen soll das Fehlen eines wertneutralen, also bloß tatbildtypisierenden Merkmals beim Teilnehmer bei der Bestrafung des Teilnehmers unberücksichtigt bleiben. Denn die Voraussetzungen jeder gesetzlichen Strafmilderung - gemindertes Unrecht oder geminderte Schuld und damit geminderte Strafwürdigkeit desjenigen, dessen Strafe gemildert werden soll - könnten beim Fehlen wertneutraler Merkmale in der Person des Teilnehmers definitionsgemäß gar nicht erfüllt sein[195].

So will Herzberg die Strafe des Teilnehmers einer Tat nach § 297 (Schiffsgefährdung durch Bannware) auch dann nicht nach § 28 I mildern, wenn der Teilnehmer nicht zu den in § 297 aufgezählten Personen gehört[196]. Unter den Aspekten des materiellen Unrechts und der Strafwürdigkeit sei diese Täterkreisbeschränkung ohne Sinn[197]; der Umstand, daß man das zum Schmuggel gebrauchte Schiff zugleich als Reisender benutze, erzeuge - was den Schutz des betroffenen Rechtsguts (das Vermögen des Schiffseigners) angehe - keine erhöhte Verantwortlichkeit und keine besondere Strafwürdigkeit[198]. Vielmehr habe der Gesetzgeber den Täter näher gekennzeichnet, weil er nur so das typische Tatbild getroffen habe, das er nachzeichnen wollte[199].

---

194 Diese beiden Gesichtspunkte bezeichnet Herzberg (ZStW 88 (1976), 68, 114) als die letztlich entscheidenden.

195 JuS 1983, 737, 742; ZStW 88 (1976), 68, 87; vgl. auch ZStW 88 (1976), 68, 83, 93 ("Das Fehlen einer wertneutralen Absicht kann die Strafwürdigkeit nicht mindern.")

196 ZStW 88 (1976), 68, 84

197 ZStW 88 (1976), 68, 84

198 ZStW 88 (1976), 68, 84

199 ZStW 88 (1976), 68, 84

Dagegen soll etwa dem extranen Teilnehmer an einer Untreue gem. § 266[200] der Umstand, daß er selbst nicht treupflichtig ist, strafmildernd gem. § 28 I zugute kommen[201]. Denn die erhöhte soziale Verantwortlichkeit für das betroffene Rechtsgut lasse die Verletzung durch den Qualifizierten besonders schwerwiegend und dessen alleinige oder verschärfte Bestrafung zweckmäßig und gerecht erscheinen[202].

200 Herzberg scheint die Strafmilderung gem. § 28 I bzw. die Anwendung des Gemeindeliktstatbestandes verallgemeinernd bei allen Delikten mit "Sonderpflichtmerkmal" zu befürworten (ZStW 88 (1976), 68, 87 Fn. 44).

201 s. ZStW 88 (1976), 68, 88

202 s. ZStW 88 (1976), 68, 88

Viertes Kapitel: Kritik der Lehren zu § 28

In der nun anstehenden Auseinandersetzung mit den Literaturstimmen zu § 28 und seinen Vorläufern kann es nicht hauptsächlich darum gehen, die jeweils vorgeschlagenen Abgrenzungskriterien zu bewerten. Diese mögen - mehr oder weniger - aus sich heraus verständlich und praktikabel sein, ohne daß damit etwas darüber ausgesagt ist, ob sie die besonderen persönlichen Merkmalc sachgerecht von den übrigen gesetzlichen Merkmalen abgrenzen. Weiterführen kann nur eine kritische Überprüfung der oben[1] dargestellten verschiedenartigen Interpretationsansätze zu § 28.

A. Die wortlautorientierten Ansätze

Die Bestimmung des Anwendungsbereichs von § 28 hauptsächlich unter Rückgriff auf den Gesetzeswortlaut vorzunehmen, erscheint auf den ersten Blick nicht nur wegen des Vorhandenseins einer Legaldefinition der besonderen persönlichen Merkmale in § 28 I i.V.m. § 14 I erfolgversprechend. Ein solches Vorgehen wird auch durch die Bemerkung des BGH in BGHSt 22, 375, 379 nahegelegt, wonach der Gesetzestext "klar und eindeutig" ist.

Der Legaldefinition ist gerade so viel zu entnehmen, daß die in § 28 angesprochenen Merkmale "Eigenschaften", "Verhältnisse" und "Umstände" sein können. Die Adjektive "besondere" und "persönliche" erscheinen in § 14 I sowohl vor als auch in der Klammer, werden also nicht einmal scheinbar definiert.

---

1 Drittes Kapitel, B

Deuteten die Begriffe "Eigenschaften" und "Verhältnisse" bis 1968 möglicherweise das Erfordernis einer gewissen Dauerhaftigkeit an, so verbietet sich diese Annahme doch jedenfalls seit Einführung der "Umstände". Denn damit wollte der Gesetzgeber eine auf die Dauerhaftigkeit abstellende Interpretation erklärtermaßen unterbinden.

Abgesehen von dieser negativen Bedeutung ist der Begriff "Umstände" seinerseits wegen seiner Substanzlosigkeit[2] zur Erläuterung der Merkmale i.S.d. § 28 nicht nur nicht hilfreich, sondern erschwert sogar zusätzlich die Interpretation, indem er es fraglich erscheinen läßt, ob der übergeordnete Begriff "Merkmale" gemäß dem natürlichen Sprachgebrauch als 'Kennzeichen' verstanden werden darf.

Die Legaldefinition führt also nicht weiter[3].

Soweit die Auslegung auf die Worte "besondere" und/oder "persönliche" gestützt wird - etwas anderes bleibt der Wortlautinterpretation nach dem oben Ausgeführten nicht übrig -, herrscht bekanntlich Streit darüber, welcher von beiden Begriffen für die Auslegung der ergiebigere ist[4].

Bei unvoreingenommener, sich von teleologischen Erwägungen freihaltender Betrachtung[5] muß der Aussagewert des Wortes "besondere" als gering erachtet werden[6].

---

2 s. Duden, Bd. 8: Als Synonym für "Umstand" wird "Tatsache" angegeben.

3 ebenso Dowlad a.a.O. S. 39; Langer, Lange-Festschrift S. 259 Fn. 111

4 vgl. Dowlad, a.a.O. S. 39 m.w.N.; Gerl, a.a.O. S. 52 f, 86 f; Heidland, a.a.O. S. 28 f, 155; Jährig, a.a.O. S. 13 Fn. 3; Gallas, Beiträge S. 125; Geppert, ZStW 82 (1970), 40, 52 f; Dreher, JR 1970, 146, 147; Schünemann, Jura 1980, 354, 366; Herzberg, ZStW 88 (1976), 68, 79; Langer, Lange-Festschrift S. 250, 258

5 Zu betonen ist, daß hier die Eigenbedeutung des Begriffs "besondere" lediglich im Rahmen der Wortlautinterpretation als gering eingeschätzt wird. Keineswegs wird bezweifelt, daß dieses Adjektiv möglicherweise einen geeigneten Ansatzpunkt bietet, um teleologischen Erwägungen im Gesetz andeutungsweise Ausdruck zu verleihen.

6 Die Gründe, aus denen der Begriff 1943 Eingang ins Gesetz gefunden hat, lassen sich nicht mehr mit hinreichender Sicherheit feststellen (vgl. aber auch die Mutmaßungen Maurachs, JuS 1969, 249, 251; s. auch Vogler, Lange-Festschrift S. 265, 275). Nicht unwahrscheinlich erscheint

Es ist kaum anzunehmen, daß "besondere", wie mitunter in der Alltagssprache, lediglich "gewisse", "bestimmte" oder ähnliches bedeutet[7]. Denn dann handelte es sich um eine völlig inhaltsleere Wendung, die die Kapitulation des Gesetzgebers vor der Aufgabe einer auch nur annähernd verständlichen Umschreibung der in § 28 ins Auge gefaßten gesetzlichen Merkmale dokumentierte[8].
Ebensowenig kann mit der Kennzeichnung "besondere" gemeint sein, daß die in § 28 geregelten Merkmale nur bei einem oder einzelnen Tatbeteiligten vorliegen und bei anderen fehlen. Ein solcher Sprachgebrauch wäre tautologisch, da sich dieses Erfordernis schon anderweitig ausdrücklich aus dem Gesetzestext ergibt[9] [10]. Es bleibt somit als mögliche Bedeutung von "besondere" nur die, daß es sich um solche persönlichen Merkmale handeln muß, die nicht Bestandteile einer jeden Straftat sind, sondern nur bei manchen Delikten vorkommen. Damit ist aber über die Art und das Charakteristische dieser "besonderen" Delikte noch nichts ausgesagt. Der heuristische Wert des Adjektivs "besondere" ist also gering[11].

Der Kennzeichnung der in § 28 geregelten Merkmale als "persönliche" kann soviel entnommen werden, daß der jeweilige Umstand tatsubjektbezogen sein muß.
Diesem Erfordernis genügen etwa die Merkmale "Amtsträger" (z.B. in § 258 a), "Unfallbeteiligter" (in § 142) und "Mann" (in §§ 175, 183) in gleicher Weise. Dennoch wird die Anwendung des § 28 auf die Amtsträgerschaft i.S.d. § 258 a nahezu einmütig befürwortet, ist sie für das Merkmal "Unfallbeteiligter" streitig und wird bezüglich des Merkmals "Mann" i.S.d.

---

es, daß er der Fassung von 1871 entlehnt ist, wo das Wort 'besondere' noch deutlicheren Bezug hatte (s.o. Erstes Kapitel, B).

7 so aber wohl Grünwald, Armin Kaufmann-Festschrift S. 555, 558

8 anders aber wohl Heidland, a.a.O. S. 29; Geppert, ZStW 82 (1970), 40, 53

9 § 28 I: "Fehlen ... besondere persönliche Merkmale ... des Täters ... beim Teilnehmer"; § 28 II: " ... nur für den Beteiligten, bei dem sie vorliegen"

10 so auch Heidland, a.a.O. S. 29; Geppert, ZStW 82 (1970), 40, 52 f

11 vgl. auch Vogler, Lange-Festschrift S. 265, 276

§§ 175, 183 einhellig abgelehnt. Der Grund für die unterschiedliche Behandlung liegt darin, daß sich viele formal tatsubjektbezogenen Merkmale in Merkmale der Tathandlung umdeuten lassen und dann natürlich wie sonstige Handlungsmerkmale behandelt werden müssen[12].

Soweit das Abgrenzungskriterium der "Täterbezogenheit" als 'Ergebnis' einer Wortlautauslegung dargestellt wird, bedarf seine Untauglichkeit keines weiteren Beweises. Denn Täterbezogenheit kann dann keinen anderen Bedeutungsgehalt haben als Tatsubjektbezogenheit[13]. Zusätzlich birgt der Terminus 'Täterbezogenheit' aber die Gefahr in sich, daß "Täter" im technischen Sinne verstanden wird[14].

Der Gesetzestext allein gestattet nach alledem also keine zu einer akzeptablen Abgrenzung der besonderen persönlichen Merkmale fähige Interpretation des § 28[15] [16].

---

12 zu der angesprochenen Umdeutbarkeit vgl. Kaufmann, Normentheorie S. 137 f, 155 f; ders. ZStW 80 (1968), 34, 49; Loos, Rechtsgutslehre, S. 191; ders. Welzel-Festschrift S. 879, 893 Fn. 57

13 so auch Heidland, a.a.O. S. 28; vgl. auch Geppert, ZStW 82 (1970), 40, 50; Gerl, a.a.O. S. 6; Langer, Lange-Festschrift S. 241, 251

14 vgl. Langer, Lange-Festschrift S. 241, 251

15 im Ergebnis ebenso Langer, Lange-Festschrift S. 241, 259; Dowlad, a.a.O. S. 39

16 Die Frage, ob § 28 deshalb im Hinblick auf das Bestimmtheitsgebot des Art. 103 II GG verfassungsgemäß ist, soll hier nicht vertieft werden (zur gegenwärtigen Bedeutung von Art. 103 II GG s. Schreiber, Gesetz und Richter S. 228 ff). Denn ihre Beantwortung erfordert nicht nur ein ausholendes Eingehen auf die Geltung des Bestimmtheitsgebotes im Allgemeinen Teil des StGB und setzt auch bereits die erst später zu treffende Entscheidung bezüglich der strafbegründenden oder strafeinschränkenden Wirkung des § 28 voraus, sondern ist im Allgemeinen Teil des StGB erst dann wirklich unausweichlich, wenn sämtliche Auslegungskriterien zusammen immer noch nicht zu einer befriedigenden Bestimmtheit der Vorschrift führen. Im Ergebnis ist jedoch damit zu rechnen, daß das BVerfG § 28 als mit dem Grundgesetz vereinbar erklären würde.

Insbesondere unter der Geltung des § 50 (1943) wurde, wie bereits dargestellt[17], häufig ein *gesetzessystematisches* Argument gebraucht: Aus dem Umstand, daß der eindeutig nur die Schuld betreffende § 50 I (= 29 n.F.) dem die besonderen persönlichen Eigenschaften und Verhältnisse regelnden § 50 II (= § 28 n.F.) vorangestellt sei, ergebe sich, daß Abs. 2 eine nähere Ausgestaltung des Abs. 1 darstelle, also ebenfalls die Schuld betreffe.

Demgegenüber wurde schon früh mit Recht darauf verwiesen, daß die dem § 50 II (1943) inhaltlich entsprechende Regelung lange vor Einführung der limitierten Akzessorietät, also vor § 50 I (1943) in Kraft war und darum keine nähere Ausführung von diesem sein kann[18].
Seit durch das Zweite Strafrechtsreformgesetz (im Anschluß an den E 1962) Abs. 1 einerseits und die Abs. 2 und 3 des § 50 (1968) andererseits zu selbständigen Vorschriften - § 29 und § 28 - ausgestaltet wurden und ihre Reihenfolge vertauscht wurde, ist das Systemargument endgültig obsolet geworden.

Möglicherweise kann aber die *Entstehungsgeschichte* des § 50 (1871 und 1943) die These stützen, besondere persönliche Merkmale seien stets Schuldmerkmale (und evtl. auch noch außerhalb von Tatbestandsmäßigkeit, Rechtswidrigkeit und Schuld liegende Merkmale).

Ob der Gesetzgeber von 1943 bei Einfügung des Abs. 1 den bisherigen § 50 zu verallgemeinern glaubte, läßt sich nicht mehr ermitteln. Darauf deutet immerhin die Überschrift zu § 50 im Reichsgesetzblatt von 1943[19] hin: "Einstehen für eigene Schuld". Dagegen spricht aber zum einen die gleichzei-

---

17 s.o. Drittes Kapitel, B II
18 s. nur Welzel, Lehrbuch § 16 V 4; Gallas Beiträge S. 154; LK-Mezger, 7. Aufl., § 50 Rz. 1
19 Band I, S. 339

tige Aufnahme der strafausschließenden besonderen persönlichen Merkmale ins Gesetz, die wohl kaum durchgehend als Schuldmerkmale betrachtet worden sind[20], zum anderen der mit der Einfügung des Abs. 1 verfolgte in eine ganz andere Richtung gehende Zweck (Einführung der limitierten Akzessorietät).
Da also ein sich mit der hier kritisierten Meinung deckender gesetzgeberischer Wille im Jahre 1943 nicht mit genügender Wahrscheinlichkeit bestand, braucht über die Bedeutung, die einem solchen Willen für die heutige Interpretation der Vorschrift zukäme, nichts ausgeführt zu werden.

Auch die Motive zu § 50 RStGB von 1871 können entgegen Lange und anderen[21] die Behauptung, § 28 betreffe ausschließlich Schuldmerkmale, nicht hinreichend beweisen.
Wie oben[22] referiert, geben die Gesetzesmaterialien als Leitgedanken des § 50 (1871) zwar an, "daß ein jeder lediglich nach dem Grade seiner Verschuldung ... bestraft werden soll". Es ist jedoch sehr zweifelhaft, ob mit "Verschuldung" wirklich 'die Schuld' im verbrechenssystematischen Sinn gemeint war. Die Verfasser der Motive müßten solchenfalls damals bereits die Einsicht gehabt haben, daß auch Tatbestandsmerkmale dem Bereich der Schuld zugehören können, denn im Entwurf zum RStGB von 1871 ist z.B. die Beteiligung eines Nichtverwandten am Aszendententotschlag (§ 215 a.F.) ausdrücklich als Anwendungsfall der Vorschrift genannt; die Eigenschaft als Abkömmling war dort Tatbestandsmerkmal. Von einer solchen Einsicht des Gesetzgebers von 1871 wird man kaum ausgehen dürfen, zumal selbst heute die Existenz tatbestandlicher Schuldmerkmale längst nicht allgemein anerkannt ist.
Daß der Gesetzgeber von 1871 gerade die Unterscheidung von Unrecht und Schuld als maßgeblich für die Bestimmung des Anwendungsbereichs des § 50

---

20 s. dazu auch Jährig, a.a.O. S. 24. Heute wird als Beispiel eines strafausschließenden besonderen persönlichen Merkmals häufig die Idemnität (§ 36) genannt, die sicher mit der individuellen Schuld nichts zu tun hat.
21 s. insbes. R. Lange, JR 1949, 165, 166; vgl. auch BGHSt 8, 205, 209
22 Erstes Kapitel, B

betrachtet haben könnte, erscheint noch unwahrscheinlicher, wenn man die im selben Gesetz angeordnete strenge Akzessorietät der Teilnahme bedenkt. Weiter spricht gegen einen derartigen Willen des Gesetzgebers von 1871 der hier bei der Beschäftigung mit der Entstehungsgeschichte des § 50 entstandene Eindruck, daß Gerechtigkeitserwägungen bei der Schaffung der Vorschrift gegenüber dogmatisch-systematischen Gesichtspunkten dominierten[23].

Doch selbst dann, wenn der von Lange und anderen behauptete Wille der Gesetzesverfasser von 1870 tatsächlich bestanden haben sollte, könnte er die heutige Gesetzesinterpretation kaum binden. Die Inhalte von Unrecht und Schuld haben sich seitdem grundlegend gewandelt, die Grenze zwischen ihnen sich dementsprechend verschoben. Wenn aber die alten Begriffe neue Inhalte bekommen haben, kann ein mit jenen Begriffen ausgedrückter Wille schlechterdings nicht auf die neuen Inhalte bezogen sein[24].

Im übrigen wäre ein derartiger Wille auch spätestens 1968 bedeutungslos geworden, als nämlich der Gesetzgeber den neuen § 50 auf der Grundlage von Gesetzesmaterialien verabschiedete, die die Amtsträgereigenschaft, ein nach nahezu einhelliger Ansicht unrechtsbezogenes Merkmal, als Musterbeispiel eines besonderen persönlichen Merkmals nennen[25].

Da sich die Begründung der hier kritisierten Lehre aus der Gesetzessystematik und der Entstehungsgeschichte als nicht stichhaltig erwiesen hat, müssen die eigentlichen Gründe für die den § 50 a.F. auf Schuldmerkmale beschränkende Ansicht anderswo liegen:

Bleibt man nicht bei den konkreten Aussagen der hier kritisierten Autoren zu § 28 stehen, sondern betrachtet den Standpunkt des jeweiligen Autors zu grundlegenden dogmatischen Fragen, etwa zu Wesen und Struktur des strafrechtlichen Unrechts oder zum Wesen der Schuld, dann drängt sich die

---

23 s.o. Erstes Kapitel, G und öfter

24 s. allgemein zum Stellenwert der genetischen Interpretationsmethode bei alten Gesetzen: Loos Alternativkomm. Bd. 1, Einl. III Rz. 8; ders. Wassermann-Festschrift S. 123, 124, 129, 132

25 s. nur Niederschr. Bd. II S. 73; Begr. zu § 33 E 62, BT Drucks. IV/650, S. 152; Kabinettsvorlage, BT Drucks. V/1319, S. 62

Vermutung auf, daß es vielfach[26] der zugrundeliegende Unrechtsbegriff ist, der dann die Verweisung der besonderen persönlichen Merkmale in den Bereich der Schuld impliziert. Beschränkt man nämlich, wie z.B. R. Lange[27], das Unrecht auf die "objektiv eingetretene Rechtsgutsverletzung", verneint die Existenz eines personalen Unrechts und rechnet die "sozialethische Verwerflichkeit" der Handlung grundsätzlich der Schuld zu, dann mögen Gründe für eine (nur) individuelle Zurechnung bestimmter *Unrechts*merkmale tatsächlich schwer auszumachen sein[28]. Die Richtigkeit dieser Unrechtslehre soll hier noch nicht diskutiert werden[29], denn die aus ihr resultierende materiale Bestimmung des Anwendungsbereichs des § 28 (akzessorische Zurechnung der rechtsgutsbezogenen Merkmale, individuelle Zurechnung aller übrigen Merkmale) findet sich ebenso bei Autoren mit andersartigen Ansätzen und soll deshalb bei der Kritik an diesen abgehandelt werden[30].

Soweit die Abgrenzung der besonderen persönlichen Merkmale nach ihrer Zugehörigkeit zu Unrecht oder Schuld nicht auf einer *bestimmten Unrechtslehre* beruht, sondern aus einer *Theorie zum Strafgrund der Teilnahme* abgeleitet wird, derzufolge Unrechtsmerkmale dem Teilnehmer ausnahmslos voll zugerechnet werden, ist die Kritik unten (E) bei der Auseinandersetzung mit den Lehren zum Strafgrund der Teilnahme vorzunehmen.

---

26 keineswegs jedoch bei allen: so wohl nicht bei v. Weber, MDR 1952, 265 ff

27 Kohlrausch/Lange, § 50 Anm. I S. 188 und System. Vorbem. III S. 13 f

28 dies jedenfalls dann, wenn man mit Lange (Kohlrausch/Lange, Vor § 47 II 2, S. 164) den Strafgrund der Teilnahme in der vorsätzlichen Verursachung oder Förderung der tatbestandsmäßigen-rechtswidrigen Rechtsgutsverletzung eines anderen erblickt

29 s. zu ihr etwa Blauth, a.a.O. S. 94; Vogler, Lange-Festschrift S. 265, 266 f

30 Angemerkt sei an dieser Stelle zu Langes Auffassung nur, daß es mißtrauisch macht, wenn die Amtsträgereigenschaft bei den unechten Amtsdelikten als schuldsteigerndes Merkmal definiert werden muß (s. Kohlrausch/Lange, § 50 Anm. III, S. 190), um die fast einhellig anerkannte und vom Gesetzgeber gewollte Anwendung des § 28 darauf zu ermöglichen (wie hier: Schröder, JZ 1969, 132, 134; Dowlad, a.a.O. S. 43; Heidland, a.a.O. S. 23; Gerl, a.a.O. S. 10). Auf weitere Inkonsequenzen weisen im Anschluß an Stratenwerth (v. Weber-Festschrift S. 180, 182) zutreffend Blauth (a.a.O. S. 94) und Dowlad (a.a.O. S. 42) hin.

Abschließend kann festgestellt werden, daß die sich zu ihrer Begründung vornehmlich auf Gesetzessystematik und Gesetzesgeschichte berufenden Lehren zu § 28 dort keine hinreichend sichere Stütze finden.

C. Der strafzweckorientierte Interpretationsansatz

Die Prämisse dieser Lehre - die Existenz von gesetzlichen Merkmalen, die auf dem Gedanken der Spezialprävention beruhen - ist sicher zutreffend. Die Aufnahme von Umständen wie 'Gewerbsmäßigkeit', 'Gewohnheitsmäßigkeit', 'Geschäftsmäßigkeit' und 'Rückfälligkeit' in Strafvorschriften dürfte in der Regel vor allem den Sinn haben, der erhöhten Wiederholungsgefahr entgegenzuwirken, die von so handelnden Tätern ausgeht[31].

Daß solche an die persönliche Gefährlichkeit anknüpfenden Merkmale nur den Tatbeteiligten belasten dürfen, der sie selbst aufweist, liegt auf der Hand. Fraglich ist nur, ob es - um diese individuelle Zurechnung zu ermöglichen - des § 28 bedarf. Die Antwort hängt in erster Linie von der Reichweite streng akzessorischer Zurechnung ab, also insbesondere davon, ob §§ 26, 27 prinzipiell die Akzessorietät auch auf die hier behandelten Umstände erstrecken und, falls dies zu bejahen sein sollte[32], ob nicht schon nach anderen Vorschriften (etwa § 29) oder ungeschriebenen Grundsätzen (etwa dem Strafgrund der Teilnahme) eine Ausnahme von der streng akzessorischen Mithaftung anzunehmen ist[33].

---

31 vgl. nur Stratenwerth, AT Rz. 986; anders bzgl. Gewohnheitsmäßigkeit: Schönke/Schröder/Stree, Vor § 52 Rz. 98

32 Das liegt dann besonders nahe, wenn man etwa mit Jescheck (AT § 30 II 2 c) Gewerbs-, Gewohnheits- und Geschäftsmäßigkeit als Unrechtsmerkmale betrachtet.

33 s. dazu jüngst Grünwald, Armin Kaufmann-Festschrift S. 555, 566 ff

Davon abgesehen spräche es für eine Anwendung des § 28, wenn sich weitere Merkmalsgruppen, bei denen die Vorschrift zum Zuge kommt, nicht finden ließen. Anderenfalls entbehrte § 28 jeglichen Anwendungsbereichs.
Gegen die Anwendung des § 28 auf Merkmale, die vorrangig der Spezialprävention dienen, ist allerdings einzuwenden, daß Abs. 1 des § 28 dann eindeutig als verfehlt bezeichnet werden müßte. Denn im Fall strafbegründender strafzweckorientierter Merkmale[34] ermöglicht die Vorschrift gerade keine individuelle Zurechnung, sondern ordnet bloß Strafmilderung an.

D. Die auf das Gleichbehandlungsgebot rekurrierende Lehre

Wie oben[35] bereits ausgeführt, hat § 28 nach einer insbesondere von *B. Schünemann* vertretenen Ansicht die Funktion, dem Gleichbehandlungsgebot zuwiderlaufende Konsequenzen eines unkorrigierten Akzessorietätsprinzips - insbesondere die Ungleichbehandlung von extranem Teilnehmer und extranem Allein-'Täter' - zu beseitigen oder zumindest abzumildern. Bei der Kritik dieser Lehre ist zu beachten, daß sie sich nicht bloß als rechtspolitischen Vorschlag versteht, sondern den Anspruch erhebt, aus dem Normzweck des § 28 abgeleitet zu sein[36].

(1) Zunächst ist gegen den Ansatz *Schünemanns* einzuwenden, daß er mit dem Wortlaut des § 28 in Konflikt gerät. *Schünemann* vermag nämlich dem Adjektiv "besondere" keine plausible Funktion zuzuweisen[37].
Ob das Kriterium der 'Besonderheit' erfüllt ist, will *Schünemann* nicht abstrakt für einen bestimmten Tatbestand entscheiden, sondern konkret für die verübte Tat. Ein "besonderes" persönliches Merkmal i.S.d. § 28 I soll danach

---

34 z.B. Gewerbsmäßigkeit bei § 180 a I, II Nr. 1, III (dafür zuletzt BGH NJW 1987, 199)
35 Drittes Kapitel, B IV
36 s. Schünemann, Jura 1980, 354, 365
37 Diesen Einwand macht sich Schünemann selbst (Jura 1980, 354, 366 f), glaubt jedoch, ihn entkräften zu können.

ein Tätermerkmal nur dann darstellen, wenn es im konkreten Einzelfall ein "zusätzlich fehlendes Tätermerkmal neben dem allgemeinen Tätermerkmal der Tatherrschaft" ist[38].
Bei § 28 II, nach dessen insoweit eindeutigem Wortlaut auch der Mittäter besondere persönliche Merkmale aufweisen kann oder sie ihm fehlen können, versagt diese Konstruktion völlig. Denn der Mittäter ist stets an der funktionalen Tatherrschaft beteiligt.
Davon abgesehen erscheint es sonderbar, daß ein und dasselbe Tatbestandsmerkmal für den tatherrschaftslosen extranen Teilnehmer ein besonderes persönliches Merkmal darstellen soll, nicht dagegen für seinen an derselben Tat tatherrschaftlich mitwirkenden ebenso extranen Komplizen.

(2) Ferner ist festzustellen, daß die Rechtsfolgenanordnung des § 28 I der von *Schünemann* behaupteten ratio des § 28 entgegensteht.
Wenn die Korrektur des Akzessorietätsprinzips aus Gleichbehandlungsgründen tatsächlich der Zweck des § 28 wäre, dann wäre es unverständlich, warum es der Gesetzgeber in § 28 I bei einer bloßen Strafmilderung hat bewenden lassen. Denn eine Vorschrift, deren Anliegen es wäre, die Behandlung eines Teilnehmers, dem das persönliche Merkmal fehlt, aus Gründen der Strafgerechtigkeit an der Beurteilung eines ebenso defizitären Täters - dieser ist straffrei - zu orientieren, müßte den Teilnehmer *völlig* straflos stellen[39].
Im Ergebnis entspricht es zwar verbreiteter Ansicht, daß § 28 I eine verunglückte Regelung ist[40]. Gleichwohl wäre eine Interpretation vorzugswürdig, die § 28 I als sachgemäß erscheinen ließe. Zwar würde dann § 28 II zu einer unberechtigten Privilegierung führen, eine unbegründete Besserstellung des Teilnehmers wäre aber doch eher zu verschmerzen als seine ungerechtfertigte Schlechterstellung.

---

38 Jura 1980, 354, 367
39 so schon Herzberg, JuS 1983, 737, 742
40 s. Einleitung, Fn. 7

(3) Doch auch de lege ferenda ist der Vorschlag *Schünemanns*, den extranen Teilnehmer und den extranen Allein-'Täter' in bezug auf besondere persönliche Merkmale gleichzubehandeln, zurückzuweisen.

Eine derartige Gleichbehandlung wäre nur dann geboten, wenn keine sachlichen Gründe für eine Ungleichbehandlung vorlägen. Solche Gründe gibt es jedoch - und zwar keineswegs nur kriminalpolitische. *Schünemann* sieht sie nur deshalb nicht, weil er es unterläßt, nach der speziellen Funktion des jeweiligen persönlichen Merkmals im konkreten Tatbestand und seiner Bedeutung für Unrecht und Schuld der Teilnahme zu fragen.

Die Strafbarkeit des extranen Allein-'Täters' und die des extranen Teilnehmers beurteilen sich nach völlig unterschiedlichen Kriterien, sodaß die Entscheidung für die Straflosigkeit (oder mildere Bestrafung) des extranen Allein-'Täters' das Urteil über Ob und Wie der Bestrafung des extranen Teilnehmers nicht präjudizieren kann. Der extrane Allein-'Täter' kann deshalb nicht (oder nicht nach der qualifizierten Strafnorm) bestraft werden, weil er den Garantietatbestand nicht erfüllt. Die Strafbarkeit des extranen Teilnehmers hängt dagegen davon ab, ob und inwieweit ihm das Unrecht der vom intranen Haupttäter begangenen rechtswidrigen Tat zugerechnet werden kann. Dies ist eine Frage der Teilnahmefähigkeit des durch das besondere persönliche Merkmal ausgedrückten Unwertes.

Wenn Aussagen über die Strafbarkeit des extranen Teilnehmers aufgrund eines Vergleichs überhaupt zulässig sind, dann kann es nur der Vergleich mit dem intranen *Teilnehmer* sein, denn allenfalls in dieser Konstellation besteht Vergleichbarkeit; der Haftungsgrund ist, da jeweils Teilnahme vorliegt, derselbe, die Unterschiede sind auf den einen maßgeblichen reduziert: das Vorliegen bzw. Fehlen eines bestimmten persönlichen Merkmals. Von besonderem Wert ist dieser Vergleich allerdings nicht, denn er führt wieder nur auf die bereits oben als entscheidend bezeichnete Frage nach der Teilnahmefähigkeit des durch das besondere persönliche Merkmal ausgedrückten Unwertes zurück[41].

Zur Veranschaulichung des Gesagten mag folgendes Beispiel dienen:

---

41 s. dazu auch unten Fn. 122

Fall 1: Der allein handelnde A veranlaßt sein Opfer vorsätzlich zu einer täuschungsbedingten vermögensschädigenden Verfügung zugunsten eines anderen, ohne daß es ihm auf den Vorteil des anderen ankommt. - Da ihm die in § 263 vorgeschriebene Bereicherungsabsicht fehlt, kann er nicht wegen Betruges bestraft werden.

Fall 2: B fördert einen Betrug zugunsten eines anderen, wobei es ihm auf dessen Bereicherung ankommt. - Er ist wegen Beihilfe zum Betrug zu bestrafen.

Fall 3: C fördert denselben Betrug. Er weiß zwar, daß ein anderer bereichert wird, es kommt ihm aber nicht darauf an. C fehlt also die Bereicherungsabsicht. - Offensichtlich wäre es zu kurz gegriffen, entsprechend dem Ansatz *Schünemanns* C unter Hinweis auf die Straflosigkeit des A straffrei zu lassen: A kann mangels Tatbestandsmäßigkeit seiner Handlung nicht belangt werden. Für die Bestrafung des C, der sich an einer tatbestandsmäßigen Haupttat beteiligt, ist dagegen entscheidend, ob und inwieweit ihn die Bereicherungsabsicht des Haupttäters belastet. Voraussetzung dafür ist die Klärung der Bedeutung der Bereicherungsabsicht des Haupttäters für das Unrecht der Teilnahme. Auf nichts anderes läuft der Vergleich der Teilnahmehandlung des C mit derjenigen des B hinaus. Ob der Teilnehmer eines Betruges, der selbst ohne Bereicherungsabsicht handelt, strafwürdiger ist als einer, dem diese Absicht fehlt, kann ebenfalls erst entschieden werden, wenn über die Bedeutung der Bereicherungsabsicht für Unrecht und Schuld des Betruges und der Teilnahme daran Klarheit herrscht.

E. Die mit dem Strafgrund der Teilnahme argumentierenden Lehren

Die weitverbreitete Ansicht, § 28 lasse sich aus *dem* Strafgrund der Teilnahme erklären, ist als solche kein geeigneter Gegenstand einer kritischen Auseinandersetzung. Da überaus umstritten ist, was Strafgrund der Teilnahme ist, kann die innere Folgerichtigkeit und Überzeugungskraft jeder aus dem Strafgrund der Teilnahme abgeleiteten Interpretation des § 28 nur auf dem Hintergrund *der jeweils zugrunde gelegten* Theorie beurteilt werden. Davon abgesehen gibt das Urteil, eine bestimmte Theorie zum Strafgrund der Teilnahme könne die Regelung des § 28 erklären, nichts für die ganz andere Frage her, ob dieser Theorie in der Bestimmung des Strafgrundes der Teilnahme zu folgen ist. Eine Stellungnahme im Streit um den Strafgrund der Teilnahme wird allerdings erst dann erforderlich, wenn eine konsequente Herleitung des Regelungszwecks des § 28 aus mindestens *einer* Lehre zum Haftungsgrund der Teilnahme möglich sein sollte.

Im folgenden werden nur solche Theorien zum Strafgrund der Teilnahme auf ihre Eignung zur Erklärung des § 28 untersucht, die nicht offensichtlich gerade auch mit Blick auf § 28 entwickelt worden sind. Denn eine Definition des Strafgrundes der Teilnahme, in die bereits der Regelungsgehalt des § 28 eingeflossen ist, muß zwangsläufig mit dieser Vorschrift harmonieren; nur kann für eine solche Lehre zum Strafgrund der Teilnahme von vornherein nicht in Anspruch genommen werden, daß sich der Regelungsgehalt des § 28 originär *aus ihr ableiten* lasse.

I. Die Korrumpierungstheorien

Die Korrumpierungstheorien beziehen das Unrecht der Teilnahme auf das, was mit dem *Täter* geschieht[42].

Nach der *Schuldteilnahmetheorie* wird der Teilnehmer (auch[43]) deswegen bestraft, weil er den Täter in Schuld und Strafe führe oder doch das In-Schuld-und-Strafe-Geraten des Täters fördere[44].

Eine andere oft als *Unrechtsteilnahmetheorie* oder *modifizierte Schuldteilnahmetheorie* bezeichnete Lehre sieht das Unrecht der Teilnahme darin, daß der Teilnehmer die soziale Desintegration des Täters bewirke[45], weil er den Täter zu rechtswidrigem Handeln veranlasse oder dabei unterstütze.

Beide Korrumpierungstheorien sind schon nicht in der Lage, die in §§ 26, 27 II 1 angeordnete Bindung des Strafrahmens der Teilnahme an den der Tätertat zu erklären[46]. Erst recht können sie nicht plausibel machen, warum der Strafrahmen gem. § 28 zu verschieben ist, wenn nicht bei allen Tatbeteiligten besondere persönliche Merkmale vorliegen. Insbesondere § 28 II ist mit einem im Sinne der Korrumpierungstheorien definierten Strafgrund der Teilnahme geradezu unvereinbar[47].

---

42 Formulierung von Jakobs, AT 22/2

43 Entgegen oft anzutreffender Darstellung in der Literatur haben die Vertreter dieser Lehre nie behauptet, der Teilnehmer werde *nur* wegen der Verführung des Täters bestraft (vgl. Lüderssen, Strafgrund S. 47 Fn. 1).

44 so vor allem H. Mayer, AT § 49 II 1 b aa; ders. StudB § 39 II 4; ders. Rittler-Festschrift, S. 243 ff, 253 ff

45 so Trechsel, Strafgrund S. 54 ff

46 so zuletzt Loos, Neuere Entwicklungen in der deutschen Dogmatik der strafrechtlichen Teilnahmelehre S. 1, 3

47 so auch SK-Samson, § 28 Rz. 6

II. Die Verursachungstheorien und Unrechtsteilnahmelehren

Im Unterschied zu den Korrumpierungstheorien beziehen die Verursachungstheorien und Unrechtsteilnahmelehren das Unrecht der Teilnahme nicht auf den Täter, sondern auf die *Haupttat*. Der Teilnehmer hafte für die Verursachung eines Erfolges. Dabei ist allerdings streitig, worin dieser Erfolg liegt: im Unrecht der Haupttat als solchem, im Rechtsgutsangriff des Haupttäters, im Erfolg der Haupttat oder in etwas anderem ?

1. Die reinen Verursachungstheorien

Als *reine Verursachungstheorien* werden alle jene Spielarten der Verursachungstheorien bezeichnet, für die die Strafwürdigkeit der Teilnahme aus dem *Kausalwerden für eine Rechtsgutsverletzung* folgt. Die Bedeutung der Haupttat erschöpft sich darin, die Kausalität zwischen Teilnahmehandlung und Gutsverletzung zu vermitteln. Ein bedeutender struktureller Unterschied zwischen Täterschaft und Teilnahme ist danach nicht mehr auszumachen, stellen doch beide gleichermaßen Kausalfaktoren für den Eintritt einer Rechtsgutsverletzung dar. Folgerichtig sprechen die Anhänger der reinen Verursachungstheorien vom "Teilnehmerdelikt"[48], das prinzipiell schon von den Tatbeständen des Besonderen Teils erfaßt sei.

Nicht einig sind sich die Vertreter der reinen Verursachungstheorien in der Beurteilung der *Teilnahme am Sonderdelikt.*
Lüderssen etwa deutet die Vermittlung durch den Sonderpflichtigen als 'rein faktische', weil der Nichtqualifizierte das durch den Sonderdeliktstatbestand geschützte Rechtsgut nur unter der Voraussetzung mittelbar verletzen könne, daß ein Qualifizierter in Aktion trete[49]. Danach ist die Haftung des nicht sonderpflichtigen Teilnehmers am Sonderdelikt selbstverständlich.

---

48 s. Lüderssen, Strafgrund S. 119 ff; Schmidhäuser, AT 14/57; Langer, Sonderverbrechen S. 462 ff; M.-K. Meyer, GA 1979, 252 ff

49 a.a.O. S. 119, 137

Dagegen messen die meisten Vertreter der reinen Verursachungstheorien, voran *Schmidhäuser* und *Langer*, der qualifizierenden Eigenschaft eine über die Kennzeichnung der Möglichkeit zur unmittelbaren Rechtsgutsverletzung hinausgehende Bedeutung zu. Sie folgern daraus, daß die Strafbarkeit nicht nur des Täterdelikts, sondern auch die des Teilnehmerdelikts die Erfüllung der Qualifizierung des zu Bestrafenden selbst voraussetze[50]. Der extrane Teilnehmer am Sonderdelikt dürfte danach nicht aus dem Sonderdelikt bestraft werden.

Die Rechtsfolgenanordnungen des § 28 sind aus keiner der beiden dargestellten Varianten der reinen Verursachungstheorie heraus überzeugend zu erklären, mag sie auch nicht geradezu unvereinbar mit ihnen sein.
Mit *Lüderssens* Ansicht ist nach dem oben zur Teilnahme am Sonderdelikt Ausgeführten § 28 II nicht in Einklang zu bringen, und für die Strafmilderung gem. § 28 I besteht nach ihr kein Bedürfnis[51].
Bei Zugrundelegung der Auffassung Schmidhäusers u.a. verhält es sich umgekehrt: § 28 II erscheint konsequent[52], während § 28 I, der von der Strafbarkeit des nichtqualifizierten Sonderdeliktsbeteiligten ausgeht und lediglich die Strafe mildert, als "sachwidrig"[53] bezeichnet werden muß. Denn eine Vorschrift, die die Strafe solcher Teilnehmer, die nach der eigenen Lehre vom Strafgrund der Teilnahme eigentlich überhaupt nicht bestraft werden dürften, nur mildert, nicht aber die völlige Straffreiheit anordnet, kann

---

50 Schmidhäuser, AT 14/84 f, 95; Langer, Sonderverbrechen S. 485 f

51 vgl. auch SK-Samson, § 28 Rz. 6. Dem von Lüderssen (a.a.O. S. 137/138) anerkannten Wertungsunterschied, der darauf beruht, daß der Intrane das Rechtsgut selbst angreifen kann, nicht aber der Extrane, der dazu eines anderen bedarf, wird bereits durch die Bestrafung 'nur' als Teilnehmer hinreichend Rechnung getragen (vgl. dazu auch Bloy, a.a.O. S. 178 f).

52 vgl. Schmidhäuser, AT 14/96

53 so Schmidhäuser ausdrücklich, AT 14/84 Fn. 25, s. auch 14/73 mit Fn. 14 (Dort heißt es versehentlich "§ 28 II" statt richtig § 28 I), 14/84, 95; vgl. auch Langer, Sonderverbrechen S. 467; 480 ff, 484 ff; M.-K. Meyer GA 1979, 252, 269 f

schlechterdings nicht als "Konsequenz" einer solchen Lehre vom Strafgrund der Teilnahme bezeichnet werden - allein darum aber geht es hier.

2. Die akzessorietätsorientierten Verursachungstheorien

Die nun zu behandelnden Auffassungen heben sich von den reinen Verursachungstheorien dadurch ab, daß sie das Verhalten des Teilnehmers nicht als unmittelbar durch die Ver- und Gebote des Besonderen Teils erfaßt betrachten, sondern die Verbotsmaterie vornehmlich in §§ 26, 27 geregelt sehen.

Dementsprechend wird das Unrecht der Teilnahme nicht mehr ausschließlich in der Verursachung des tatbestandsmäßigen Erfolges erblickt; in den Vordergrund tritt die Verursachung der *fremden Haupttat* als des unmittelbar rechtsgutsverletzenden Ereignisses.

Anstifter und Gehilfe werden nach dieser Ansicht bestraft, weil sie ein Rechtsgut mittelbar, nämlich über eine vorsätzliche rechtswidrige Haupttat angreifen[54].

---

54 s. jüngst BGH NJW 1991, 933, 934; Loos, Neuere Entwicklungen in der deutschen Dogmatik der strafrechtlichen Teilnahmelehre S. 1, 3 f; Stratenwerth, AT Rz. 859 f; SK-Samson, Vor § 26 Rz. 14, 18; LK-Roxin, Vor § 26 Rz. 1,7; Jakobs, AT 22/6 ff; wohl auch Otto, Grundkurs AT §§ 22 I 2 c; ders. JuS 1982, 557, 558 f, 561

Die Bedeutung der Bindung der Teilnahme an die Haupttat erschöpft sich nach Auffassung einiger Autoren (SK-Samson, Vor § 26 Rz. 14 f, 27; wohl auch Jakobs, AT 22/6 (allerdings unter Ausnahme der Sonderdelikte (AT 22/7, 9)); zweifelnd Loos, Neuere Entwicklungen in der deutschen Dogmatik der strafrechtlichen Teilnahmelehre S. 1, 4) in der Gewährleistung der Tatbestandsbestimmtheit hinsichtlich der Teilnehmerstrafbarkeit. Die übrigen Vertreter der skizzierten Ansicht betonen zwar ebenfalls die Funktion der Akzessorietät, die Teilnahmehandlung zu konturieren (s. Stratenwerth, AT Rz. 859; LK-Roxin, Vor § 26 Rz. 5), weisen aber zusätzlich darauf hin, daß das tatbestandliche Unrecht der Haupttat prinzipiell auch das Maß des Unrechts der Teilnahme bestimme (Stratenwerth AT Rz. 874; LK-Roxin, Vor § 26 Rz. 4, vgl. auch Rz. 5, 7, 17; Jakobs AT 22/7, 9 (für die Sonderdelikte)); dem liegt die Vorstellung zugrunde, daß die rechtliche Bewertung des Rechtsgutsangriffs des Teilnehmers, eben weil er durch den tatbestandsmäßigen

Ist es der mittelbare *Rechtsgutsangriff*, der die Strafbarkeit der Teilnahme begründet, so können den Teilnehmer von den Elementen der Haupttat nur diejenigen belasten, die die Rechtsgutsverletzung begründen. Für die Untersuchung, ob § 28 als Konsequenz aus den akzessorietätsorientierten Verursachungstheorien angesehen werden kann, ist es daher nicht ohne Bedeutung, welche Funktion potentielle besondere persönliche Merkmale im Hinblick auf die Konstituierung des Rechtsgutsangriffs haben können.

a) Die Funktion besonderer persönlicher Merkmale bei der Konstituierung der Rechtsgutsverletzung

(1) Geht man davon aus, daß persönliche gesetzliche Unrechtsmerkmale sämtlich die Rechtsgutsverletzung charakterisieren, insbesondere deren konkreten Unwert prägen[55], ist auf der Grundlage der akzessorietätsorientierten Verursachungstheorien die Strafbarkeit des nichtqualifizierten Teilnehmers eines echten Sonderdelikts eine Selbstverständlichkeit. Wie ausgeführt, wird nach diesen Theorien der Rechtsgutsangriff des Teilnehmers durch den des Täters vermittelt, so daß das tatbestandliche Unrecht der Haupttat auch das Maß des Unrechts der Teilnahme bestimmt. Den Teilnehmer belastet somit alles, was dem vom Täter ausgeführten Rechtsgutsangriff seine konkrete Unrechtsprägung verleiht, und zwar auch dann, wenn der Teilnehmer einen derartigen Angriff wegen Fehlens der qualifizierenden Merkmale in seiner Person ohne Vermittlung durch einen Intranen nicht führen könnte.

Rechtsgutsangriff des Täters vermittelt werde, zwangsläufig der rechtlichen Bewertung dieses vermittelnden Angriffs folgen müsse - so wie die Fotographie einer Fotographie nie schärfer sein kann als die abgelichtete Fotographie selbst. Bei der Kritik der akzessorietätsorientierten Verursachungstheorien spielt dieser Unterschied jedoch keine Rolle und kann daher im folgenden vernachlässigt werden.

55 so etwa Langer, Lange-Festschrift S. 241, 257; Schünemann, Jura 1980, 354, 362; Vogler, Lange-Festschrift S. 265, 270; Herzberg, ZStW 88 (1976), 68, 81 (einschränkend); wohl auch LK-Roxin, § 28 Rz. 26

Erklärungsbedürftig ist von dieser Position aus allein die in § 28 I angeordnete Strafmilderung für den extranen Teilnehmer. Dies ist jedoch (ohne eine nähere Untersuchung des Wesens und der spezifischen Funktion der verschiedenen Arten qualifizierender Merkmale) allein aus der Definition des Strafgrundes der Teilnahme im Sinne der akzessorietätsorientierten Verursachungstheorie - und nur dies gilt es hier zu untersuchen - nicht möglich: Betreffen die genannten Merkmale die Rechtsgutsverletzung, und haftet der Teilnehmer (mittelbar) für die mit der Haupttat verwirklichte Rechtsgutsverletzung, so fordert es der Strafgrund der Teilnahme nicht, die Strafe der nicht zum potentiellen Täterkreis gehörenden Teilnehmer zu mildern. Dementsprechend meinen viele der konsequent auf dem Boden einer akzessorietätsorientierten Verursachungstheorie stehenden Autoren, daß der Schlüssel zum richtigen Verständnis des § 28 nicht in der Lehre vom Strafgrund der Teilnahme liege[56].

(2) Sollten sich indes persönliche gesetzliche Merkmale finden lassen, die zwar im Bereich möglicher akzessorischer Zurechnung, also im Unrechtsbereich, angesiedelt sind, gleichwohl aber nicht (auch nicht partiell) den Rechtsgutsangriff kennzeichnen, dann wäre eine Sonderbehandlung des Teilnehmers plausibel, der diese Merkmale nicht aufweist und für ihre Verwirklichung in der Person des Haupttäters mangels Bezuges zum Rechtsgutsangriff auch nicht mithaftet. Allerdings erscheint dann die in § 28 I vorgesehene bloße Strafmilderung nicht einmal als ausreichend. Einzig konsequent wäre es vielmehr, den extranen Teilnehmer völlig straffrei zu lassen.

(3) Die Regelung des § 28 I läßt sich aus den akzessorietätsorientierten Verursachungstheorien demnach nur für solche gesetzlichen Merkmale erklären, die zwischen den oben (aa) und (bb) behandelten Alternativen stehen, die also gewissermaßen eine Art Doppelnatur haben, nämlich teilweise den Rechtsgutsangriff betreffen und teilweise keinen Bezug zu ihm haben.

---

56 s. etwa LK-Roxin, § 28 Rz. 26, 32 (nur scheinbar anders Rz. 4); Stratenwerth, AT Rz. 932, 941; Jakobs, AT 23/10, 14 f, 25

Bei dieser Vorgabe bereitet dann weder die Begründung für die Strafbarkeit der Extranenteilnahme am echten Sonderdelikt noch die Rechtfertigung der obligatorischen Strafmilderung für den extranen Teilnehmer Schwierigkeiten: Die unterschiedliche Behandlung von extranem Teilnehmer (Bestrafung) und extranem Allein-'Täter' (Straflosigkeit) ist gerechtfertigt, weil der vom extranen Teilnehmer mittelbar bewirkte Rechtsgutsangriff wegen der auf die Gutsverletzung bezogenen Komponente des nur beim Haupttäter vorliegenden Tätermerkmals schwerer wiegt als der Rechtsgutsangriff, den ein alleinhandelnder Extraner bewirken könnte.
Die Notwendigkeit der Strafmilderung folgt daraus, daß die nicht rechtsgutsbezogene Komponente des Tätermerkmals gemäß der Definition des Strafgrundes der Teilnahme den extranen Teilnehmer nicht belasten darf.

b) Einwände gegen die Ableitbarkeit des § 28 aus den akzessorietätsorientierten Verursachungstheorien

Es fragt sich allerdings. ob damit die These, die akzessorietätsorientierten Verursachungstheorien könnten § 28 (oder jedenfalls dessen Absatz 1) plausibel machen und das Wesen der besonderen persönlichen Merkmale bestimmen, wirklich schon bewiesen ist? M.E. erscheint das aus mehreren Gründen zweifelhaft.

(1) Zunächst liegt diesem Erklärungsversuch ein nicht unproblematisches Vorverständnis des 28 I zugrunde.
Ausgangspunkt ist nämlich, daß § 28 I auf einer nur teilweisen Zurechenbarkeit bestimmter Merkmale beruht, also gleichsam einem *qualitativen* Zurechnungsdefizit Rechnung tragen will. Ebensogut könnte § 28 aber auch oder stattdessen Ausdruck eines bloß *quantitativen* Zurechnungsdefizits sein. Dies wäre der Fall, wenn es Merkmale gäbe, die dem Teilnehmer, der sie nicht selbst aufweist, zwar vollakzessorisch zugerechnet werden könnten, ihn aber wertungsmäßig nicht ebenso wie den ein solches Merkmal selbst verwirklichenden Täter belasten dürften. Diese Deutung des § 28 I ist umso weniger von der Hand zu weisen, als das Gesetz auch an anderen Stellen auf bloße

quantitaive Zurechnungsdifferenzen mit Strafmilderungsvorschriften reagiert. - Es wäre beispielsweise sicher verfehlt, aus § 27 II 2 den Schluß zu ziehen, dem Gehilfen sei qualitativ weniger vom Unrecht der Haupttat zuzurechnen als dem Anstifter.

(2) Weiter ist zu beachten, daß die tatsächliche Existenz 'teilweise rechtsgutsbezogener Merkmale' nicht etwa nachgewiesen ist, sondern die Notwendigkeit ihrer Existenz oben lediglich aus § 28 I gefolgert wurde. Zum Beleg der These, § 28 sei aus dem Strafgrund der Teilnehme im Sinne der akzessorietätsorientierten Verursachungstheorien zu begreifen, bedarf es jedenfalls noch des Nachweises, daß es derartige Merkmale wirklich gibt.
Dieser Nachweis dürfte schon deshalb nicht leichtfallen, weil das Kriterium der Rechtsgutsangriffsbezogenheit nur die eine 'Hälfte' der fraglichen Merkmale charakterisiert und zudem von erheblicher Unschärfe ist[57].

(3) Doch auch dann, wenn sich solche Merkmale im Gesetz tatsächlich finden sollten, sind nicht sämtliche Zweifel an dem hier kritisierten Ansatz beseitigt.
Wie gezeigt, führt der Schluß von der hoch abstrakten Definition des Strafgrundes der Teilnahme auf den Anwendungsbereich des § 28 zu Formeln, die nur wenig praktikabel sind. Weiter ist daran zu erinnern, daß bei der Entstehung und den Novellierungen der dem heutigen § 28 entsprechenden Vorschriften nicht an systematische Ableitungszusammenhänge angeknüpft wurde, sondern auf einzelne konkrete Beispiele bezogene Gerechtigkeits- und Zweckmäßigkeitserwägungen leitend waren. Deshalb liegt folgender Gedanke nahe: Vorausgesetzt es besteht überhaupt eine Beziehung zwischen dem Strafgrund der Teilnahme i.S.d. akzessorietätsorientierten Verursachungstheorien und der Behandlung der besonderen persönlichen Merkmale in § 28, so könnte es sich doch auch gerade umgekehrt verhalten, als es die den § 28 aus dem Strafgrund der Teilnahme erklärenden Autoren behaupten.

---

57 Die Unschärfe des Kriteriums der Rechtsgutsbezogenheit hebt etwa auch Langer (Lange-Festschrift S. 241, 257) hervor.

Es ist nämlich ebensogut denkbar, daß die Strafgrunddefinitionen der akzessorietätsorientierten Verursachungslehren mit Blick gerade auch auf § 28 gebildet, d.h. ihrerseits (u.a.) aus dem Grundgedanken dieser Bestimmung abgeleitet worden sind.
Der Strafgrund der Teilnahme ist nirgends ausdrücklich normiert. Er ist nur dann zutreffend bezeichnet, wenn bei seiner Definition allen die Teilnahme betreffenden gesetzlichen Regelungen Rechnung getragen wird, insbesondere Widersprüche zu ihnen vermieden werden[58].
So gibt beispielsweise spätestens seit Einführung des § 50 I a.F. (= § 29 n.F.) im Jahr 1943 (limitierte Akzessorietät) die Schuldteilnahmetheorie den Grund der Strafbarkeit des Teilnehmers nicht mehr zutreffend wieder, weil das Gesetz seither die Schuldhaftigkeit der Haupttat für die Teilnehmerstrafbarkeit nicht mehr voraussetzt. Oder: Jede Strafgrunddefinition, die auf der Erforderlichkeit eines Vollendungsvorsatzes des Teilnehmers aufbaut, müßte geändert werden, wenn der Gesetzgeber (im Rahmen einer grundlegenden Reform der gesetzlichen Teilnahmeregelung) die tätergleiche Bestrafung des agent provocateur, dem ja typischerweise der Vollendungsvorsatz fehlt, anordnete.
Natürlich lassen sich aus einer so zustande gekommenen Theorie des Strafgrundes der Teilnahme die bei ihrer Entwicklung berücksichtigten Gesetzesvorschriften 'erklären'; aber selbstverständlich ist dann nur das aus ihr herauszuholen, was man anläßlich der Entwicklung der Theorie in sie hineingelegt hat[59].

(4) Aber selbst dann, wenn sich die Regelung des § 28 doch als Funktion des Haftungsgrundes der Teilnahme darstellen sollte, erschiene es nicht nur möglich, sondern auch nötig, die Wertungen transparent zu machen, die hin-

---

58 Diese Einsicht dürfte auch der Bemerkung von Maurach/Gössel/Zipf (AT II § 53 III D 2 Rz. 129) zugrunde liegen, wonach "die sog. Lehren über den Strafgrund der Teilnahme sich in Wahrheit darauf beschränken, den Akzessorietätszusammenhang [erg.: wie ihn das Gesetz vorgibt] inhaltlich zu beschreiben" (vgl. auch dies. § 50 III A 2 Rz. 51).

59 im Ergebnis wohl ebenso Herzberg, ZStW 99 (1987), 49, 62

ter der allgemeinen Bestimmung des Haftungsumfanges des Teilnehmers nach den akzessorietätsorientierten Verursachungslehren - und damit zugleich hinter der (dann nur deklaratorischen) Einschränkung der Akzessorietät durch § 28 - stehen[60].

Die Qualifizierung eines gesetzlichen Merkmals als besonderes persönliches Merkmal i.S.d. § 28 allein mit dem Hinweis, dieses Merkmal sei nicht (ausschließlich) rechtsgutsbezogen, und seine vollakzessorische Zurechnung an den defizitären Teilnehmer werde daher vom Strafgrund der Teilnahme nicht gedeckt, wäre theoretisch wie praktisch unbefriedigend. Sie wäre theoretisch unzureichend, weil die Frage nach dem Grund für die Einschränkung der Teilnehmerhaftung bei nur vom Täter verwirklichten besonderen persönlichen Merkmalen nicht beantwortet, sondern nur umformuliert würde; denn offen bliebe, warum der Strafgrund der Teilnahme nur die mittelbare Rechtsgutsverletzung sein soll. Praktisch wäre eine solche 'Argumentation' unzulänglich, weil die Abgrenzung allein mit Hilfe des systematisch wenig präzisen Kriteriums der Rechtsgutsbezogenheit, wie schon angedeutet, mit erheblichen Unsicherheiten belastet ist. Abhilfe durch Bildung typischer Fallgruppen zu schaffen, erscheint bei dem in der Definition des Strafgrundes i.S.d. Verursachungstheorien angelegten Verzicht auf die Angabe eines positiven Kriteriums zur Charakterisierung nicht (voll)akzessorischer Merkmale (Subtraktionsverfahren) wenig erfolgversprechend.

60 Da es gerade das Ziel der am 'Ungleichbehandlungsgebot' ansetzenden Lehren (s.o. Drittes Kapitel, B VI) ist, die hinter der in § 28 angeordneten Ungleichbehandlung Extraner und Intraner stehenden materialen Unterschiede zu benennen, befinden sich ihre Verfechter zu dem hier kritisierten Ansatz nicht in einem unüberwindbaren Gegensatz, sondern bilden die notwendige Ergänzung zu diesem. Das bedeutet: Auch wenn man der Auffassung folgt, § 28 sei vom Strafgrund der Teilnahme i.S.d. akzessorietätsorientierten Verursachungslehren her zu verstehen, bleibt die Notwendigkeit der Auseinandersetzung mit diesen Lehren.

Trotz der bisher erhobenen Bedenken gegen die Ableitbarkeit des Regelungsgehalts von § 28 aus dem Strafgrund der Teilnahme (die zum guten Teil nicht auf die akzessorietätorientierten Verursachungstheorien beschränkt sind, sondern prinzipiell für den Ansatz als solchen gelten) soll im folgenden dennoch kurz nach dem Aussagewert der hier noch nicht behandelten Theorien zum Strafgrund der Teilnahme für die Interpretation des § 28 gefragt werden.

3. Die erfolgsbezogenen Unrechtsteilnahmetheorien

Die überkommene und wohl auch heute noch herrschende Lehre, die in sich natürlich wiederum nicht homogen ist, sieht das Unrecht der Teilnahme in der Veranlassung oder Unterstützung fremden tatbestandlichen Unrechts[61]. Sie schränkt dies allerdings dahingehend ein, daß das angegriffene Rechtsgut auch dem Teilnehmer gegenüber Schutz genießen müsse[62]. Die Erfolgsbezogenheit wird deutlich am Postulat des Vollendungsvorsatzes des Teilnehmers, denn damit gewinnt der Eintritt der Rechtsgutsverletzung besondere Bedeutung.

Es ist leicht zu erkennen, daß sich aus einem solchen Verständnis des Haftungsgrundes der Teilnahme eine Regelung wie § 28 I oder gar wie § 28 II keineswegs von selbst, d.h. mit Notwendigkeit ergibt. Wird der Teilnehmer nämlich für die Förderung oder Verursachung "des Unrechts der Haupttat" bestraft, so besteht jedenfalls von daher kein Anlaß, bestimmte Unrechtsmerkmale dem Teilnehmer nur dann (voll) zuzurechnen, wenn er sie selbst verwirklicht.

---

61 Maurach, AT 4. Aufl., S. 680 f; Maurach/Gössel/Zipf, AT II § 50 III A 2 c Rz. 57; Wessels, AT § 13 IV 1; Schönke/Schröder/Cramer, Vor §§ 25 ff Rz. 22; Baumann/Weber, AT § 37 I 1; Jescheck, AT § 64 I 2

62 s. Wessels, AT § 13 IV 1 m.w.N.

Aus dem so definierten Strafgrund der Teilnahme wäre § 28 allenfalls dann zu erklären[63], wenn die Vorschrift Unrechtsmerkmale von vornherein gar nicht erfaßte, wenn es sich also bei den besonderen persönlichen Merkmalen ausschließlich um Schuldmerkmale oder verbrechenssytematisch noch außerhalb der Kategorien von Tatbestandsmäßigkeit, Rechtswidrigkeit und Schuld gelegene Merkmale handeln sollte. Diese Auffassung wird heute jedoch zu Recht nicht mehr vertreten. Von den Autoren, die sie früher verfochten haben, ist sie niemals auf die hier kritisierte Theorie vom Strafgrund der Teilnahme gestützt worden[64].

4. Die reine Unrechtsteilnahmetheorie

Diese Lehre unterscheidet sich von den erfolgsbezogenen Unrechtsteilnahmetheorien (oben 3) darin, daß dem Eintritt des rechtsgutsverletzenden Erfolges und dem darauf gerichteten Vorsatz des Teilnehmers kein besonderes Gewicht beigelegt wird. Das Gravamen der Teilnahme wird also in der Verursachung oder Förderung des unrechten Verhaltens des Täters erblickt - ohne Rücksicht auf die Auswirkungen dieses Verhaltens[65].

Sämtliche oben gegen die Herleitung der in § 28 getroffenen Regelung aus den erfolgsbezogenen Unrechtsteilnahmelehren erhobenen Einwände treffen die reine Unrechtsteilnahmetheorie natürlich ebenfalls; sie sind sogar noch unabweisbarer, denn für Differenzierungen im Unrechtsgehalt von Haupttat und Teilnahme bietet sich überhaupt kein Ansatzpunkt, bezieht doch die Teilnahme ihr Unrecht nach dieser Lehre ganz formal und ausschließlich aus der Haupttat als solcher.

---

63 § 28 I wäre auch in diesem Fall kaum plausibel.
64 s. die Nachweise oben Drittes Kapitel, A II
65 so jedenfalls der Formulierung nach Welzel, Lehrbuch § 16 I 2 a, 3; vgl. dazu auch Jakobs, AT 22/3

III. Zusammenfassung

Nach der vorangehenden Auseinandersetzung mit der Auffassung, die § 28 als Konsequenz der Lehren vom Strafgrund der Teilnahme begreift, steht fest, daß sie allenfalls mit den akzessorietätsorientierten Verursachungstheorien zu vereinbaren ist.

Aber auch die Erklärung des § 28 aus dieser Gruppe von Lehren zum Strafgrund der Teilnahme steht unter einer keineswegs zweifelsfreien Bedingung: Die in § 28 angeordnete Strafreduzierung müßte Ausdruck mangelnder *qualitativer* Zurechenbarkeit eines Merkmals oder einer Merkmalskomponente sein. - Ebensogut denkbar ist es jedoch, wie bereits angedeutet, daß der Zurechenbarkeitsmangel nur *quantitativer* Natur ist, d.h. das betreffende Merkmal zwar in all seinen Teilen dem Teilnehmer zugerechnet wird, aber mit geringerem Gewicht. Nur wenn die genannte Bedingung erfüllt ist, ergibt sich die Art der zurechenbaren Merkmale oder Merkmalskomponenten aus der jeweiligen Definition des Strafgrundes der Teilnahme. Über die Art der *nichtzurechenbaren* Merkmale kann die jeweilige Strafgrundlehre naturgemäß aber auch dann keine Aussagen machen.
Eine positive Kennzeichnung der besonderen persönlichen Merkmale ist mithin allein aufgrund der Lehren vom Strafgrund der Teilnahme nicht möglich.

Unabhängig davon bedarf der vom Strafgrund der Teilnahme ausgehende Interpretationsansatz, wie oben[66] bereits begründet wurde, in jedem Fall der Ergänzung, nämlich im Sinne der Autoren, die sich um die Herausarbeitung der hinter den verschiedenen Graden der Zurechenbarkeit eines gesetzlichen Merkmals an den Teilnehmer stehenden *materialen Wertungen* bemühen.

---

66 II 2 b (4)

Davon abgesehen spricht vieles dafür, daß § 28 nicht aus dem - dem Gesetz ja nicht vorgegebenen - Strafgrund der Teilnahme zu erklären ist, sondern der Strafgrund der Teilnahme aufgrund der bestehenden gesetzlichen Regelungen - u.a. § 28 - definiert werden muß.

F. Der unmittelbar auf das Gebot der Gerechtigkeit rekurrierende Interpretationsansatz

Da keiner der im vorangehenden behandelten Auslegungsvorschläge in theoretisch einleuchtender und widerspruchsfreier, praktisch zufriedenstellender Weise der Vorschrift des § 28 Sinn zu geben vermag, bleibt nichts anderes übrig, als sich mit den nun zu besprechenden Autoren auf die gleichsam höchste dogmatische Abstraktionsstufe zurückzuziehen und aus der in § 28 angeordneten Ungleichbehandlung verschiedener Tatbeteiligter lediglich auf ein Postulat der Gerechtigkeit zu schließen.
Wenn das Gesetz Tatbeteiligte je nach der Verwirklichung besonderer persönlicher Merkmale ausdrücklich unterschiedlich behandelt, dann betrachtet es eine Gleichbehandlung insoweit offenbar als ungerecht. Da das Gerechtigkeitsprinzip das gesamte Strafrecht beherrscht und alle strafrechtlichen Rechtsfolgenanordnungen diesem Prinzip Rechnung tragen müssen, ist diese Aussage zu § 28 so richtig wie banal. Ihr Wert liegt aber darin, daß sie unmittelbar zu der für die Bestimmung des Wesens der besonderen persönlichen Merkmale entscheidenden Fragestellung führt, nämlich: Welche spezielle wertungsmäßige (d.h. eine Gleichbehandlung ungerecht erscheinen lassende) Differenz erzeugt das Vorliegen eines besonderen persönlichen Merkmals bei einem Tatbeteiligten gegenüber anderen Beteiligten, die das besondere persönliche Merkmal nicht aufweisen ?
Für die Beantwortung dieser Frage gibt der hier in Rede stehende Interpretationsansatz - die Erklärung der Rechtsfolgenanordnungen des § 28 aus dem Gebot der Gerechtigkeit - nichts mehr her.

I. Schulddifferenz

Wie oben[67] bereits dargestellt, erblicken einige Autoren den Grund für die in § 28 angeordnete Ungleichbehandlung in der unterschiedlichen Schuld von Tatbeteiligten je nachdem, ob diese besondere persönliche Merkmale aufweisen oder nicht. Dabei wird, wie ebenfalls schon erwähnt, keineswegs geleugnet, daß die unterschiedliche Schuldschwere durchaus auch Reflex eines Unterschieds im Unrechtsgehalt sein kann.
Sicherlich liegt einer obligatorischen Strafrahmenverschiebung, erfolgt sie nicht ausschließlich aus kriminalpolitischen Erwägungen oder sonstigen bloßen Zweckmäßigkeitsgesichtspunkten, stets eine erhebliche Abweichung in der Schuldschwere zugrunde. Doch kann einer erheblichen Abweichung der Schuldschwere (wie sie etwa auch im Verhältnis Anstifter/Haupttäter oft besteht) häufig auch innerhalb des zur Verfügung stehenden Strafrahmens Rechnung getragen werden. Deshalb ist mit dem Nachweis einer wesentlichen Schulddifferenz zwischen mehreren Tatbeteiligten das Vorliegen eines besonderen persönlichen Merkmals i.S.d. § 28 und die daran geknüpfte Strafrahmenverschiebung noch nicht hinreichend belegt.

Handelt es sich bei der von der hier kritisierten Lehre betonten Auswirkung auf die Schuldschwere also gewissermaßen um ein Symptom, das auch andere Ursachen als das Vorliegen oder das Fehlen eines besonderen persönlichen Merkmals haben kann, dann bleibt nichts anderes übrig, als die in dem besonderen persönlichen Merkmal liegende Ursache selbst näher zu erforschen. Dabei entstehen keine besonderen Schwierigkeiten, soweit es sich um gesetzliche Merkmale handelt, die unmittelbar die Schuld des sie verwirklichenden Tatbeteiligten kennzeichnen, also um *Schuldmerkmale*; problematisch ist hier nur das Verhältnis von § 28 zu § 29[68].
Anders ist die Situation bei gesetzlichen Merkmalen, die der *Unrechts*beschreibung dienen. Hier bedarf es einer eingehenden Analyse der verschie-

67 Drittes Kapitel, B VI 1

68 zum Streitstand siehe Schönke/Schröder/Cramer, § 28 Rz. 2 ff; s. auch jüngst Grünwald, Armin Kaufmann-Festschrift S. 555, 566 ff

denen Unrechtselemente, um den möglichen Grund zu erfahren, warum bestimmte Merkmale ungeachtet ihres Gegenstandes - der Unrechtsbeschreibung - nur (oder jedenfalls verstärkt) den Tatbeteiligten be- oder entlasten, bei dem sie vorliegen. Genau dies haben sich die oben im Dritten Kapitel unter B VI 2 referierten Lehren zur Aufgabe gemacht. Inwieweit die von ihnen gefundenen Ergebnisse zu überzeugen vermögen, ist nun zu erörtern.

II. Unrechtsdifferenz

1. Der personalethische Unwert in Abgrenzung zum Unwert der Rechtsgutsverletzung

Wie bereits oben[69] dargelegt, basiert die insbesonder von Gallas, Blauth, Vogler, Heidland und Dowlad vertretene Auffassung, wonach besondere persönliche Merkmale i.S.d. § 28 die einen personalethischen Unwert ausdrückenden Tatbestandsmerkmale sind, auf einer ganz bestimmten Unrechtslehre. Die Kritik hat dort anzusetzen.

Zu klären ist, ob die genannten Autoren darin recht haben, daß das strafrechtliche Unrecht eine doppelte Wurzel hat, nämlich außer durch eine Rechtsgutsverletzung auch durch eine besondere sozialethische Verwerflichkeit begründet werden kann, ja, daß die sozialethische Verwerflichkeit eines Verhaltens zur Begründung des materiellen Unwerts sogar ausreichen kann. Es geht hier nicht darum, den sozialethischen Unwert deliktischen Verhaltens überhaupt zu leugnen. In Frage gestellt werden soll lediglich, ob es sich dabei um mehr handelt als die bloße Kehrseite der Rechtsgutsverletzung[70].

---

69 Drittes Kapitel, B VI 2 a

70 Als bloße Kehrseite der Rechtsgutsverletzung wird ein sozialethischer Unwert etwa von Langer (Sonderverbrechen S. 286 f), Bloy (a.a.O. S 257 f) und Schünemann (Unternehmenskriminalität S. 133) anerkannt.

Daß jedenfalls die Verhinderung *reiner* Moralwidrigkeit nicht Aufgabe des Strafrechts sein kann, folgt mit hinreichender Deutlichkeit aus dem Grundgesetz, insbesondere dem Rechtsstaatsprinzip (Art. 20 GG) und den Grundrechten[71] [72]. Auf schwere Bedenken stößt es deshalb, wenn behauptet wird, bestimmte Verhaltensweisen seien ohne Rücksicht darauf, ob sie der Gesellschaft schädlich seien, schon deswegen strafbar, weil sie "nach der Rechtsüberzeugung der Gemeinschaft" strafwürdiges Unrecht darstellten[73]. Dabei wird zum Teil unumwunden zugegeben, daß diesen Werturteilen der Gemeinschaft "irrational-ethische" Vorstellungen zugrunde lägen[74].

Allerdings beschränken die meisten Verfechter der Lehre vom sozialethischen Unwert die strafrechtlich zu ahndenden Sittenwidrigkeiten auf solche mit negativer sozialer Wirkung. *Gallas* etwa umschreibt sie als "Beispiele für die Mißachtung fundamentaler Forderungen der sozialen Moral", die, blieben sie ungeahndet, "die Grundlagen für Rechtstreue und Rechtsgehorsam der Rechtsgenossen erschüttern würden"[75]; nur der in seinen Wirkungen sozialgefährliche, weil sozial desintegrierend wirkende verwerfliche Akt rechtfertige eine Bedrohung mit Strafe[76]. Nach Ansicht *Heidlands* müssen sozialethische Grundwerte betroffen sein, deren Beachtung erst "ein ersprießliches und sozialethisch wertvolles Zusammenleben" ermöglicht[77]. Jedenfalls von dieser Autorengruppe wird

71 vgl. Rudolphi, Honig-Festschrift S. 151, 159 ff; Roxin, JuS 1966, 377, 381 f; Amelung, Rechtsgüterschutz S. 318 ff; Noll, Festschrift für OLG Zweibrücken S. 214 ff - zur Bedeutung des "Sittengesetzes" als einer Schranke der allgemeinen Handlungsfreiheit in Art. 2 Abs. 1 GG siehe Amelung, Rechtsgüterschutz S. 309 ff, 315 ff

72 nach Ansicht Roxins auch aus dem Demokratieprinzip (JuS 1966, 381 f)

73 so Blauth, a.a.O. S. 67; vgl. auch Gallas, Beiträge S. 12

74 so Blauth, a.a.O. S. 67

75 Beiträge S. 14 - Im Zusammenhang mit konkreten Tatbeständen spricht Gallas davon, daß das dort auch (oder gerade) wegen seiner Sittenwidrigkeit unter Strafe gestellte Verhalten "an die Grundwerte des sozialen Zusammenlebens" (Beiträge S. 15) oder "an die Fundamente der Sozialordnung" (Beiträge S. 12) rühren, gegen "moralische Grundwerte des sozialen Zusammenlebens" (Beiträge S. 14, 15) verstoßen müsse.

76 Gallas, Beiträge S. 15

77 a.a.O. S 41; s. a. S. 42 ff

also auf das Moment der Sozialschädlichkeit im weiteren Sinne als Strafbarkeitsvoraussetzung nicht völlig verzichtet.
Daran ist richtig, daß der Zweck des Strafrechts auf die Gewährleistung des friedlichen Zusammenlebens von Menschen beschränkt sein muß. Es dürfen also nicht solche Zustände mit Androhung von Strafe gegen Beeinträchtigung geschützt werden, die für dieses Zusammenleben im weiteren Sinne ohne Belang sind. Dann aber ist es terminologisch unglücklich und irreführend, innerhalb der strafbaren Handlungen zwischen sozialethisch verwerflichem Verhalten einerseits und sozialschädlichem Verhalten andererseits scharf zu trennen[78].

Davon abgesehen trifft diese Lehre eine dreifache Beweislast:
Zunächst wäre darzutun, daß die behaupteten ethischen Werte und Verhaltensregeln jenseits der strafrechtlich anerkannten Rechtsgüter und Institutionen im Bewußtsein der Rechtsgemeinschaft wirklich derart allgemein und tief verwurzelt sind, daß ihre Mißachtung den Rechtsgüterverletzungen vergleichbare soziale Wirkungen auszulösen vermag.
Sodann müßte nachgewiesen werden, daß der Gesetzgeber tatsächlich "die moralischen Wertvorstellungen der Allgemeinheit"[79] in erheblichem Umfang strafrechtlich sanktioniert hat.
Sollte dieser Nachweis gelingen, wäre schließlich noch die Berechtigung einer solchen Gesetzgebung insbesondere mit Blick auf das Grundgesetz plausibel zu machen.

Schon die Existenz einer opinio communis bezüglich bestimmter ethischer Grundsätze jenseits der in den strafrechtlich anerkannten Rechtsgütern und Institutionen verkörperten Werte läßt sich angesichts des heute festzustellen

---

78 Dies tun jedoch Gallas (Beiträge S. 12 ff), Heidland (a.a.O.), Blauth (a.a.O.) und Vogler (a.a.O.).

79 so die Formulierung von Gallas, Beiträge S. 12

den extremen Wertpluralismus bezweifeln. Eine endgültig begründete Antwort würde jedoch den Rahmen dieser Arbeit sprengen. Es soll daher die Richtigkeit der Behauptung eines derartigen Konsenses unterstellt werden.

Die zweite Frage, ob der Strafgesetzgeber bei der Tatbestandsbildung mitunter auch (oder sogar allein) an die rechtsgutsverletzungsunabhängige sozialethische Wertwidrigkeit eines Verhaltens angeknüpft hat, kann weder eindeutig bejaht noch verneint werden.

Vor allem bei älteren Strafvorschriften gegen Sittlichkeitsdelikte und bei Straftatbeständen aus der Zeit des Nationalsozialismus kann eine ausgeprägte Ethisierung nicht geleugnet werden. Entgegen der Auffassung Voglers und anderer[80] schreitet die Ethisierung des Strafrechts heute jedoch nicht weiter fort, sondern nimmt m.E. im Gegenteil ständig ab. Ein Indiz dafür ist die Reform des Sexualstrafrechts[81]. Diese Reform ist nicht etwa allein Folge eines tiefgreifenden Wandels der Anschauungen auf sexuellem Gebiet; zum guten Teil wurde sie motiviert durch die Einsicht des Gesetzgebers, daß das Strafrecht nicht dazu mißbraucht werden dürfe, moralisierend auf die Rechtsunterworfenen einzuwirken. Die Streichung des von Gallas für seine Argumentation oft herangezogenen Sodomietatbestandes (§ 175 b a.F.) beruht sicherlich nicht auf einer wesentlich veränderten allgemeinen ethischen Bewertung der Unzucht mit Tieren.

Das moderne Strafrecht ist m.E. durch eine ständige Zunahme zweckrationaler Elemente auf Kosten der ehedem dominierenden Postulate reiner Sittlichkeit gekennzeichnet[82]. Nicht ausgeschlossen werden kann natürlich, daß im geltenden Recht noch einige die bloße Sittenwidrigkeit pönalisierende Tatbestände vorhanden sind[83]. Gegen ihre Verfassungsmäßigkeit bestehen

---

80 Vogler, Lange-Festschrift S. 265, 276; vgl. auch Blauth, a.a.O. S. 66 ff, 72

81 Zugegebenermaßen muß, was für das Sexualstrafrecht gilt, nicht auch bei anderen Delikten zutreffen.

82 so schon Schünemann, Unternehmenskriminalität S. 134

83 Daß, wie Gallas, Blauth und Heidland (jeweils a.a.O.) behaupten, die Amtsdelikte zu diesen atavistischen Strafnormen gehören, erscheint angesichts der zahlreichen rational begründeten Modelle zum Unrecht der Amtsdelikte schon prima facie unwahrscheinlich.

allerdings schon deshalb ernsthafte Bedenken, weil eine einigermaßen willkürfreie, rechtssichere Trennung von 'reiner Moralwidrigkeit' und 'sozialgefährlicher Sittenwidrigkeit' kaum durchführbar sein dürfte.
Keine Einwände bestehen allerdings, wenn der Gesetzgeber allgemein anerkannten sozialethischen Wertungen im Rahmen der Strafzumessung im weiteren Sinne einen gewissen Einfluß verschafft. Entgegengetreten wird hier allein der Behauptung, die reine sozialethische Wertwidrigkeit könne auch unter der Geltung des Grundgesetzes legitimer Anlaß einer Strafdrohung sein.
Davon abgesehen ist es wenig plausibel, daß die zuletzt 1968 novellierte Vorschrift des § 28 - jedenfalls für den Bereich der Unrechtsmerkmale - auf eine m.E. eher seltener werdende Spezies von Straftaten zugeschnitten sein soll.

Die soeben vorgetragenen Argumente werden die Verfechter der Lehre vom sozialethischen Unwert vermutlich schon deshalb nicht akzeptieren, weil ihrer Ansicht nach die Zahl der Tatbestände des Strafgesetzbuchs, die eine nicht rechtsgutsbezogene sozialethische Wertwidrigkeit zum Gegenstand haben, wesentlich höher ist, als es hier zugestanden wird. Zu diesen Strafvorschriften sollen nämlich alle diejenigen zu rechnen sein, die über die Bedrohung einer Pflichtverletzung ein dem Täter entgegengebrachtes "besonderes Vertrauen", eine von ihm zu haltende besondere "Treue" oder eine ihn treffende besondere "Verantwortung" schützen wollen[84] [85].
Indem aber im Sinne des alten Gemeinschaftsdenkens[86] vorschnell Vertrauen, Treue und Verantwortung als Werte proklamiert werden, die es um ihrer selbst willen zu schützen gelte, wird die Chance vertan, diesen Gesichtspunkten schon im Rahmen des Rechtsgüterschutzes Sinn zu geben oder

---

84 s. Gallas, Beiträge S. 11, 159; ders. bei Grebing ZStW 88 (1976), 175 f; Heidland, a.a.O. S. 41, 43, 98; Vogler, Lange-Festschrift S. 265, 279, 281 ff; Blauth, a.a.O. S. 66 ff, 76; Dowlad, a.a.O. S. 87

85 zu dem geschichtlichen Zusammenhang von Pflichtbegriff und Sittlichkeit s. Schreiber, Der Begriff der Rechtspflicht S. 3 ff, 149 ff

86 s. dazu eingehend Langer, Sonderverbrechen S. 81 ff; Gerl, a.a.O. S. 59 ff

mit ihrer Hilfe evtl. weitere sozialschädliche Phänomene - etwa die Verletzung von 'Institutionen' - auszumachen.

Durchaus einleuchtend lassen sich beispielsweise an ein Vertrauens- oder Treueverhältnis anknüpfende Sonderpflichten aus der leichteren Zugriffsmöglichkeit und damit der erhöhten Gefährlichkeit des sonderpflichtigen Tatbeteiligten für das geschützte Rechtsgut erklären[87]. Es nimmt deshalb nicht wunder, daß die Vertreter der hier kritisierten Lehre den Beweis der Existenz sozialethischer Pflichten vornehmlich an den Amtsdelikten zu führen versuchen[88], denn bei diesen Delikten ist ein Bezug zur Rechtsgutsverletzung vermittels einer besonderen Positionsgefährlichkeit in der Regel jedenfalls nicht offensichtlich. Doch auch bei den Amtsdelikten erscheint es wenig überzeugend, sogleich eine sozialschadensunabhängige sozialethische Verwerflichkeit der Pflichtverletzung zu behaupten, ohne zuvor alle Möglichkeiten sozialschädlicher Auswirkungen der Amtspflichtverletzung eruiert zu haben[89].

Sofern sich dennoch einzelne Fälle nachweisen lassen sollten, in denen die Sonderstellung des Pflichtenträgers keinerlei Bezug zu einem zu schützenden Rechtsgut aufweist und auch sonst nicht anders gedeutet werden kann denn

---

87 Im Prinzip wird dies auch von Heidland, (a.a.O. S. 42 f) und Blauth (a.a.O. S. 74) anerkannt.

88 s. etwa Gallas, Beiträge S. 12, 159; Blauth, a.a.O. S. 76; Heidland, a.a.O. S. 48

89 dazu, daß Pflichtverletzungen, insbes. auch Amtspflichtverletzungen, reale Auswirkungen auf soziale Systeme haben können, s. Loos, Welzel-Festschrift S. 879, 887 ff; Amelung, Rechtsgüterschutz S. 194 f, 348 f; s. näher unten Fünftes Kapitel, D I

als Kennzeichnung ethischer Verwerflichkeit[90], dann liegt jedenfalls prima vista die Annahme nicht fern, daß es sich um spezielle Schuldmerkmale handelt[91] [92].

Keineswegs soll mit dem zuvor Gesagten ein möglicher Einfluß eines Vertrauens- oder Treueverhältnisses auf die Anwendbarkeit des § 28 geleugnet werden. Es wird lediglich bestritten, daß Vertrauen und Treue unabhängig von ihrer Bedeutung für die Rechtsgutsverletzung oder für die Beeinträchtigung einer Institution zu schützende selbständige Werte sind.

Davon abgesehen hat sich die hier kritisierte Lehre, indem sie auf Treue- und Vertrauensbruch als den maßgeblichen Kriterien für das Vorliegen eines besonderen persönlichen Merkmals abhebt, bereits von dem zur Diskussion stehenden Ansatz - der Bezeichnung der eine Ungleichbehandlung erzwingenden Unrechtsdifferenz anhand abstrakter Systembegriffe - entfernt und sich auf die Suche nach materiellen Begründungen für den Unterschied im Unrecht eingelassen. Insoweit ist jedoch, ohne der hier noch ausstehenden Untersuchung vorgreifen zu wollen, zu bezweifeln, daß Vertrauens- und Treuebruch *stets* die maßgeblichen materialen Kriterien für das Eingreifen des § 28 sein könnten. Dies macht schon das auch von Gallas[93] gebrauchte Beispiel des Meineids deutlich. Die Wahrheitspflicht des Zeugen hält Gallas für ein besonderes persönliches Merkmal i.S.d. § 28. Das mag richtig sein. Mit einem Vertrauensbruch, den der Zeuge, nicht jedoch der extrane Teilnehmer begehe, hat das jedoch nichts zu tun: Der falsch aussagende Zeuge

---

90 so möglicherweise die Eigenschaft als Abkömmling in § 223 II

91 vgl. auch Jescheck, AT § 42 I 2; ders. AT 2. Aufl. S. 184: "Die Ethik ist als Maßstab für die Bewertung der Willensbildung auf den Schuldbereich beschränkt"; vgl. ferner Langer, Lange-Festschrift S. 241, 257; LK-Roxin, § 28 Rz. 26, 39; Rudolphi, Maurach-Festschrift S. 51, 61; Schünemann, Unternehmenskriminalität S. 133

92 weitere Kritik bei Stratenwerth, v. Weber-Festschrift S. 171, 190; Oehler, Das objektive Zweckmoment S. 140

93 Beiträge S. 12

wird nicht bestraft, weil er ein in ihn gesetztes Vertrauen enttäuscht hat, sondern weil die Justiz auf die Richtigkeit von Zeugenaussagen zur Wahrheitsfindung besonders angewiesen ist.

2. Die Unterscheidung zwischen sachlichem und personalem Unrecht

Die These, besondere persönliche Merkmale i.S.d. § 28 seien jedenfalls die personalen Unrechtsmerkmale, ist schon deshalb problematisch, weil es sich beim sogenannten personalen Unrecht um einen überaus schillernden Begriff handelt, über dessen Inhalt Einigkeit nicht einmal in Ansätzen besteht[94]. In der Literatur wird zum Teil sogar bestritten, daß sachliches und personales Unrecht dem Gegenstand nach von einander abschichtbar sind; vielmehr sollen die beiden Begriffe nur zwei Seiten ein und desselben Gegenstandes bezeichnen[95].
Vor allem aber ist folgendes zu berücksichtigen: Der Begriff "personales Unrecht" deutet zwar das Bezogensein des damit bezeichneten Unrechts auf die Person an und damit die Notwendigkeit individueller Zurechnung. In Wahrheit handelt es sich aber um nicht mehr als ein bloßes Etikett. Das Erfordernis individueller Zurechnung ist nämlich erst einmal zu beweisen. Dazu müssen alle der Kategorie des personalen Unrechts unterfallenden Merkmalsgruppen herausgearbeitet werden. Dann ist für jede einzelne Gruppe die Unmöglichkeit streng akzessorischer Zurechnung zu begründen. Der bloße Hinweis auf die Zugehörigkeit zum personalen Unrecht genügt dabei selbstverständlich nicht, denn dadurch würde die Beweisführung zirkulär.

Soweit die hier besprochenen Autoren die Akzessorietätslockerung bei personalen Unrechtsmerkmalen überhaupt inhaltlich begründen, decken sich die Erläuterungen weitgehend mit den auch von Vertretern anderer Ansätze genannten Topoi. *Welzel* etwa verweist auf den "spezifischen sozialethischen

---

94 vgl. etwa Otto, ZStW 87 (1975), 539, 541 ff
95 so z.B. Langer, Sonderverbrechen S. 284, 303, 305 f und öfter; Gerl, a.a.O. S. 88

Unwert"[96], *Hardwig* auf die "Pflichtverhältnisse" und die "Täterpersönlichkeit"[97], *Dreher*[98] und *Tröndle*[99] auf eine "größere Distanz" zum Täter. Manche dieser Gesichtspunkte wurden bereits erörtert, andere sind an späterer Stelle genauer zu beleuchten.

3. Die Unterscheidung zwischen Gemein und Sonderunrecht

Wie der Literaturüberblick gezeigt hat, setzt sich eine Auffassung mehr und mehr durch, derzufolge auf der Unrechtsebene besondere persönliche Merkmale i.S.d. § 28 (nur) die das Sonderunrecht der Sonderdelikte begründenden gesetzlichen Merkmale sind[100].
Die Anhänger dieser Lehrmeinung stimmen nun aber keineswegs in der Definition des Sonderdelikts oder des Sonderunrechts überein. Doch ist anders als beispielsweise beim Begriff des personalen Unrechts immerhin ein Minimalkonsens feststellbar: Ein Kennzeichen des Sonderdelikts sei es, daß es täterschaftlich nur von Intranen begangen werden könne[101] [102]. Außerdem herrscht wohl weitgehend Einigkeit darüber, daß bloß subjektive Merkmale (Absichten, Tendenzen, Gesinnungen u.ä.) ein Sonderunrecht niemals zu begründen vermögen[103]. Für eine zutreffende und wohlbegründete Bestimmung der besonderen persönlichen Merkmale ist so indes nicht viel gewonnen. Denn über die wesentlichen materialen Eigenschaften des Sonderunrechts wird damit nichts ausgesagt.

---

96 Lehrbuch § 13 II 1)
97 GA 1954, 66 f
98 JR 1970, 146, 147 f
99 Dreher/Tröndle, § 28 Rz. 2, 7
100 s.o. Drittes Kapitel, A V
101 s. nur Jescheck, AT § 26 II 6
102 Die Ansicht, das Sonderdelikte von Extranen als mittelbare Täter begangen werden könnten, wird heute, soweit ersichtlich, nicht mehr vertreten - mit Sicherheit nicht von einem Autor, der das Sonderdeliktsunrecht als durch die besonderen persönlichen Merkmale i.S.d. § 28 gekennzeichnet sieht.
103 vgl. Langer, Sonderverbrechen S. 28

Selbst wenn sich eine konkrete Lehre zu Wesen und Elementen des Sonderunrechts als einzig zutreffend herausstellen sollte, wäre immer noch die alles entscheidende Frage zu beantworten, *warum* die Sonderunrechtsmerkmale mit den besonderen persönlichen Merkmalen i.S.d. § 28 deckungsgleich sein sollen.

Die Identifizierung der besonderen persönlichen Merkmale mit den Sonderunrechtselementen ist gewissermaßen das auf eine kurze Formel gebrachte *Ergebnis* der Suche nach dem eine Ungleichbehandlung i.S.d. § 28 fordernden Unterschied im Unrecht der Beteiligten.

Ob das Ergebnis überzeugt, hängt von seiner *Begründung* ab. Diese ist in der Ergebnisformel jedoch nicht mitenthalten. Es bleibt daher auch hier nichts anderes übrig, als den materialen Begründungen nachzugehen, die für die Lockerung der Teilnahmeakzessorietät im Zusammenhang mit Sonderunrechtsmerkmalen angeführt werden. Dies soll in einem eigenen Kapitel im Anschluß an die Auseinandersetzung mit der Lehre Herzbergs geschehen.

III. Wertbezogenheit (Kritik der Lehre Herzbergs)

Herzberg grenzt, wie bereits dargestellt[104], den Kreis besonderer persönlicher Merkmale[105] positiv durch das Kriterium der Wertbezogenheit und negativ durch das der Wertneutralität ab. Die Kritik soll für beide Abgrenzungskriterien getrennt erfolgen.

---

104 Drittes Kapitel, B VI 3

105 Hier ist daran zu erinnern, daß Herzberg diesen Terminus nicht auf die im Anwendungsbereich des § 28 liegenden Merkmale beschränkt, sondern darunter alle nicht streng akzessorischen gesetzlichen Merkmale verstanden wissen will (ZStW 88 (1976), 68, 77).

Darin, daß sog. *wertneutrale* gesetzliche Merkmale - sollte es sie wirklich geben[106] - streng akzessorisch zu behandeln sind, ist Herzberg zuzustimmen. Dem Teilnehmer darf es keinen Vorteil bringen, wenn er ein gesetzliches Merkmal, das zwar Voraussetzung für die Strafbarkeit des Täters ist, aber auf das Unrecht und die Schuld, die Strafwürdigkeit und -bedürftigkeit der Haupttat keinen Einfluß hat, selbst nicht verwirklicht. Da der Gesetzgeber in den Tatbeständen des Besonderen Teils in aller Regel die *täterschaftliche* Deliktsbegehung beschreibt, ist bei mehreren Tatbeteiligten auch nicht mehr zu fordern, als daß die Tat des *Haupttäters* dem gesetzlich skizzierten typischen Tatbild entspricht.

Allein problematisch ist die Frage, ob es wertneutrale gesetzliche Merkmale, die also ausschließlich der Tatbildtypisierung dienen, überhaupt geben kann. Die große Mehrzahl der dazu Stellung nehmenden Autoren verneint dies[107]. Vor allem wird insoweit gegen Herzberg vorgebracht, bei der Behauptung, es gebe völlig wertbezugslose gesetzliche Merkmale, übersehe er, daß diese Merkmale in Wahrheit doch Ausdruck eines Wertes seien, weil sie nämlich dem Strafzweck der Generalprävention dienten[108].

Mit Recht hat Herzberg[109] gegen diesen Einwand zu bedenken gegeben, daß man bisher über kriminalitätsmindernde Auswirkungen des Phänomens der reinen Typisierungsmerkmale in den Straftatbeständen so gut wie nichts wisse, hierauf gestützte Argumente also spekulativ seien.

Doch auch wenn sich ein solcher Wertbezug generalpräventiver Art feststellen lassen sollte, würde das an der Existenz rein tatbildtypisierender Merkmale ebensowenig etwas ändern wie an der Berechtigung der auf die aus-

---

106 Außer Herzberg selbst erkennen dies der Sache nach etwa auch Schmidhäuser (StudB AT 5/87 u. AT 8/81), Gallas (Beiträge S. 10) und Grünwald (Armin Kaufmann-Festschrift S. 555, 560) an.

107 s. nur Schünemann, Unternehmenskriminalität S. 135; LK-Roxin, § 28 Rz. 28; Maiwald, ZStW 93 (1981) 864 ff, 900; Maurach/Gössel/Zipf, AT II § 53 III D 6 b Rz. 151; Jakobs, AT 23/11; Dowlad, a.a.O. S. 71

108 so Vogler, Lange-Festschrift S. 265, 277 f; SK-Samson, § 28 Rz. 18 b; Jakobs, AT 23/11

109 JuS 1983, 737, 739 f

schließliche Typisierungsfunktion gestützten Forderung streng akzessorischer Zurechnung[110].

Von vornherein verfehlt erscheint der Versuch, Herzbergs These dadurch zu entkräften, daß die Bedeutung eines konkreten von Herzberg als wertneutral bezeichneten gesetzlichen Merkmals für Unrecht oder Schuld behauptet oder sogar nachgewiesen wird[111]. Wenn beispielsweise die Bereicherungsabsicht beim Betrug entgegen Herzberg ein werterhebliches Merkmal sein sollte, besagte das gegen die Richtigkeit von Herzbergs These der Existenz wertneutraler gesetzlicher Merkmale noch nichts. Die Qualifizierung der Bereicherungsabsicht als wertneutral oder werterheblich hängt nämlich davon ab, ob diese Absicht für das Unrecht des Betruges irrelevant ist, weil man die Rechtsgutsverletzung allein in der Vermögensschädigung sieht, oder ob sie die Rechtsgutsverletzung kennzeichnet, weil man als spezifisches Unrecht des Betruges die Vermögensverschiebung betrachtet, oder ob sie ein besonders schädliches Motiv ausdrückt und damit die Schuld betrifft. Dies alles ist eine Frage der Auslegung des § 263, nicht der des § 28. Doch auch dann, wenn die Bereicherungsabsicht eindeutig werterheblich sein sollte, wäre damit die Existenz wertneutraler Merkmale in anderen Tatbeständen keineswegs ausgeschlossen.

Zweifelhaft erscheint dagegen Herzbergs zweite These, wonach sämtliche nicht lediglich der Tatbildkennzeichnung dienenden persönlichen Merkmale dem Tatbeteiligten, der sie nicht selbst verwirklicht, nicht voll zugerechnet werden dürfen.

Der zuerst ins Auge fallende Mangel der Lehre Herzbergs von den wertbezogenen Merkmalen besteht darin, daß mit der Qualifizierung eines gesetzlichen Merkmals als persönlich und wertbezogen, also als besonderes persönliches Merkmal im Sinne Herzbergs, über die Anwendbarkeit des § 28 noch

110 so auch Herzberg JuS 1983, 737, 739

111 so aber z.B. Stratenwerth, AT Rz. 932; Schönke/Schröder/Cramer, § 28 Rz. 16; Dowlad, a.a.O. S. 71 und Fn. 2 - alle zur Bereicherungsabsicht i.S.d. § 263

keineswegs entschieden sein soll. Feststehen soll nach Herzbergs eigenem Anspruch lediglich die Notwendigkeit der Einschränkung der Akzessorietät[112]. Ob der Teilnehmer, dem das besondere persönliche Merkmal fehlt, straffrei bleibt oder nur gem. § 28 milder bestraft wird, muß also stets zusätzlich und gesondert von der Feststellung der Wertbezogenheit entschieden werden. Nicht einmal die streng akzessorische Zurechnung ist mit der Feststellung der Wertbezogenheit als Alternative auszuscheiden, wie Herzbergs Stellungnahme zur Garantenstellung beweist: Trotz des persönlichen und wertbezogenen Charakters der Garantenstellung weigert sich Herzberg, die Strafe des am unechten Unterlassungsdelikt teilnehmenden Nichtgaranten gemäß § 28 abzumildern[113]. Zur Begründung führt er an, daß Merkmale, die (wie etwa die Garantenstellung beim unechten Unterlassungsdelikt) zur Bejahung der objektiv-täterschaftlichen Handlung benötigt würden, schon in der Abstufung von Täterschaft und Teilnahme verbraucht seien und nicht über § 28 noch einmal in Ansatz gebracht werden dürften[114].
Auch für die unterschiedliche Rechtsfolgenanordnung der beiden Absätze des § 28 - mindestens teilweise Zurechnung bei Abs. 1, Nichtzurechnung bei Abs. 2 - kann das Kriterium der Wertbezogenheit keine Begründung liefern. Dieser Vorwurf trifft Herzbergs Lehre natürlich nur dann, wenn es überhaupt eine sinnvolle Erklärung für den bezeichneten Unterschied der Rechtsfolgenanordnungen von § 28 I und II gibt.
Abgesehen davon bestehen grundsätzliche Bedenken, eine Strafmilderung oder Akzessorietätsdurchbrechung allein deshalb für notwendig zu erachten, weil dem Tatbeteiligten ein "wertbezogenes" Merkmal fehlt:
Zur Verdeutlichung soll der Blick zunächst ausschließlich auf den potentiellen Anwendungsbereich des § 28 I, also auf die strafbegründenden persönlichen Merkmale gerichtet werden. Herzberg glaubt, es reiche schon aus, daß das Gesetz die Strafbarkeit des Täters von einem Merkmal abhängig macht, das nicht bloß der Tatbildtypisierung, sondern irgendeinem sonstigen Zweck (etwa dem Rechtsgüterschutz) dient, um daraus die Erforderlichkeit einer

112 s. ZStW 88 (1976), 68, 76 f; JuS 1983, 737, 738 f
113 s. ZStW 88 (1976), 68, 108 f
114 s. ZStW 88 (1976), 68, 109

Strafrahmenverschiebung zugunsten des Teilnehmers, der das wertbezogene Merkmal nicht selbst verwirklicht, ableiten zu können. Dahinter dürfte die Annahme stehen, die Nichtverwirklichung des wertrelevanten Umstandes durch den Teilnehmer mindere zwangsläufig dessen Strafwürdigkeit[115]: Unterstellt man zunächst einmal die Richtigkeit dieser Annahme, so ist damit noch nicht die generelle Notwendigkeit einer Stra*frahmen*reduzierung dargetan.

Doch schon die These von der stets geminderten Strafwürdigkeit des Beteiligten, der das werterhebliche Merkmal nicht selbst aufweist, ist angreifbar. Dient etwa ein persönliches Merkmal dem Rechtsgüterschutz, dann ist es nach Herzbergs Definition wertbezogen. Warum allein deswegen die Strafe des Teilnehmers, der das Merkmal nicht selbst verwirklicht, gemildert werden soll, wo doch nach überwiegender Ansicht und wohl auch nach Herzberg selbst das Unrecht gerade (auch) in der Förderung einer Rechtsgutsverletzung bzw. im Bestimmen zu ihr besteht, bleibt bei Herzberg offen.

Es kommt also nicht nur darauf an, daß irgendein Wert durch das fragliche Merkmal verwirklicht werden soll, sondern zusätzlich darauf, welcher Art dieser Wert ist. Damit erweist es sich dann aber, daß auch Herzberg nicht um die Beantwortung der Frage herumkommt, was dem Teilnehmer zurechenbar ist und was nicht.

Die jüngste Stellungnahme Herzbergs zur Teilnahme an einer Tat nach § 183[116] untermauert diesen Einwand. Früher hatte Herzberg die Strafmilderung gemäß § 28 für den weiblichen Teilnehmer an einer exhibitionistischen Handlung wegen der angeblich bloß tatbildtypisierenden Funktion des Merkmals "Mann" versagt, also aufgrund des Gesichtspunktes der Wertneutralität[117]. Jetzt räumt Herzberg ein, das Merkmal "Mann" in § 183 bringe einen besonderen Unwert zum Ausdruck, weil nämlich "nur der männliche Exhibitionismus wegen seiner sozialpsychologischen Auswirkungen als strafbedürftig erscheinen" könne[118]. Trotz der zugegebenen Wertbezogenheit

115 vgl. ZStW 88 (1976), 68, 83 ff, 88, 93
116 s. JuS 1983, 737, 741
117 s. ZStW 88 (1976), 68, 82 f
118 JuS 1983, 737, 741 im Anschluß an LK-Roxin, § 28 Rz. 29

dieses Merkmals bleibt Herzberg bei der Unanwendbarkeit des § 28 I[119]. Denn, so hält er entgegen, die Wertbezogenheit des Merkmals "Mann" erschöpfe sich im Ausschluß der (weniger erschreckenden) "weibkörperlichen" Exhibition; daß aber Frauen nach der vorliegenden Gesetzesfassung überhaupt nicht Täter (auch nicht mittelbare Täter) sein könnten, sei nur als Folge wertneutraler Ausgrenzung des untypischen Falles oder als sachwidriger Nebeneffekt der zur Erfassung nur "mannkörperlicher" Exhibiton nächstliegenden Formulierung verständlich[120]. Der Sache nach sucht Herzberg also den Grund für den Ausschluß mittelbarer Täterschaft eines Nichtqualifizierten und fragt, falls sich ein solcher finden läßt, danach, ob dieser Grund auch eine Milderung der Haftung des nichtqualifizierten Teilnehmers trägt. Dabei bleibt Herzberg, wie gezeigt, nichts anderes übrig, als ebenso wie die überkommenen Lehren nach den in dem jeweiligen Merkmal geschützten Werten zu differenzieren[121].

Die Lehre von der Wertbezogenheit löst also in Wahrheit das hinter § 28 stehende Problem nicht, sondern formuliert es lediglich neu, allerdings keineswegs klarer[122].

---

119 JuS 1983, 737, 741

120 JuS 1983, 737, 741

121 Sehr deutlich wird diese Vorgehensweise bei der Untersuchung der Teilnahme am Inzest (§ 173) erkennbar (ZStW 88 (1976), 68, 102 f).

122 Mitunter scheint Herzberg die Wertbezogenheit eines bestimmten persönlichen Merkmals durch einen Vergleich der Strafwürdigkeit einerseits des Teilnehmers, der dieses Merkmal selbst aufweist, und andererseits eines Teilnehmers, bei dem das nicht der Fall ist, ermitteln zu wollen (vgl. JuS 1983, 737, 742 (zu § 297), 744 (zu § 121), ausdrücklich S. 744 r.Sp.; ZStW 88 (1976), 68, 78, 83). Dieser Ansatz ist jedenfalls dann verfehlt, wenn man nicht zugleich der Lehre von der Selbständigkeit der Teilnehmertat anhängt. Bezieht sich das Unrecht der Teilnahme nämlich auf die Mitwirkung an einer Haupttat, so ist zunächst nach der Bedeutung des persönlichen Merkmals für den Unwert der *Haupttat* und die Strafwürdigkeit des Haupttäters zu fragen und ggf. sodann zu entscheiden, ob und inwieweit die ermittelten Besonderheiten auch auf die Bewertung der *Teilnehmerhandlung* ausstrahlen. Es handelt sich also im weiteren Sinne um ein Akzessorietätsproblem. Daß ein Strafwürdigkeitsvergleich zwischen verschiedenen Teilnehmern ohne Rücksicht auf die Haupttat über den

Fünftes Kapitel: Der materiale Grund der auf einem besonderen persönlichen Merkmal beruhenden Unrechtsdifferenz

An mehreren Stellen der vorangehenden Auseinandersetzung mit der Literatur zu § 28 war festgestellt worden, daß mit der Zuordnung der "besonderen persönlichen Merkmale" zu abstrakten Systemkategorien[1] oder ihrer Erklärung aus dogmatischen Figuren[2] - so zutreffend diese Zuordnungen bzw. Erklärungen auch sein mögen - über den eigentlichen, vom Rechtsempfinden übrigens erstaunlich sicher gespürten Grund für die unterschiedliche Bewertung des Unrechts von Tatbeiträgen je nach dem Vorhandensein eines besonderen persönlichen Merkmals meist nichts ausgesagt ist. Doch nur dann, wenn dieser materiale Grund sichtbar gemacht wird, ist dem Rechtsanwender wirklich gedient. Nachfolgend soll deshalb unmittelbar nach diesem Grund geforscht werden.
Dazu werden zunächst die Lösungsvorschläge der Literatur zu dieser Frage geprüft und sodann eigene Vorstellungen entwickelt.

A. Die "größere Distanz" des Beteiligten ohne besonderes persönliches Merkmal zur Haupttat

Auf Dreher[3] geht die Formulierung zurück, das Fehlen besonderer persönlicher Merkmale beim Teilnehmer vergrößere dessen "Distanz" zur Haupttat gegenüber dem Normalfall der Teilnahme[4].

---

1 etwa zum personalen Unrecht, zum Sonderunrecht, zu den schuldbeeinflussenden Merkmalen, zu den wertbezogenen Merkmalen
2 etwa aus dem Strafgrund der Teilnahme (vgl. oben Drittes Kapitel, B V)
3 erstmals wohl in JR 1970, 146 ff
4 ähnlich Herzberg, Täterschaft und Teilnahme S. 120 ("größerer Abstand vom Unrechtsgeschehen"); LK-Roxin, § 28 Rz. 32 ("größere Distanz zur

Dabei handelt es sich jedoch lediglich um eine bildhafte Beschreibung richtig erkannter Symptome des Phänomens, dessen Ursache hier gerade aufgedeckt werden soll[5]. Aber auch als bloßes Arbeitsprogramm, d.h. als Kennzeichnung der Richtung, in der das Ergebnis zu suchen ist, nämlich in 'distanzvergrößernden' Umständen, ist der Distanzgedanke nicht besonders nützlich. Denn eine 'größere Distanz' des Extranen bedeutet umgekehrt eine 'größere Nähe' des Intraneus. Die 'größere Nähe' ist einer inhaltlichen Bestimmung jedoch eher zugänglich als die 'größere Distanz'; dies schon deshalb, weil sich die 'größere Distanz' wegen der Fassung der Tatbestände des Besonderen Teils als täterschaftlich begangene Delikte in aller Regel erst aus dem Fehlen der im Tatbestand beschriebenen 'besonderen Nähe' ableiten läßt.

B. Die nicht jedermann treffende höchstpersönliche Sonder-Pflicht

Von fast sämtlichen Autoren, die zu § 28 Stellung nehmen, wird die "Sonderpflicht" als Inbegriff eines besonderen persönlichen Merkmals hervorgehoben.

Hier soll zunächst auf diejenigen Literaturstimmen eingegangen werden, die ohne Beachtung von Grund oder Inhalt der sog. Sonderpflichten die Zugehörigkeit zu den besonderen persönlichen Merkmalen allein auf die "Höchstpersönlichkeit"[6] oder - wohl gleichbedeutend - darauf stützen, daß diese Pflichten "nicht jedermann" treffen[7].
Bemerkenswerterweise wird dieser Begründungsansatz nicht konsequent durchgehalten. Es gibt nämlich etliche Tatbestände, bei denen die Anwen-

---

Täterschaft", "besondere Unrechtsdifferenz zwischen Täterschaft und Teilnahme"); Vogler, Lange-Festschrift S. 265, 273

5 ablehnend auch Schünemann, Jura 1980, 354, 363

6 s. etwa Jescheck, AT § 61 VII 4 a; Schönke/Schröder/Cramer, § 28 Rz. 18; LK-Roxin, § 28 Rz. 32 f

7 s. etwa Jescheck, AT § 61 VII 4 a; Schönke/Schröder/Cramer, § 28 Rz. 18; LK-Roxin, § 28 Rz. 32, 39

dung des § 28 ganz überwiegend abgelehnt wird, obgleich sie die Verletzung einer nur bestimmte Personen treffenden Pflicht pönalisieren[8]. Offensichtlich ist es zu formal, nur darauf abzustellen, daß der Adressatenkreis der Pflicht beschränkt ist, ohne zugleich nach den dahinterstehenden gesetzgeberischen Überlegungen zu fragen[9].

Falls mit dem oft gebrauchten Begriff der "Höchstpersönlichkeit" über die Kennzeichnung der Sonderpflicht als einer besonderen, nicht allgemeinverbindlichen Pflicht hinaus ein streng auf die Person des Sonderpflichtigen bezogener, *nicht teilnahmefähiger Unwert* (d.h. dem selbst nicht verpflichteten Tatbeteiligten nicht (voll) zurechenbarer Unwert) angedeutet sein sollte, handelt es sich um eine petitio principii[10]. Denn damit wird gerade nicht die Frage beantwortet, warum der in der Sonderpflichtverletzung liegende Unwert nicht teilnahmefähig ist.

Zudem besitzt die "Höchstpersönlichkeit", worauf Schünemann[11] zu Recht hinweist, lediglich im Zivilrecht einen eindeutigen Aussagegehalt, während sie für das allemal nur höchstpersönliche Pflichten statuierende Strafrecht kein materielles Abgrenzungskriterium liefern kann[12].

Vor allem aber rechtfertigt der Hinweis auf den eingeschränkten Adressatenkreis der Sonderpflicht und ihre Höchstpersönlichkeit die Anwendung des § 28 nicht, solange nicht zugleich dargetan wird, daß die Pflichtverletzung nicht lediglich die personale Seite der Rechtsgutsverletzung darstellt[13]. Denn

8 z.B. für § 142 (s. Schönke/Schröder/Cramer, § 28 Rz. 18); für § 323 c (s. LK-Roxin § 28 Rz. 41); für § 183 (s. Schönke/Schröder/Lenckner § 183 Rz. 7; LK-Roxin § 28 Rz. 41, wo es irrtümlich § 183 a heißt); für § 297 (s. LK-Roxin § 28 Rz. 41)

9 ähnlich Gerl, a.a.O. S. 84 f

10 so auch Schünemann, Jura 1980, 354, 574

11 a.a.O.

12 Darüber hinaus bleibt schon der von den Vertretern dieses Ansatzes zugrunde gelegt Pflichtbegriff ohne Konturen (zu den vielfältigen Ausprägungen des Pflichtbegriffs und seiner Entwicklung in Rechtsphilosophie und Rechtslehre s. Schreiber, Der Begriff der Rechtspflicht S. 1, 13 ff).

13 dafür etwa Wagner, Amtsverbrechen S. 394; Langer, Sonderverbrechen S. 305 ff, 423; Gerl, a.a.O. S. 84, 88; Maurach/Gössel/Zipf, AT II, § 42 I A 2 b Rz. 10

die Mitverursachung oder Förderung gerade der Rechtsgutsverletzung begründet auch nach den meisten der hier kritisierten Autoren die Strafbarkeit des Teilnehmers.

Insbesondere: Die Lehre Roxins von der außertatbestandlichen Sonderpflicht

Roxin, der ebenfalls die "Sonderpflichten" als besondere persönliche Merkmale i.S.d. § 28 betrachtet, verbindet die Argumente der soeben behandelten Autoren (beschränkter Adressatenkreis, Höchstpersönlichkeit) mit seiner Lehre von den Pflichtdelikten. Er kommt so zu dem Ergebnis, daß es "Erwägungen der Täterlehre" seien, die die Strafmilderung beim nicht sonderpflichtigen Teilnehmer erklärten[14]:
Der Teilnehmer unterscheide sich vom Täter normalerweise, d.h. bei Herrschaftsdelikten, nur durch das Fehlen der Tatherrschaft, die ihm an sich ebenfalls zugänglich sei. Dagegen sei er bei den Pflichtdelikten, bei denen die Täterschaft allein von der Innehabung einer außerstrafrechtlichen Sonderpflicht abhänge[15], darüber hinaus von der Teilhabe an der Täterschaft *prinzipiell* ausgeschlossen, weil er das personale Element der Pflichtverletzung in seiner Person nicht erfüllen könne[16]. Für die Anwendbarkeit des § 28 müsse es genügen, "daß der Gesetzgeber eine vorstrafrechtliche und deshalb nicht jedermann treffende Pflicht täterschaftsbegründend wirken" lasse. Schon dieses Merkmal, das weiterer Differenzierung nicht mehr zugänglich sei, schaffe jene Distanz zum Teilnehmer, die eine Strafmilderung des Extranen rechtfertige[17].

Tragend für Roxins Argumentation ist demnach die täterschaftsbegründende Wirkung der Sonderpflicht. Nicht von zentraler Bedeutung ist dagegen die

14 Nachweise sogleich im Text
15 Täterschaft und Tatherrschaft S. 352 ff, 459 ff; Kriminalpolitik und Strafrechtssystem, S. 18 ff
16 LK-Roxin, § 28 Rz. 32
17 LK-Roxin, § 28 Rz. 39

das Herz der Lehre von den Pflichtdelikten bildende These, daß bei den Sonderdelikten das Vorliegen oder Fehlen von Tatherrschaft gänzlich ohne Belang sei. Deshalb ist eine Auseinandersetzung mit der umstrittenen[18] Lehre vom Pflichtdelikt insgesamt hier nicht erforderlich. Es genügt für die Zwecke dieser Arbeit, die Richtigkeit der These nachzuprüfen, auf die Roxin unmittelbar die Anwendbarkeit des § 28 auf Sonderpflichtdelikte stützt.
Diese These läßt sich etwa so formulieren: Ein Tatbeteiligter, der *nicht Täter sein kann*, muß milder bestraft werden, als ein Tatbeteiligter, der *Täter sein könnte.*

Aus sich heraus ist dieser Satz nicht einleuchtend. Davon abgesehen ist es kaum verständlich, warum er auf die Sonderpflichtdelikte beschränkt sein soll und nicht für alle Delikte gilt, bei denen die Möglichkeit der Täterschaft an die höchstpersönliche Verwirklichung bestimmter Tatbestandselemente gebunden ist; Täter eines Diebstahls etwa kann nur sein, wer auch die Aneignungsabsicht hat. Roxin würde darauf vermutlich entgegen, jedermann könne Aneignungsabsicht haben, wenn er nur wolle. Doch: Prinzipiell kann auch jedermann Sonderpflichtiger, etwa Beamter, werden.
Es erscheint danach nicht zwingend, im Bereich des Unrechts die besonderen persönlichen Merkmale deshalb auf die Sonderpflichten zu beschränken, weil die Sonderpflichtverletzung nur von bestimmten Personen begangen werden kann.

Sucht man deshalb bei Roxin nach dem materialen Grund für die Strafmilderung, erhält man zur Antwort lediglich, daß "der Gesetzgeber eine vorstrafrechtliche und deshalb nicht jedermann treffende Pflicht täterschaftsbegründend wirken" lasse und "schon dieses Merkmal, das weiterer Differenzierung

---

18 zustimmend Schönke/Schröder/Cramer, Vor §§ 25 ff Rz. 61 m.w.N.; Blei, AT S. 255; Jakobs, AT 21/116 ff; ablehnend Schroeder, Der Täter hinter dem Täter S. 86 f; Stratenwerth, AT Rz. 795; Langer, Sonderverbrechen S. 224 ff, 480; ders. Wolf-Festschrift S. 335, 339 Fn. 15; Maurach/Gössel/Zipf, AT II, § 42 I A 2 b Rz. 11; vermittelnd Maiwald, ZStW 88 (1976), 728, 739 f; Bloy, a.a.O. S. 230; wohl auch Wagner, Amtsverbrechen S. 70 ff, 72, 395; SK-Samson, § 25 Rz. 34 f

nicht mehr zugänglich" sei, "jene Distanz zum Teilnehmer" schaffe, die eine Strafmilderung des Extraneus trage[19]. Damit wird aber wiederum nur behauptet, was erst zu begründen wäre: die 'größere Distanz' aufgrund der Sonderpflicht des intranen Tatbeteiligten.
Mit dem Hinweis auf die angebliche Unmöglichkeit "weiterer Differenzierung" des Merkmals der vorstrafrechtlichen Sonderpflicht stellt Roxin sogar ausdrücklich die Existenz eines materialen Grundes der 'größeren Distanz' in Abrede.

Eine solche materiale Begründung erscheint aber umso weniger entbehrlich, als die Ergebnisse, zu denen Roxin aufgrund seiner Anknüpfung an das formale Kriterium der außerstrafrechtlichen Sonderpflicht gelangt, an der Richtigkeit seines Ansatzes eher zweifeln lassen:
Beispielsweise soll die Strafe des Teilnehmers an einem Delikt nach § 142 gemäß § 28 I zu mildern sein, weil nur den Unfallbeteiligten selbst eine außerstrafrechtliche Sonderpflicht, nämlich eine potentielle Schadensersatzpflicht, treffe[20]. Unter der Voraussetzung, daß Zweck des Wartegebotes die Sicherung potentieller Schadensersatzansprüche ist, leuchtet nicht ein, warum deren Gefährdung durch denjenigen, gegen den sie sich richten, größeres Unrecht sein sollte als ihre Gefährdung durch einen anderen.
Ebenso soll nach Roxin wegen der nur dem Schuldner obliegenden Leistungspflicht § 28 auch für die Teilnahme desjenigen, der nicht selbst Schuldner ist, an einer Vollstreckungsvereitelung nach § 288 gelten [21] [22]. Auch hier spielt es für den zu verhindernden Erfolg, die Vereitelung der Zwangsvollstreckung, keine Rolle, ob er vom Vollstreckungsschuldner selbst oder von einem anderen verursacht wird.

---

19 LK-Roxin, § 28 Rz. 39
20 a.a.O.
21 a.a.O.
22 kritisch dazu auch Herzberg, JuS 1983, 737, 740

Da also Roxin den sachlichen Grund für die Milderbestrafung des nicht selbst verpflichteten Tatbeteiligten nicht bezeichnen kann[23], seine Argumentation über das formale Kriterium des Adressatenkreises einer außerstrafrechtlichen Pflicht nicht hinausgelangt, bringt seine Lehre gegenüber den übrigen Vertretern des auf die Höchstpersönlichkeit der Sonderpflichten gestützten Begründungsansatzes keinen Vorteil.

Zusammenfassend ist festzuhalten, daß für die Anwendbarkeit des § 28 nicht die Feststellung genügt, jemandem obliege im Unterschied zu anderen Tatbeteiligten eine im konkreten Tatbestand vorausgesetzte Sonderpflicht nicht. Vielmehr bedarf es der Herausarbeitung des gesetzgeberischen Grundes für die Statuierung der jeweiligen Sonderpflicht.

C. Die Sonderfunktion des Intraneus als das die Unrechtsdifferenz begründende Merkmal

Die hier einschlägigen Äußerungen einer nicht unbeträchtlichen Anzahl von Autoren laufen darauf hinaus, daß die für die Anwendung des § 28 maßgebliche materiale Unrechtsdifferenz durch eine bestimmtgeartete "Sonderfunktion" oder eine "besondere Verantwortlichkeit" des intranen Tatbeteiligten begründet werde[24].
Jedenfalls das Kriterium der Sonderfunktion ist vielversprechend. Es eignet sich zur Aufnahme eines materialen Inhalts und ist damit am ehesten in der Lage, gemäß der Intention des hier in Rede stehenden Interpretationsansatzes zu § 28 die Rechtsfolgenanordnung dieser Vorschrift (Ungleichbehandlung je nach dem Vorhandensein besonderer persönlicher

---

23 Daran ändert, wie bereits dargetan, auch der wiederholte Hinweis auf die "Höchstpersönlichkeit" der Sonderpflicht nichts.

24 sehr deutlich Loos, Rechtsgutslehre S. 188 ff, 195 ff; Gerl, a.a.O. S. 90 ff, 96; Jakobs, AT 23/25

Merkmale) aus dem Gerechtigkeitsgebot heraus zu erklären. Allerdings wird sofort deutlich, daß auch dann die eigentliche Arbeit noch zu leisten ist, denn der Begriff 'Sonderfunktion' ist in seiner Abstraktheit zunächst nicht viel mehr als ein Blankett, das sinnvoller Ausfüllung bedarf.
In der Literatur finden sich unmittelbar im Zusammenhang mit § 28 nur vereinzelt Vorschläge zu einer derartigen inhaltlichen Ausfüllung. Sie weichen zudem recht stark voneinander ab. Jeden einzelnen aufzugreifen und gesondert zu kritisieren, macht wenig Sinn. Erstens betreffen die Ausführungen oft nur eine bestimmte Deliktskategorie (meist die Amtsdelikte), so daß sie nicht unbedingt verallgemeinerungsfähig sind. Zweitens sind die betreffenden Textpassagen häufig derart knapp oder vage und die Gefahr einer Über oder Fehlinterpretation deshalb so groß, daß eine argumentative Auseinandersetzung mit ihnen kaum Gewinn verspricht[25].

[25] Zur Verdeutlichung der im Text angesprochenen Schwierigkeiten seien exemplarisch die Ausführungen von Gerl und Langer kurz beleuchtet. *Gerl* sieht, wie oben (Drittes Kapitel, B VI 2 c (5)) dargelegt, die Sonderstellung des Intranen darin, daß ihm im Hinblick auf eine systemnotwendige Funktionseinheit des sozialen Systems (ein Rechtsgut) eine besondere Rolle zufalle. Dies habe zur Folge, daß der Intrane selbst hinsichtlich der sozialen Funktionseinheit eine bestandserhaltende Funktion zu erfüllen habe (S. 93). Der besondere Unwert der Rechtsgutsverletzung durch einen Intranen liege in der Mißachtung der mit seiner Sonderfunktion verbundenen "besonderen persönlichen Verantwortlichkeit", denn dadurch erscheine die Rechtsgutsverletzung in erhöhtem Maße systembedrohend (S. 77, 91, 93 f, 96). Weil aber die Mißachtung der eigenen besonderen persönlichen Verantwortlichkeit nur dem Intranen zur Last falle, sei der Extrane milder zu bestrafen (S. 93 f, vgl. auch S. 91). Der Terminus 'besondere persönliche Verantwortlichkeit' wird bei *Gerl* nirgends näher erläutert, sodaß es vage bleibt, was er damit meint.
Nach *Langer* (s.o. Drittes Kapitel, B V bei Fn. 39) ist die Steigerung des Unwertes einer Rechtsgutsverletzung durch einen Intranen darin begründet, daß ihm das Rechtsgut "überantwortet" sei (Sonderverbrechen S. 406, 409). Als Überantwortung bezeichnet *Langer* "die Übertragung einer spezifischen Schutzaufgabe hinsichtlich des konkreten Verletzungsobjekts" und "die Einräumung einer spezifischen Verfügungsmacht über es durch die Rechtsgemeinschaft" (Sonderverbrechen S. 407, 409). Auf die Frage, wann dies konkret der Fall sei, erhält man bei *Langer* zur Antwort, daß die Überantwortung "eine Wertentscheidung der betreffenden Rechtsgemeinschaft" sei und ihr Vorliegen deshalb auch "nur

Davon abgesehen spricht wenig dafür, daß es neben dem Gesichtspunkt der Sonderfunktion nicht weitere Gründe gibt, die die Annahme einen zur Anwendung des § 28 führenden Unrechtsunterschied zwischen Tatbeteiligten mit und Tatbeteiligten ohne besonderes persönliches Merkmal rechtfertigen.

Im folgenden soll deshalb eine eigenständige Beantwortung der Frage nach der Beschaffenheit der 'Sonderfunktion' oder 'Sonderstellung' versucht und zugleich - unter Einbeziehung der großen Gruppe subjektiver Unrechtsmerkmale - nach weiteren für das Bestehen einer Unrechtsdifferenz maßgeblichen Gesichtspunkten geforscht werden.

D. Die eigene Auffassung

Bevor konkretinhaltlich die Wesensmerkmale besonderer persönlicher Unrechtsmerkmale entwickelt werden können, sind der dabei vorausgesetzte Begriff des Unrechts zu definieren und seine - möglicherweise nicht einheitlichen - Strukturen zu verdeutlichen. Denn Begriff und Struktur des Unrechts sind auf die Bestimmung der Bedeutung und der Gestalt persönlicher Merkmale von entscheidendem Einfluß.
Außerdem empfiehlt es sich, anhand der in § 28 getroffenen Rechtsfolgenanordnung grundsätzlich zu klären, ob und inwieweit das gerade durch ein besonderes persönliches Merkmal begründete Unrecht einen Tatbeteiligten,

---

aufgrund der Teilhabe an diesem Werterleben nachvollziehend ermittelt werden" könne (Sonderverbrechen S. 414). Wer sich seiner vollständigen Teilhabe an besagtem Werterleben nicht gänzlich sicher ist, wird sich um den Grund der Überantwortung bemühen, um das Vorliegen der Überantwortung im konkreten Fall gewissermaßen auf rationalem Wege ermitteln zu können. Doch auch so kommt man nicht viel weiter, denn als Grund der Überantwortung führt *Langer* "das von der Rechtsgemeinschaft erlebte Bedürfnis" zur Überantwortung an (Sonderverbrechen S. 407, 409).

der dieses Merkmal nicht selbst aufweist, belastet; in gängiger Terminologie lautet die Frage: Inwieweit sind besondere persönliche Merkmale akzessorisch ?

I. Das strafrechtliche Unrecht[26]

Unrecht im strafrechtsdogmatischen Sinne ist strafrechtswidriges menschliches Verhalten[27]. Es besteht aus objektiven und subjektiven Elementen[28]. Beschrieben ist das strafrechtliche Unrecht im Falle des Fehlens von Rechtfertigungsgründen in den Tatbeständen des Strafgesetzes, insbesondere im Besonderen Teil des Strafgesetzbuchs, soweit diese das verbotene oder gebotswidrige Verhalten bezeichnen. Wie daraus schon hervorgeht, besteht keine vollkommene Kongruenz zwischen gesetzlichem Tatbestand und Unrecht. Zum einen sind nicht sämtliche Merkmale des Unrechts im jeweiligen Tatbestand selbst genannt, sondern ergeben sich zum Teil auch aus Bestimmungen des Allgemeinen Teils. Zum anderen enthalten etliche Deliktstatbestände zusätzlich solche Merkmale, die eine andere Wertungsstufe als die des Unrechts betreffen, etwa die der Schuld[29].

Mit diesen Feststellungen ist noch nichts darüber ausgesagt, *warum* bestimmte Verhaltensweisen bei Strafe verboten sind. Der Frage, welches der spezifische Unwert kriminellen Verhaltens ist, der die Strafe erforderlich macht, ist hier deshalb nachzugehen, weil das im Mittelpunkt dieser Arbeit stehende Phänomen - daß nämlich bestimmte Unrechtsmerkmale alle Tatbeteiligten gleichmäßig belasten, während bei anderen Unrechtsmerkmalen,

---

26 Selbstverständlich kann hier keine umfassende Auseinandersetzung mit den Theorien zum strafrechtlichen Unrecht stattfinden, zumal die Unrechtslehre neben der Teilnahmelehre wohl zu den strittigsten Bereichen der Strafrechtsdogmatik zählt.

27 so im Ergebnis die heute h.M.: s. nur SK-Samson, Vor § 32 Rz. 2

28 Auch das entspricht heute nahezu einhelliger Meinung (s. nur SK-Samson, Vor § 32 Rz. 4 f).

29 s. nur Stratenwerth, AT Rz. 166 ff, 170 ff; SK-Samson, Vor § 32 Rz. 7

eben den besonderen persönlichen Merkmalen, insoweit gemäß der Anordnung des § 28 zu differenzieren ist - seine Erklärung nur in einem Unterschied des materialen Gehalts des mit dem betreffenden Unrechtsmerkmal gekennzeichneten Unwertes in bezug auf die einzelnen Tatbeteiligten finden kann.
Zu betonen ist allerdings, daß es nur um die Qualität *tatsächlich unter Strafe gestellten* Verhaltens geht, nicht allgemein um die erforderliche Qualität eines Verhaltens, damit es der Gesetzgeber unter Strafe stellen darf oder sogar muß. Die nachfolgende Untersuchung ist also gemäß ihrem Zweck auf den systemimmanenten Aspekt beschränkt. Es wird mithin nicht nach dem vorpositiven Wesen des strafwürdigen Verhaltens gefragt.

In der Auseinandersetzung mit den an einen sog. sozialethischen Unwert anknüpfenden Autoren ist bereits deutlich geworden, daß strafbar nur ein irgendwie sozialschädliches Verhalten sein kann. Dies entspricht heute durchaus herrschender Meinung in Literatur[30] und Rechtsprechung[31]. Damit ist allerdings zunächst nur der transzendente Aspekt des strafrechtlichen Schutzgegenstandes angesprochen, d.h. die Frage danach, welche Verhaltensweisen der Gesetzgeber pönalisieren darf[32]. Davon zu unterscheiden ist der immanente Aspekt, also das Problem, wie die in den bestehenden Deliktstatbeständen geschützten Güter zu fassen sind. Auch insoweit ist es zutreffend zu formulieren, unter Strafe gestellt sei sozialschädliches Verhalten. Allerdings bedarf der durch die Straftat stets bewirkte soziale Schaden der Konkretisierung. Gerade sie ist der Ausgangspunkt vieler Kontroversen[33].

---

30 s. Jakobs, AT 2/1, 25; SK-Rudolphi, Vor § 1 Rz. 1; Otto, Grundkurs AT § 1 II; Maurach/Zipf, AT I § 13 II 2 Rz. 9; Langer, Sonderverbrechen S. 286; Schmidhäuser, AT Rz. 29

31 s. nur BVerfG NJW 1986, 2520, 2521; vgl. auch BGH NJW 1987, 43, 44

32 zu der Unterscheidung von transzendentem und immanentem Rechtsgutsbegriff s. Hassemer, Theorie und Soziologie des Verbrechens, S. 19 ff

33 so auch Stratenwerth, AT Rz. 52

Wegen der Vielgestaltigkeit strafrechtlicher Tatbestände erscheint es zweifelhaft, ob insoweit überhaupt eine einheitliche Antwort gegeben werden kann. Die Angabe beispielsweise, das Wesen einer jeden Straftat liege in einer Rechtsgutsverletzung[34], kann sicherlich nicht als falsch bezeichnet werden. Wenn aber diese Aussage auf so unterschiedliche Delikte wie Körperverletzung (§ 223), üble Nachrede (§ 186), Meineid (§ 154), Rechtsbeugung (§ 336), Beschimpfung von Bekenntnissen (§ 166), Tierquälerei (§ 17 TierschutzG) und Erregung öffentlichen Ärgernisses (§ 183 a) zutreffen soll, dann besteht die Gefahr, daß damit der Begriff des sozialen Schadens eher durch einen anderen Begriff ersetzt als inhaltlich konkretisiert wird[35]. Zum Teil ist daraus der Schluß gezogen worden, das spezifisch sozialschädliche kriminellen Verhaltens sei ohne Vermittlung über eine Gutsverletzung direkt durch seine Auswirkungen auf die soziale Ordnung, d.h. auf die Bedingungen menschlichen Zusammenlebens zu bestimmen[36]. Doch auch dieser Ansatz ist mit einem entsprechenden methodischen Mangel behaftet: Daß der Strafschutz alle Bedingungen menschlichen Zusammenlebens und nur diese abdecke, wird lediglich behauptet, nicht aber bewiesen. Die Bestimmung der zu wahrenden Gestalt von Staat und Gesellschaft ist ohne eine besondere Theorie der Gesellschaft nicht überprüfbar. Zudem handelt es sich dabei nicht um ein empirisches, sondern um ein normatives Problem[37]. Schließlich wird nicht hinreichend berücksichtigt, daß sich mit dem stetigen Wandel von Staat und Gesellschaft auch deren Existenzbedingungen kontinuierlich verändern[38].

Bietet eine Definition kriminellen Verhaltens unmittelbar durch seine negativen gesellschaftlichen Wirkungen gegenüber der Rechtsgutslehre keinen erheblichen Vorteil, so liegt im Gegenteil ein entscheidender Nachteil darin,

---

34 s. nur SK-Rudolphi, Vor § 1 Rz. 2

35 ähnlich wohl Stratenwerth, AT Rz. 55

36 s. dazu näher Amelung, Rechtsgüterschutz S. 393 ff; Stratenwerth, AT Rz. 57 f; Jakobs, AT 2/24

37 zum empirischen Charakter soziologischer Betrachtung und zum normativen Charakter juristischer Betrachtung vgl. Loos, Zur Wert- und Rechtslehre Max Webers, S. 93 ff, 106 ff; ders. Rechtsgutslehre S. 26 f

38 kritisch auch Stratenwerth, AT Rz. 58 f; Jakobs, AT 2/24

daß sie dem Rechtsanwender die Aufgabe aufbürdet, stets nach der konkreten Sozialschädlichkeit des betreffenden Verhaltens zu fragen und damit u.U. dem sozialen Frieden abträgliche Differenzierungen vornehmen zu müssen[39]. Der Rechtsgutslehre hingegen bleibt - sofern sie einen formalisierten Begriff des Rechtsguts zugrunde legt[40] - ein solches Vorgehen erspart. Denn die Annahme, daß sich die soziale Ordnung jedenfalls zum guten Teil in spezifischen Rechtsgütern konkretisiert, impliziert zugleich die generelle Wichtigkeit jedes Gutes und damit die generelle Sozialschädlichkeit jeder Rechtsgutsverletzung[41].

Vor allem ist, wie noch näher auszuführen sein wird, die Definition des Sozialschadens über die Rechtsgutsverletzung besser geeignet, die Struktur bestimmter strafrechtlicher Tatbestände zu erfassen. Dies wiederum erleichtert das Verständnis anderer Entscheidungen des Strafgesetzgebers.

Nicht zuletzt trägt eine Rechtsgutslehre mit formalisiertem Rechtsgutsbegriff, wenn sie die Gesetzesinterpretation durch den Rechtsanwender leitet, dem rechtsstaatlichen Gebot der Tatbestandsbestimmtheit (Art. 103 II GG) Rechnung[42].

Die Rechtsgutslehre erscheint nach allem zur Beschreibung des materialen Unwertes kriminellen Verhaltens besser geeignet als eine 'reine' Sozialschadenslehre[43].

Der Begriff des Rechtsguts bedarf allerdings noch näherer Erläuterung.

Insbesondere im Bereich des Individualschutzes bedeutet Rechtsgüterschutz Schutz von Potentialen[44]. Potentiale sind die Voraussetzungen individueller

---

39 so auch Loos, Rechtsgutslehre S. 173

40 s. dazu näher Loos, Welzel-Festschrift S. 879, 888; ders. Rechtsgutslehre S. 76 f, 173 f

41 so auch Jakobs, AT 2/24

42 s. dazu näher Loos, Rechtsgutslehre S. 174; vgl. auch Schreiber, Gesetz und Richter S. 228 ff

43 im Ergebnis entspricht dies h.M.; s. etwa Jakobs, AT 2/24 m.w.N.

44 vgl. im einzelnen Loos, Rechtsgutslehre S. 76 ff, 80 ff; ders. Welzel-Festschrift S. 879, 888; der Sache nach wie der Text: Jakobs, AT 2/14 ("einer Person zugeordnete Möglichkeiten der Nutzung und des Genusses eines

Entfaltung oder die Gegenstände, mit deren Hilfe sich der einzelne entfalten kann[45]. Die zu schützenden Potentiale sind dem Gesetzgeber nicht normativ vorgegeben. Sie werden dem einzelnen entweder durch die Rechtsordnung garantiert (Leben, Gesundheit) oder durch die Rechtsordnung zugewiesen (Eigentum)[46]. Mit der Verwendung des Wortes Potential soll vor allem deutlich gemacht werden, daß der strafrechtliche Schutz nicht der individuellen Entfaltungschance gilt, sondern durch eine Bindung an ein gegenständlicheres Substrat konkretisiert sein muß[47]. Zugleich wird deutlich, daß unter dem Begriff des Rechtsguts nicht die Summe bestimmter Gegenstände oder werthafter Zustände[48] zu verstehen ist[49].

Den Potentialschutzdelikten liegt das grundsätzlich jedermann (mit Ausnahme des Inhabers des Potentials) treffende Verbot zugrunde, Handlungen vorzunehmen, die das Potential kausal verletzen (können)[50]. Das Potential ist also nach außen gegen (typischerweise) jedermann geschützt, nach innen steht es zur Disposition des Inhabers. Die Handlung ist grundsätzlich "potentielle" Kausierung eines Verletzungserfolges[51]. Allerdings gibt es im Bereich des Schutzes individueller Potentiale auch Sonderdelikte. Charakteristisch für diese Sonderdelikte ist, daß nicht notwendigerweise an Regeln einer Organisation angeknüpft wird[52]. Das gilt auch dort, wo wie in § 203 das Subjekt des Sonderdelikts durch eine Berufsrolle umschrieben ist;

---

positiv bewerteten Sachverhalts"); Sk-Rudolphi, Vor § 1 Rz. 9; wohl auch Otto, Grundkurs AT § 1 II 3

45 s. Loos, Welzel-Festschrift S. 879, 888

46 so Loos, Rechtsgutslehre S. 69; ders. Welzel-Festschrift S. 879, 888

47 so Loos, Rechtsgutslehre S. 80/81

48 so aber eine ältere Meinung: s. etwa M. Hirschberg, Die Schutzobjekte des Verbrechens, S. 72; zuletzt wohl Jäger, Strafgesetzgebung und Rechtsgüterschutz bei Sittlichkeitsdelikten, S. 13 f

49 wie hier der Sache nach schon Welzel, Abhandlungen, Studien zum System S. 140 f; Loos, Welzel-Festschrift S. 879, 886 f; ders. Rechtsgutslehre S. 69, 80; SK Rudolphi, Vor § 1 Rz. 8

50 so Loos, Rechtsgutslehre S. 69; Welzel-Festschrift S. 879, 891 f

51 so Loos, Rechtsgutslehre S. 69; Welzel-Festschrift S. 879, 891 f

52 so Loos, Rechtsgutslehre S. 70

angeknüpft wird in diesem Fall vorrangig an eine konstitutionelle Schwäche des Geheimnisses gegenüber den Trägern bestimmter Berufsrollen[53].

Neben Individuen sind auch staatliche und gesellschaftliche Einrichtungen (hier sog. soziale Systeme oder - gleichbedeutend - Institutionen) Zuordnungssubjekte strafrechtlich geschützter Potentiale[54]. Dabei sind die Begriffe Einrichtung, soziales System, Institution im weitesten Sinne zu verstehen: Sie umfassen sowohl die gesamte Gesellschaft (das umfassendste soziale System) als auch ihre staatlichen und nichtstaatlichen Subsysteme, wie Verwaltung und Rechtsprechung bis hin zur Familie[55]. Die Funktionsfähigkeit von staatlicher Verwaltung und Rechtspflege etwa ist an die Verfügungsmöglichkeit über sachliche Mittel wie das Finanz- und Verwaltungsvermögen gebunden. Allerdings handelt es sich bei den geschützten Potentialen (Rechtsgütern) der sozialen Systeme nicht um die Voraussetzungen individueller Entfaltungsmöglichkeiten, sondern um diejenigen funktionsspezifischen Organisationshandelns[56]. Als Potentialschutz verstehen läßt sich auch der weite Bereich des Schutzes von amtlichen Geheimnissen, vom Landesverrat bis zu den Vorschriften der §§ 353 a ff StGB[57]. Auch die Entschließungs- und Handlungsfreiheit der staatlichen Organe lassen sich als Voraussetzung der staatlichen Entscheidungsprozesse und ihrer Verwirklichung und damit als Potentiale erfassen[58]. Ihr Schutz reicht von den Bestimmungen gegen Parlaments- und Wahlnötigung bis zur Vorschrift über den Widerstand gegen Vollstreckungsbeamte. Der Angriff gegen diese Kollektivrechtsgüter erfolgt prinzipiell in der gleichen Weise wie gegen die individuell zugeordneten Potentiale[59]. Selbst dort, wo der im Tatbestand genannte Täter ein staatlicher

53 so Loos, Rechtsgutslehre S. 70
54 so Loos, Rechtsgutslehre S. 20, 58; Welzel-Festschrift S. 879, 888
55 so Loos, Rechtsgutslehre S. 20, 58; vgl. auch ders. Welzel-Festschrift S. 879, 887 ff
56 s. näher Loos, Rechtsgutslehre S. 70 ff, 139 mit Fn. 2; ders. Welzel-Festschrift S. 879, 888
57 so Loos, Rechtsgutslehre S. 71
58 so Loos, Rechtsgutslehre S. 71/72
59 so Loos, Rechtsgutslehre S. 72; Welzel-Festschrift S. 879, 888

Funktionär ist, läßt sich der Angriff immer noch als ein von außen gegen diese Potentiale gerichteter verstehen. Der Funktionär hat kraft seiner Funktion Zugang zum Rechtsgut, und daher knüpft die Strafvorschrift an seine Funktion an[60]. Die Potentiale des Organisationshandelns lassen sich somit durch Straftatbestände, die mit den Individualtatbeständen strukturgleich sind, schützen[61].

Nicht *sämtliche* Straftatbestände haben rechtsguts- (oder gleichbedeutend: potential-) verletzendes Verhalten zum Gegenstand. Ebensowenig erschöpft sich der materiale Unwert rechtsgutsverletzenden Verhaltens stets in der Rechtsgutsverletzung.

Neben den vorgenannten Delikten zum Schutze individueller und kollektiver Potentiale stehen sachlich gewichtige Tatbestände, die sich in der beschriebenen Weise nicht mehr erklären lassen; die Tatbestände der Rechtsbeugung und der Bestechung etwa schützen nicht ein gegenständlich irgendwie objektivierbares Potential[62].

Insbesondere im Bereich der Amtsverbrechen gibt es tatbestandlich typisierte Verhaltensweisen, die ihre sozialschädliche Wirkung nicht über die Verletzung von Rechtsgütern, sondern dadurch entfalten, daß bestimmte soziale Normen, die das Funktionieren einer staatlichen oder gesellschaftlichen Einrichtung (eines Sozialsystems oder (gleichbedeutend) einer Institution) sichern sollen, von einer dazu eigentlich verpflichteten Person nicht eingehalten werden[63]. Der Verletzbarkeitsbegriff muß also um

---

60 so Loos, Rechtsgutslehre S. 72

61 so Loos, Rechtsgutslehre S. 139

62 so Loos, Rechtsgutslehre S. 72; eingehend zu den Bestechungsdelikten Loos, Welzel-Festschrift S. 879, 889 ff

63 so im Ansatz bereits Tiedemann, Tatbestandsfunktionen im Nebenstrafrecht S. 124 ff; mit der Herausarbeitung der Kategorie der Pflichtdelikte auch Roxin, Täterschaft und Tatherrschaft S. 352 ff; ders. Kriminalpolitik und Strafrechtssystem S. 15 ff; konkretisierend und weiterführend Loos, Rechtsgutslehre S. 68 ff; ders. Welzel-Festschrift S. 879, 889 ff

Störungen in der sozialen Dimension erweitert werden[64]. Es ist das Verdienst Tiedemanns, darauf (für das Nebenstrafrecht, insbesondere das Wirtschaftsstrafrecht) als erster aufmerksam gemacht zu haben[65].

Der Grund dafür, daß die Nichteinhaltung bestimmter sozialer Normen zu Störungen in der sozialen Dimension führen kann, liegt darin, daß neben den sachlichen Voraussetzungen des Organisationshandelns persönliche stehen. Das Funktionieren von Organisationen setzt aufeinander abgestimmtes Verhalten der Organisationsmitglieder voraus; dies ist in größeren Organisationen ohne formalisierte, generalisierte Regeln unmöglich[66]. Neben solchen organisatorischen Regeln stehen Regeln, die unmittelbar auf das Organisations*ziel* bezogen sind[67]. Ein solches Organisationsziel läßt sich für die staatliche Verwaltung angesichts der Vielzahl der in Betracht kommenden Aufgaben nicht eindeutig formulieren. Im Bereich der Rechtspflege ist ein solches Ziel in formaler Umschreibung als gerechte, d.h. auf Wahrheit und Recht beruhende Streitentscheidung formulierbar[68].

Beide Regelarten betreffen das Verhalten von Organisationsmitgliedern. Der Verstoß eines Organisationsmitglieds (eines sog. Funktionärs) gegen die es bindenden Normen der Organisation stellt für andere Organisationsmitglieder ein schlechtes Beispiel dar und begründet die Gefahr, daß sie sich ebenfalls nicht mehr an die Normen halten[69].

Die Leistungsfähigkeit staatlicher Organisationen hängt aber nicht nur vom Verhalten der Organisationsmitglieder ab, sondern in nicht geringem Maße

64 so Loos, Rechtsgutslehre S. 20; vgl. auch Loos, Welzel-Festschrift S. 879, 887 ff

65 Tatbestandsfunktionen im Nebenstrafrecht S. 119 ff und öfter. Tiedemann stellt den "Rechtsgütern des tradiertliberalen Strafrechts" sog. "soziale Rechtsgüter" gegenüber (a.a.O. S. 30, 113 ff), wobei er letztere als "Integrationsprozesse" beschreibt (a.a.O. S. 124).

66 so Loos, Rechtsgutslehre S. 140, im Anschluß an Luhmann, Funktionen und Folgen S. 60 ff

67 so Loos, Rechtsgutslehre S. 140, im Anschluß an Luhmann, Funktionen und Folgen S. 31 ff

68 so Loos, Rechtsgutslehre S. 140

69 so Loos, Rechtsgutslehre 20, 73, 128; Welzel-Festschrift S. 879, 889

vom Verhalten der Nichtmitglieder, der Bürger[70]. Wenn man als die (formale) Hauptaufgabe des politischen Systems die Herstellung bindender Entscheidungen ansieht[71], dann kann man das Verhalten der Bürger unter dem Aspekt der Akzeptierung oder Nichtakzeptierung staatlicher Entscheidungen betrachten[72]. Die Aufgabe, bindende Entscheidungen für ein gesellschaftliches Gesamtsystem als Bestandsvoraussetzung für ein solches System zu liefern, ist nicht durchführbar, ohne die Bereitschaft der Bürger, prinzipiell Entscheidungen hinzunehmen. Für Akzeptation und Nichtakzeptation staatlicher Entscheidungen kann es die verschiedensten Gründe geben; eine wesentliche Grundlage für die Aufnahmebereitschaft ist (solange über die verfolgten Zwecke zwischen staatlichen Funktionären und Bürgern im wesentlichen Einigkeit besteht) das Vertrauen darauf, daß die staatlichen Funktionäre[73] in aller Regel bereit sind, die konsentierten Zwecke auch tatsächlich zu verfolgen[74]. Die Straftatbestände der Rechtsbeugung, der vorsätzlichen Falschaussage und der Bestechung lassen sich somit als Beeinträchtigung der Regelbefolgungsbereitschaft der Funktionäre und der Akzeptationsbereitschaft des Publikums verstehen[75].

Das Gravamen der die staatlichen Institutionen schützenden Delikte liegt darin, daß ein Funktionär der staatlichen Gerichtsbarkeit oder der staatlichen Verwaltung seine Dienstpflichten in spezifischer Weise vernachlässigt[76]. Allerdings sind nicht seine Handlungs- und Mitwirkungspflichten Gegenstand des strafrechtlichen Schutzes. Vielmehr sind in den genannten Tat-

---

70 so Loos, Rechtsgutslehre S. 140; vgl. auch Loos, Welzel-Festschrift S. 879, 889 f

71 vgl. Luhmann, Soziologie des politischen Systems, in: Soziologische Aufklärung, S. 154 ff, 158 ff insbes. 159

72 so Loos, Rechtsgutslehre S. 140/141, aufbauend auf Luhmann, Legitimation durch Verfahren S. 27 ff, 112 ff, 121 ff

73 Funktionäre sind dabei auch ad-hoc-Funktionäre, wie Zeugen im Gerichtsverfahren (so Loos, Rechtsgutslehre S. 142 Fn. 12; s. auch ders. Welzel-Festschrift S. 879, 889).

74 so Loos, Rechtsgutslehre S. 141; s. auch Loos, Welzel-Festschrift S. 879, 890

75 so Loos, Rechtsgutslehre S. 142; Welzel-Festschrift S. 879, 889

76 so Loos, Rechtsgutslehre S. 73

beständen Handlungsweisen umschrieben, die in besonderer Weise geeignet sind, das Funktionieren der staatlichen Verwaltung nach zwei Richtungen hin zu erschüttern: durch Beeinträchtigung des Amtsethos der Funktionäre und des Vertrauens des Publikums[77]. Bei diesen Tatbeständen wird also nicht mehr wegen einer mit ihr verbundenen besonderen Schutz- oder Zugangsposition gegenüber einem bestimmten Rechtsgut an die soziale Rolle angeknüpft, sondern unmittelbar und ausschließlich wegen der Verletzung der Normen der sozialen Rolle, ohne daß es auf eine spezifische Rechtsgutsverletzung ankäme[78]. Insofern läßt sich hier von Sonder*handlungs*delikten sprechen[79]. Die Verletzung sozialer Systeme geschieht bei dieser Kategorie von Tatbeständen somit vorrangig durch Beeinträchtigung der empirischen Geltung von Verhaltensvorschriften[80]. Der Schaden besteht in der mangelnden Akzeptierung von Normen durch die Rollenträger und/oder in der mangelnden Bereitschaft der Systemumwelt, Entscheidungen der Systeme hinzunehmen[81].

Was soeben am Beispiel staatlicher Institutionen ausgeführt wurde, gilt sinngemäß für andere soziale Systeme. Lediglich der Aspekt der Beeinträchtigung der Abnahmebereitschaft des Publikums tritt zurück.

Der leitende Einteilungsgesichtspunkt zwischen Potentialschutz- und Institutionenschutzdelikten ist somit das Vorhandensein oder Fehlen der (kausalen) Verletzung eines als Potential deutbaren Objekts[82], wobei für die Institutionenschutztatbestände gerade die expressive Bedeutung der tatbestandlich umschriebenen Handlungsvollzüge kennzeichnend ist[83 84].

---

77 so Loos, Rechtsgutslehre S. 73; Welzel-Festschrift S. 879, 889 f

78 s. Loos, Rechtsgutslehre S. 73; s. auch Loos, Welzel-Festschrift S. 879, 891

79 so Loos, Rechtsgutslehre S. 73

80 so Loos, Rechtsgutslehre S. 20; s. auch Loos, Welzel-Festschrift S. 879, 889 ff

81 so Loos, Rechtsgutslehre S. 20; s. auch Loos, Welzel-Festschrift S. 879, 889 f

82 so jedenfalls der Sache nach schon Tiedemann, a.a.O. S. 123 ff, 169

83 so Loos, Rechtsgutslehre S. 75a; s. auch Loos, Welzel-Festschrift S. 879, 892

Daraus folgt zugleich, daß auch der Wirkungszusammenhang bei Potentialschutzdelikten und Institutionenschutztatbeständen verschieden ist[85]. Bei den Institutionenschutztatbeständen geht es darum, daß das böse Beispiel des Täters die Einstellung von Mitfunktionären und entscheidungsabnahmebereitem Publikum negativ zu beeinflussen geeignet ist. Die verbotene Handlung muß demnach von Mitfunktionären und Publikum gerade als eklatanter Verstoß gegen die spezifischen Verhaltensregeln verstanden werden; der Kausalzusammenhang setzt also nicht nur eine Sinnerfassung von seiten der Personen, deren Attitüden unbeeinträchtigt bleiben sollen, voraus, sondern die (mögliche) Einordnung des Täterverhaltens gerade als Regelverstoß[86]. Dies verdeutlicht ein Vergleich mit den Ehrverletzungsdelikten[87]: Zwar setzt auch die beeinträchtigende Wirkung auf Ruf oder Ehrgefühl die mögliche Sinnerfassung von seiten des Kommunikationspartners des Täters voraus. Dabei geht es aber nicht darum, daß das Täterverhalten als Regelverstoß begriffen wird. Es genügt, daß der Erklärungs*inhalt* verstanden wird, ohne daß die Erklärung selbst noch einmal an einer (vom Adressaten gewußten) Regel gemessen werden müßte. Die Möglichkeit, den Sinn eines kommunikativen Akts zu verstehen, ist bei den Institutionenschutzdelikten regelmäßig nur die *Voraussetzung* dafür, den rechtlichen Akt als Regelverstoß qualifizieren zu können[88].

Zahlreiche Tatbestände dienen sowohl dem Potentialschutz als auch dem Institutionenschutz. Wann dies der Fall ist, kann nur durch genaue Analyse des einzelnen Tatbestandes geklärt werden, etwa durch Vergleichung mit ähnlichen Gemeinverbrechenstatbeständen[89] [90].

---

84 Jakobs (AT 7/70 f, 21/115 ff) nimmt die von Tiedemann und Loos entwickelte Unterscheidung von Potentialschutzdelikten und Institutionenschutzdelikten jedenfalls insoweit auf, als auch er an das Kriterium der kausalen Verletzung ("Ausdehnung eines Organisationskreises") anknüpft.

85 so Loos, Rechtsgutslehre S. 128; vgl. auch Welzel-Festschrift S. 879, 892

86 so Loos, Rechtsgutslehre S. 128

87 zum folgenden s. Loos, Rechtsgutslehre S. 128 Fn. 173

88 so Loos, Rechtsgutslehre S. 128 Fn. 173

89 so Loos, Rechtsgutslehre S. 190

Neben Potentialschutz- und Institutionenschutzdelikten gibt es ferner Strafnormen, die unmittelbar und ausschließlich den sozialen Frieden schützen. etwa § 166 (Beschimpfung von Bekenntnissen)[91]. Es handelt sich bei ihnen meiner Einschätzung nach um Randerscheinungen, die der moderne Strafgesetzgeber wohl nach und nach aus den Strafgesetzen entfernen wird[92].

II. Die Zurechenbarkeit besonderer persönlicher Merkmale

Die Frage, ob das vom Täter verwirklichte Unrecht dem Teilnehmer zugerechnet werden kann, betrifft das Problem der Akzessorietät der Teilnahme. Ursprünglich bezeichnete der Begriff Akzessorietät, wenn er im Zusammenhang mit der Teilnahme am Verbrechen gebraucht wurde, die Mindestvoraussetzungen, die eine Straftat zu erfüllen hat, damit strafbare Teilnahme an ihr möglich ist[93]. Der Verzicht auf die Schuldhaftigkeit der Haupttat stellte sich in diesem Zusammenhang als "Limitierung der Akzessorietät" dar. Heute werden die Begriffe "Akzessorietät" und "akzessorisch" auch dazu verwandt, eine Aussage darüber zu machen, ob ein bestimmtes bei einem Tatbeteiligten vorliegendes gesetzliches Merkmal die übrigen Tatbeteiligten schon dann belastet (im Fall strafschärfender oder -begründender Merk-

---

90 Auch unter den Amtsdelikten dürfte der Anteil von Tatbeständen, die neben dem Schutz der Institution vor Störungen aufgrund von Regelverletzungen den Schutz von Potentialen der Institution oder Dritter bezwecken, nicht gering sein. - s. beispielsweise die Überlegungen Schreibers zum Schutzzweck des Tatbestandes der Rechtsbeugung (GA 1972, 193, 196 f).

91 Als weitere Beispiele werden § 173 (Inzest), § 183 (Exhibitionismus), § 183 a (Erregung öffentlichen Ärgernisses), § 126 (Störung des öffentlichen Friedens durch Androhung von Straftaten), § 17 TierSchG (Tierquälerei) genannt (s. Jakobs, AT 2/19 f; SK-Rudolphi, Vor § 1 Rz. 11). Es läßt sich bezweifeln, ob die soeben angeführten Tatbestände wirklich (nur) den sozialen Frieden schützen sollen (s. dazu die einschlägigen Kommentierungen).

92 s. näher Rudolphi, Honig-Festschrift S. 151, 165 f; großzügiger ders. SK Vor § 1 Rz. 11; Jakobs, AT 2/20

93 s. näher Langer, Sonderverbrechen S. 212 f

male) bzw. entlastet (im Fall strafmildernder Merkmale), wenn sie selbst dieses Merkmal nicht aufweisen aber um sein Vorhandensein bei den anderen Tatbeteiligten wissen[94]. Um Akzessorietät in diesem letzteren Sinne geht es im folgenden.

Dabei werden als nichtakzessorisch (höchstpersönlich) solche Merkmale bezeichnet, die dem Teilnehmer, bei dem sie nicht vorliegen, überhaupt nicht zugerechnet werden können, ihn also in keiner Weise belasten bzw. entlasten. Vollakzessorisch werden Merkmale genannt, deren Fehlen beim Teilnehmer entweder keinerlei Auswirkungen hat, oder die zwar in allen Teilen zugerechnet werden können, gleichwohl aber beim Teilnehmer, dem sie fehlen, wertungsmäßig nicht dasselbe (hohe) Gewicht haben wie beim Täter, der sie aufweist, und darum (im Fall strafbegründender oder -schärfender Merkmale) trotz uneingeschränkter Zurechenbarkeit nach Strafmilderung verlangen. Mit teilakzessorisch schließlich sind solche Merkmale gemeint, die eine voll- und eine nichtakzessorische (also höchstpersönliche) Komponente besitzen und deshalb im Ergebnis nur teilweise zugerechnet werden[95].

1. Der Grad der Akzessorietät besonderer persönlicher Merkmale

§ 28 II spricht dafür, daß besondere persönliche Merkmale nichtakzessorisch sind[96]. Denn der nichtqualifizierte bzw. -privilegierte Tatbeteiligte soll - jedenfalls in bezug auf den zur Anwendung kommenden Strafrahmen - genauso behandelt werden, als läge das besondere persönliche Merkmal auch beim Haupttäter nicht vor. § 28 I hingegen legt volle Akzessorietät oder jedenfalls

---

94 s. Jakobs, AT 23/1; Jescheck, AT § 61 VII 1, 4; LK-Roxin, Vor § 26 Rz. 18, § 28 Rz. 2 f; vgl. auch Herzberg, ZStW 99 (1987), 49, 77; krit. dazu Langer, Sonderverbrechen S. 213; umfassend zum Akzessorietätsprinzip und speziell zu Deutung und Definition der Akzessorietät aus dem Tatbestandessinn s. Maiwald, Bockelmann-Festschrift S. 343 ff, 353 ff

95 s. ausführlich unten 2.

96 so auch Jakobs, AT 23/4

Teilakzessorietät der besonderen persönlichen Merkmale nahe[97], indem er die - wenn auch gemilderte - Bestrafung des Nichtqualifizierten aus dem für den Qualifizierten geltenden Strafrahmen anordnet. Belastete nämlich das besondere persönliche Merkmal den Beteiligten, der es nicht in eigener Person aufweist, *überhaupt nicht*, müßte er straffrei ausgehen, denn das ihm dann allein anzulastende restliche Unrecht liegt bei Delikten mit strafbegründenden besonderen persönlichen Merkmalen per definitionem unterhalb der Strafbarkeitsschwelle.

Daß der Terminus 'besondere persönliche Merkmale' in den beiden Absätzen des § 28 je eine unterschiedliche Bedeutung haben könnte[98 99], erscheint - was die hier allein interessierenden Unrechtsmerkmale angeht - weder sinnvoll noch wahrscheinlich: Zwar erkennt die ganz herrschende Meinung einen inhaltlichen Unterschied zwischen den besonderen persönlichen Merkmalen i.S.d. § 28 einerseits und des § 14 andererseits trotz der Verweisung auf § 14 in § 28 I an, so daß das systematische Argument einheitlicher Begriffsinhalte in ein und demselben Gesetz an Schlagkraft verliert[100]. Die unterschiedliche Interpretation des Begriffs in § 14 und § 28 läßt sich aber aus dem unterschiedlichen Regelungszusammenhang der beiden Vorschriften erklären. Hingegen spricht nichts dafür, daß auch die beiden Absätze des § 28 im Verhältnis zueinander unterschiedliche Regelungszwecke haben könnten. Im Gegenteil geht aus den Materialien zu § 50 II (1968) (= § 28 I) klar hervor, daß der Gesetzgeber von einem einheitlichen Bedeu-

---

97 so auch Jakobs, AT 23/4; vgl. ferner Maiwald, ZStW 93 (1981), 864 ff, 898

98 dafür aber etwa Arzt, JZ 1973, 681, 686; Schröder, JZ 1969, 133 u. 418; Schönke/Schröder/Cramer, 20. Aufl., § 28 Rz. 6; wohl auch Geppert, ZStW 82 (1970), 40, 56

99 Für eine einheitliche Auslegung sprechen sich ausdrücklich etwa Langer (Lange-Festschrift S. 241, 263), Dowlad (a.a.O. S. 40 Fn. 5 m.w.N.), Cramer (Schönke/Schröder/Cramer, § 28 Rz. 7), Jährig (a.a.O. S. 11 f) und Samson (SK-Samson, § 28 Rz. 6 b) aus (wohl nur scheinbar anders Heidland, a.a.O. S. 154 (vgl. S. 155 a.E.)).

100 Damit geht jedoch die 'Beweislast' für den einheitlichen Gebrauch desselben Begriffs innerhalb derselben Vorschrift noch nicht auf diejenigen über, die einen einheitlichen Gebrauch behaupten (so mit Recht Langer, Lange-Festschrift S. 241, 263).

tungsgehalt des Begriffs der besonderen persönlichen Merkmale ausgegangen ist[101]. So lassen die Begründungen zu Art 1 EGOWiG[102] und zu den ihm zugrundeliegenden Entwürfen[103] die Vorstellung erkennen, daß alle persönlichen Merkmale, die unter § 28 II fallen, sofern sie strafmodifizierend wirken, dann von § 28 I erfaßt werden, wenn sie - in anderen Straftatbeständen - die Strafe begründen.
Vor allem aber nähme eine je nach Absatz unterschiedliche Interpretation der Norm jeden Regelungsgehalt: Abs. 1 müßte als selbstverständlich voraussetzen - nämlich daß höchstpersönliche Merkmale nicht akzessorisch sind -, was Abs. 2 ausdrücklich regelt; was Abs. 1 ausdrücklich regelt - nämlich daß es akzessorische (aber den Extranen dennoch nicht voll belastende) oder beschränkt akzessorische Merkmale gibt -, ließe Abs. 2 ungeregelt[104].
Demnach ist der Begriff der besonderen persönlichen Merkmale jedenfalls auf der Ebene des Unrechts für beide Absätze des § 28 einheitlich auszulegen[105].

Offen ist jedoch weiterhin, ob für diese einheitliche Interpretation einer der beiden Absätze in der Weise leitend ist, daß er den Umfang der Akzessorietät besonderer persönlicher Merkmale allein bestimmt (Akzessorietät oder Teilakzessorietät, falls § 28 I maßgeblich sein sollte; keine Akzessorietät, wenn § 28 II bestimmend sein sollte) oder ob § 28 in beiden Absätzen sowohl nichtakzessorische als auch akzessorische Merkmale erfaßt.
Von erheblichem Gewicht für die Beantwortung dieser Frage könnte die Stellungnahme des Gesetzgebers und der Gesetzesverfasser sein. Ausdrückliche Äußerungen fehlen. Allerdings finden sich unter den in den Gesetzes-

---

101 ebenso Jährig, a.a.O. S. 11; vgl. dazu auch BGHSt 22, 375, 377
102 s. Kabinettsvorlage, BT Drucks. V/1319, S. 61 f
103 s. Begr. zu § 33 E 62, BT Drucks. IV/650, S. 152
104 so auch Jakobs, AT 23/4; ähnlich Stratenwerth, AT Rz. 941
105 Soweit in der Literatur eine je nach Absatz differenzierende Auslegung des Begriffs der persönlichen Merkmale befürwortet wird, liegen die Gründe dafür nicht in - hier allein interessierenden - Überlegungen zum rechtsfolgeangemessenen Akzessorietätsgrad der besonderen persönlichen Merkmale.

materialien aufgeführten Beispielen gesetzlicher Merkmale, auf die § 28 anwendbar sein soll, auch solche, die - schon wegen ihrer Zugehörigkeit zur Schuld- oder Strafwürdigkeitsbeurteilung - nach der hier verwendeten Terminologie als nichtakzessorisch eingestuft werden müssen[106]. Die Gesetzesverfasser scheinen also offensichtlich davon ausgegangen zu sein, daß § 28 in seinen beiden Absätzen auch nichtakzessorische Merkmale regeln soll[107]. Es fragt sich, welcher Stellenwert diesem Befund für die Gesetzesauslegung zukommt.

Die Antwort könnte von der Bestimmung des Auslegungszieles abhängen[108]. Ist Auslegungsziel die Ermittlung des objektiven Sinnes des Gesetzes[109], so wäre die oben erkannte Vorstellung des Gesetzgebers zum Anwendungsbereich des § 28 jedenfalls dann unbeachtlich, wenn sie nach Meinung des Interpreten zu ungerechten Ergebnissen führt. Hat die Gesetzesauslegung dagegen zur Aufgabe, den Willen des historischen Gesetzgebers zu ergründen[110], damit dieser in der Gesetzesanwendung verwirklicht werde, so verbietet sich prinzipiell eine Wertung dieses Willens durch den Rechtsanwen-

---

106 s. Kabinettsvorlage, BT Drucks. V/1319, S. 61

107 Auch im Schrifttum geht man überwiegend davon aus, daß § 28 prinzipiell auch nichtakzessorische Merkmale erfaßt, denn nach wohl h.A. in der Literatur sind sogar spezielle Schuldmerkmale als besondere persönliche Merkmale i.S.d. § 28 anzusehen (s. nur Schönke/Schröder/Cramer, § 28 Rz. 3 m.w.N.); spezielle Schuldmerkmale unterliegen zweifellos nicht der Akzessorietät. Danach müßte bei Unrechtsmerkmalen billig sein, was bei speziellen Schuldmerkmalen recht ist. Mit dieser Argumentation würde jedoch die besagte h.A. als richtig vorausgesetzt; dies wäre angesichts der gewichtigen Gegenstimmen, die auf spezielle Schuldmerkmale nicht § 28, sondern § 29 anwenden wollen (s. etwa Jakobs, AT 23/4 ff; Jescheck, AT § 42 III 2 u. § 61 VII 5), methodisch nicht zulässig.

108 eingehend zur Gesetzesauslegung, insbes. zur Auslegungszielbestimmung Loos, Wassermann-Festschrift S. 123 ff; ders. Alternativkomm. Bd. I, Einl. III, Rz. 4 ff

109 so etwa BVerfGE 1, 299, 312; 45, 272, 288; Larenz, Methodenlehre S. 303 f; Zippelius, Juristische Methodenlehre S. 21 ff

110 so u.a. Engisch, Einführung S. 94 ff, 249 f (Anm. 106 b); Loos, Wassermann-Festschrift S. 123 ff, 129 ff; ders. Alternativkomm. Bd. I, Einl. III, Rz. 6; Krey, Studien zum Gesetzesvorbehalt im Strafrecht S. 184 ff

der. M.E. ist im Grundsatz der subjektiven Auslegungszielbestimmung der Vorzug zu geben. Nur sie garantiert die verfassungsrechtlich durch Art. 20 III, 97 GG und die Gewaltenteilung mit Vorrang des demokratisch besser legitimierten Gesetzgebers gebotene Gesetzesbindung[111]. Die objektive Interpretationsmethode steht vor der Schwierigkeit, die rationale Begründbarkeit von Wertungen behaupten zu müssen oder zumindest auf einen Konsens zu rekurrieren, dessen Realität oft zweifelhaft ist[112]. - Der Wille des historischen Gesetzgebers kann, soweit er sich überhaupt unzweideutig feststellen läßt, jedoch keine bedingungslose Geltung beanspruchen[113]. Seine Maßgeblichkeit muß jedenfalls dort enden, wo sich der Gesetzgeber zu seinen im selben Gesetz zum Tragen kommenden anderweitigen Entscheidungen in Widerspruch setzt oder wo die Durchsetzung des legislatorischen Willens übergeordnete, allgemeine Geltung beanspruchende Prinzipien verletzen oder verfassungsrechtliche Wertentscheidungen mißachten würde. Ein derartiger Fall liegt hier, wie sogleich zu zeigen ist, vor.

Die Einbeziehung nichtakzessorischer gesetzlicher Merkmale in den Anwendungsbereich des § 28 verursacht einen unauflösbaren Widerspruch zwischen den beiden Absätzen dieser Vorschrift. dessen Konsequenz eine ungerechtfertigte Schlechterstellung des extranen Teilnehmers am echten Sonderdelikt im Verhältnis zum extranen Teilnehmer am unechten Sonderdelikt ist. - Dies bedarf der Erläuterung. Wie ausgeführt, dürfen *nichtakzessorische* Unrechtsmerkmale den Tatbeteiligten, der sie nicht selbst aufweist, nicht belasten. Soll aber auch ein strafbegründendes besonderes persönliches Merkmal (Fall des § 28 I) den extranen Tatbeteiligten nicht belasten, so ist analog zum Schema des § 28 II das Vorhandensein des persönlichen Merkmals beim Haupttäter für die Beurteilung des Tatbeteiligten außer Betracht zu lassen; der extrane

---

111 so auch Engisch, Einführung S. 94 ff, 249 f (Anm. 106 b); Krey, Studien zum Gesetzesvorbehalt im Strafrecht S. 184 ff; zustimmend auch Loos, Alternativkomm. Bd. I, Einl., III Rz. 6 unter Hervorhebung der Stabilisierungsfunktion des Rechts

112 so Loos, Alternativkomm. Bd. I, Einl., III Rz. 6; vgl. auch ders. Wassermann-Festschrift S. 123 ff, 129 ff m.w.N.

113 zu den Grenzen der subjektiv-historischen Auslegungszielbestimmung s. Loos, Alternativkomm. Bd. I, Einl. III Rz. 8

Tatbeteiligte wäre also, da ein Grundtatbestand nicht vorhanden ist, straflos. § 28 I, der die Strafe lediglich mildern will, würde zu Recht als ganz ungerechte und systemwidrige Regelung empfunden. Prima facie scheint die Beschränkung des § 28 auf *teilakzessorische* und (bestimmte) *vollakzessorische Merkmale* allerdings ebenfalls nicht geeignet, der Norm das Verdikt der Widersprüchlichkeit zu ersparen. Statt § 28 I stellte nämlich nun § 28 II eine verfehlte Regelung dar. Bei näherem Hinsehen wird jedoch ein entscheidender Unterschied deutlich: Die Anwendung des § 28 I auf nichtakzessorische Merkmale führt, wie dargelegt, zu einer im Vergleich zu § 28 II ungerechtfertigten Bestrafung, also zu einer Schlechterstellung desjenigen, auf dessen Tat § 28 I angewendet wird. Dieser Mangel läßt sich nicht nachträglich beheben und wiegt - eben weil er in malam partem wirkt - unter verfassungsrechtlichem Aspekt (Art. 3 I GG) schwer. Sind dagegen zu den besonderen persönlichen Merkmalen nur akzessorische Umstände zu rechnen, dann führt § 28 II zwar zu einer ungerechtfertigten Besserstellung des am unechten Sonderdelikt Beteiligten, weil das akzessorische Merkmal wie ein nichtakzessorisches behandelt wird. Obgleich auch dies im Hinblick auf Art. 3 GG prinzipiell verfassungsrechtlich bedenklich sein mag, sind die Bedenken hier aber doch zumindest von geringerem Gewicht, denn die verfehlte Regelung wirkt in bonam partem. Zudem läßt sich diese Ungereimtheit weitgehend über die Strafzumessung ausgleichen, wobei § 28 I den Maßstab geben kann.

Des weiteren ist gegen die Erstreckung des § 28 auf nichtakzessorische Merkmale einzuwenden, daß Abs. 1 dieser Vorschrift dadurch zu einem Fremdkörper innerhalb der Teilnahmeregelungen des Strafgesetzbuchs würde. Die vor allem in §§ 26, 27 zum Ausdruck kommende Entscheidung zur Struktur der Teilnahme würde ignoriert und damit eine widersprüchliche Einzelbestimmung zugleich um einen gravierenden intrasystematischen Widerspruch ergänzt: Ohne hier schon umfassend zu Struktur und Strafgrund der Teilnahme Stellung zu nehmen, kann dazu zumindest das festgestellt werden, was dem Gesetz deutlich zu entnehmen ist. Indem §§ 26, 27 eine *fremde*[114] *rechtswidrige Tat* zum Gegenstand der Handlung des

114 arg. "dessen"

Teilnehmers machen und die Strafdrohung für den Teilnehmer an der für die Haupttat angedrohten Strafe ausrichten[115], werden als Bezugspunkte des Unwertes der Teilnahme jedenfalls (im Sinne eines Minimum) die den Unwert der Haupttat begründenden Sachverhaltselemente festgelegt. In der Umkehrung bedeutet das: Soll Teilnahme i.S.d. §§ 26, 27 an einer bestimmten Haupttat möglich sein, müssen jedenfalls alle die Strafbarkeit des Täters begründenden Merkmale geeignet sein, den Unwert der Förderungs- oder Verursachungshandlung des Teilnehmers mitzubegründen. Da oben nichtakzessorische Merkmale als solche definiert wurden, die den Teilnehmer, der sie nicht selbst aufweist, nicht belasten, ist die Strafbarkeit eines Teilnehmers, dem ein derartiges die Strafbarkeit des Täters allererst begründendes nichtakzessorisches Merkmal fehlt, über §§ 26, 27 nicht zu rechtfertigen. Erfaßte § 28 I tatsächlich nichtakzessorische Merkmale, dann hätte er also strafbarkeitskonstituierende Wirkung und träte als zweite, die Teilnehmerstrafbarkeit anordnende Bestimmung neben §§ 26, 27[116]. Daß sich der Gesetzgeber dieser Konsequenz nicht im mindesten bewußt war, wird an der Formulierung des § 28 I als Strafmilderungsvorschrift deutlich. Zwar lassen die Materialen zu § 28 I die Vorstellung erkennen, auch die Strafbarkeit der Teilnahme an einem Delikt, dessen strafbegründendes täterkreiseinschränkendes Merkmal nichtakzessorisch ist, ergebe sich bereits aus den allgemeinen Teilnahmevorschriften, also aus §§ 26, 27. Da aber diese

---

115 Daß die Anbindung der Teilnehmerstrafdrohung an die Strafdrohung für den Täter der Ausgangspunkt für die Bestimmung des Strafgrundes der Teilnahme zu sein hat, hat jüngst Loos (Neuere Entwicklungen in der deutschen Dogmatik der strafrechtlichen Teilnahmelehre S. 1, 3) noch einmal deutlich hervorgehoben.

116 Es spricht für die Richtigkeit der obigen Argumentation, daß etliche derjenigen Autoren, die besondere persönliche Merkmale für höchstpersönlich, also für nichtakzessorisch halten, Abs. 1 konsequent als strafbegründende Vorschrift bezeichnen (so etwa Schmidhäuser, AT 14/83 ff, 95 f; StudB AT 10/29 ff, 34 ff, 38; 5/90; Langer, Sonderverbrechen S. 468 ff, 483 f, 489). Schmidhäuser und Langer (a.a.O.) lassen beide grundsätzlich für das Vorliegen eines strafschärfenden oder strafbegründenden besonderen persönlichen Merkmals eine Garantenstellung des Intranen entscheidend sein. Daß sowohl Schmidhäuser als auch Langer Anhänger der Lehre vom Teilnehmerdelikt sind, tut insoweit nichts zur Sache.

Vorstellung durch §§ 26, 27 nicht bestätigt wird und auch sonst im Gesetz nirgends Niederschlag gefunden hat, muß sie - zumal sie nicht die hier interpretierte Vorschrift des § 28 selbst betrifft, sondern die Reichweite damals bereits geltender Normen - auf die Auslegung des § 28 ohne Einfluß bleiben.

Dennoch wäre es unumgänglich, auch gänzlich unakzessorische Merkmale unter § 28 (zumindest unter seinen Abs. 2) zu subsumieren, wenn es anderenfalls nicht möglich wäre, den Teilnehmer, dem ein strafschärfendes oder -milderndes unakzessorisches Unrechtsmerkmal fehlt, statt aus dem qualifizierenden oder privilegierenden Tatbestand aus dem Grundtatbestand zu bestrafen. Zur Verdeutlichung: Angenommen die Amtsträgereigenschaft im Tatbestand der Körperverletzung im Amt (§ 340) ist ein nichtakzessorisches Unrechtsmerkmal, dann kann ein Teilnehmer, der selbst nicht Amtsträger ist, nur wegen Teilnahme an einer Tat nach §§ 223 ff bestraft werden; es fragt sich, ob dazu die Heranziehung des § 28 II unumgänglich ist. Dies ist zu verneinen. Die Möglichkeit, den extranen Teilnehmer in derartigen Fällen aus dem Grunddelikt zu strafen, ergibt sich aus allgemeinen Teilnahmegrundsätzen, insbesondere aus dem Strafgrund der Teilnahme. Des Rückgriffs auf § 28 II bedarf es nicht.

Dies alles dürfte gezeigt haben, daß die Auffassung des Gesetzgebers, § 28 regele auch gänzlich unakzessorische Merkmale, die Auslegung dieser Vorschrift nicht entscheidend beeinflussen kann. Zugegebenermaßen wird durch diesen Befund dem gesetzgeberischen Willen im Rahmen der Gesetzesauslegung nur geringes Gewicht beigemessen. Doch soll im folgenden dargelegt werden, daß der eigentlichen vom Gesetzgeber mit § 28 I verfolgten Intention keine Gewalt angetan wird, wenn man § 28 auf die nichtakzessorischen Merkmale (mit der Folge der Straflosigkeit im Falle strafbegründender nichtakzessorischer besonderer persönlicher Merkmale) nicht anwendet.

Die Beschäftigung mit der Entstehungsgeschichte des § 50 II (1968) (= § 28 I) zu Beginn dieser Arbeit hat das bestimmende Motiv für die Schaffung der Norm verdeutlicht: Es sollte dem als Grundunrecht empfundenen Mißstand abgeholfen werden, daß das Fehlen eines besonderen persönlichen Merkmals beim Teilnehmer eines unechten Sonderdelikts (i.S. von

Delikten mit täterkreiseinschränkenden Merkmalen) zu einer Bestrafung nur aus dem Strafrahmen des Grunddelikts führt, während das Fehlen des gleichen Merkmals beim Teilnehmer eines echten Sonderdelikts, wenn es also die Strafe des Täters nicht modifiziert, sondern begründet, keinerlei Milderung zu Folge hatte; kurz: es sollte die ungerechtfertigte Schlechterstellung des extranen Beteiligten eines echten Sonderdelikts gegenüber dem extranen Beteiligten eines unechten Sonderdelikts so weit wie möglich beseitigt werden. Dieser vom Gesetzgeber mit der Einführung des § 50 II (1968) verfolgte Zweck wird nun aber durch die Herausnahme nichtakzessorischer persönlicher Merkmale aus dem Anwendungsbereich des § 28 nicht etwa vereitelt, sondern im Gegenteil viel vollkommener verwirklicht. Denn danach belastet den Teilnehmer an Delikten mit strafbegründenden besonderen persönlichen Merkmalen nichts mehr, was ihn nicht belasten darf.

Die besseren Gründe sprechen nach alledem dafür, die Anwendung des § 28 auf akzessorische Merkmale zu begrenzen[117]. Mit dieser Festlegung ist allerdings für die Anwendung des § 28 auf konkrete Taten noch nicht viel gewonnen. Die Bezeichnung 'akzessorisch' ist hoch abstrakt. Sie gilt es zunächst weiter zu präzisieren.

2. Die inhaltliche Beschaffenheit der Akzessorietät besonderer persönlicher Merkmale

Für die weitere Untersuchung ist das Augenmerk darauf zu richten, wie die Akzessorietät der besonderen persönlichen Merkmale i.S.d. § 28 konkret beschaffen sein könnte.

Die Strafmilderung in § 28 I deutet auf beschränkte Akzessorietät hin. Besondere persönliche Merkmale wären in diesem Fall dadurch gekennzeichnet, daß sie mehrere unrechtsrelevante Komponenten aufwiesen, von denen

117 so im Ergebnis auch Loos, Rechtsgutslehre S. 196; Jakobs, AT 23/4; jedenfalls de lege ferenda auch Stratenwerth, AT Rz. 941; vgl. auch Maiwald, ZStW 93 (1981) 864 ff, 898

einzelne den extranen Tatbeteiligten voll, andere ihn gar nicht belasten würden. § 28 trüge damit einem *qualitativen* Zurechnungsdefizit Rechnung. Die in § 28 I vorgesehene Milderung könnte jedoch ebensogut Ausdruck eines bloß *quantitativen* Zurechnungsdefizits sein. Das in dem Merkmal ausgedrückte Unrecht wäre dem extranen Tatbeteiligten zwar insgesamt zurechenbar, würde ihn aber doch wertungsmäßig weniger stark belasten als den Intranen. § 28 stünde dann in Parallele zur Strafmilderungsvorschrift des § 27 II. Auch § 27 II verdankt seine Existenz einer milderen Beurteilung des dem Teilnehmer qualitativ voll zurechenbaren Haupttatunrechts.
Gründe dafür, daß eine der beiden aufgezeigten Alternativen zur Erklärung des § 28 von vornherein ausscheidet, lassen sich nicht finden. Somit sind im folgenden alle auf ihre Eigenschaft als besonderes persönliches Merkmal hin zu untersuchenden Unrechtsmerkmale unter dem Gesichtspunkt der qualitativen und der quantitativen Zurechnung zu betrachten.

III. Die für eine Anwendung des § 28 in Betracht kommenden gesetzlichen Merkmale

§ 28 kennzeichnet seinen Gegenstand, die besonderen persönlichen Merkmale, in ihrer Wirkung als die Strafbarkeit begründend (Abs. 1) oder die Strafe schärfend, mildernd oder ausschließend (Abs. 2). Da sich die vorliegende Untersuchung auf Unrechtsmerkmale beschränkt, können strafausschließende Merkmale von vornherein außer Betracht bleiben, denn solche gibt es - abgesehen von den Rechtfertigungsgründen, deren spezielle Problematik in bezug auf § 28 hier ausgeklammert werden muß - im Bereich des Unrechts nicht[118]. Strafmildernde Unrechtsmerkmale sind dagegen denkbar. In der Praxis kommt ein solches Merkmal jedoch wohl nur in einem Fall vor, nämlich als das ausdrückliche und ernstliche Verlangen zur Tötung i.S.d.

118 s. nur Jescheck, AT § 52 I 1 m.w.N.

§ 216[119]. Die Masse der besonderen persönlichen Unrechtsmerkmale sind somit strafbegründend oder -schärfend. Auf sie konzentriert sich die weitere Untersuchung.

Eine weitere Einschränkung des potentiellen Anwendungsbereichs von § 28 ist möglich: Als besondere persönliche Merkmale i.S.d. § 28 kommen von vornherein nur solche gesetzlichen Voraussetzungen in Frage, die nicht in mittelbarer Täterschaft zu erfüllen sind, bei denen es zur Bestrafung des Hintermannes als mittelbarer Täter also nicht genügt, daß nur das "Werkzeug" das betreffende Merkmal in eigener Person erfüllt. Denn hindert das Fehlen eines bestimmten Merkmals bei einem Tatbeteiligten nicht einmal dessen Bestrafung als (mittelbarer) Täter, so besteht natürlich keinerlei Anlaß, die Strafe eines Teilnehmers allein deshalb zu mildern, weil er dieses Merkmal nicht selbst aufweist[120].
Nicht in mittelbarer Täterschaft 'zu verwirklichen' sind die subjektiven und objektiven Tätermerkmale ungeachtet ihrer Zugehörigkeit zu Unrecht oder Schuld. Subjektive Tätermerkmale sind: (selbstverständlich) der Vollendungsvorsatz, die überschießenden Innentendenzen mit Vorsatzqualität, die sog. sonstigen subjektiven Unrechtsmerkmale und die echten Gesinnungsmerkmale. Als objektive Tätermerkmale werden bezeichnet: die Merkmale, die einen Tatbestand zum eigenhändigen Delikt machen, die objektiven gesetzlichen Merkmale, welche die Sonderdeliktseigenschaft einer Straftat zur Konsequenz haben, und die objektiven speziellen Schuldmerkmale.
Die genannten Merkmalsgruppen sollen kurz erläutert werden.

---

119 so die wohl überwiegende Ansicht im Schrifttum: s. Hillenkamp, Vorsatztat und Opferverhalten S. 243; Jescheck, AT § 61 VII 4 a bb; Schönke/Schröder/Eser, § 216 Rz. 1; Lackner, § 216 Anm. 1; a.M.: LK-Roxin, § 28 Rz. 54; Wessels, BT 1 § 2 V 1

120 so der Sache nach schon Beling, Die Lehre vom Verbrechen S. 236; Herzberg, ZStW 88 (1976), 68, 80; Schünemann, Jura 1980, 354, 357

1. Der Vollendungsvorsatz

Vollendungsvorsatz ist der Vorsatz hinsichtlich des Eintritts der im jeweiligen Tatbestand beschriebenen Rechtsgutsverletzung (Potentialverletzung) bzw. hinsichtlich des im Rahmen eines Institutionenschutzdelikts beschriebenen Regelverstoßes[121].

2. Die überschießenden Innentendenzen mit Vorsatzqualität

Überschießende Innentendenzen sind solche subjektiven Merkmale, die einen auf die endgültige oder eine zusätzliche Rechtsgutsverletzung gerichteten Willen zum Ausdruck bringen, wenn diese intendierte Rechtsgutsverletzung nicht schon Bestandteil des objektiven Tatbestands ist. Beispiele sind der Enteignungswille i.S.d. §§ 242, 249, die rechtswidrige Absicht i.S.d. § 289, die Gebrauchsabsicht i.S.d. §§ 146, 267 f, 281, die Vereitelungsabsicht bei § 288 und die Absichten des § 307 Nr. 2[122].

3. Die sonstigen subjektiven Unrechtsmerkmale

In einer Reihe von Tatbeständen ist die Möglichkeit der Täterschaft an das Vorhandensein solcher subjektiven Merkmale in der Person des Täters gebunden, die in der strafrechtlichen Literatur meist ohne genauere Erläuterung als subjektive Unrechtselemente bezeichnet werden[123]. Angesprochen

121 zu Potentialverletzung und Regelverstoß als Charakteristika unterschiedlicher Tatbestandstypen s.o. D I (bei Fn. 44 ff, 62 ff)

122 im einzelnen str.; s. jüngst Loos, Neuere Entwicklungen in der deutschen Dogmatik der strafrechtlichen Teilnahmelehre S. 1, 5 ff; Jescheck, AT § 30 II 1

123 Eine unter phänomenologischen Gesichtspunkten erstellte Übersicht findet sich bei Jescheck (AT § 30 II) und Schönke/Schröder/Lenckner (Vor § 13 ff Rz. 63). Meist werden die hier gesondert unter 2. behandelten überschießenden Innentendenzen mit Vorsatzqualität zu den subjektiven Unrechtsmerkmalen gerechnet.

sind damit etwa die Aneignungsabsicht bei §§ 242, 249[124], die Bereicherungsabsicht bei §§ 253, 255, 263[125], 272, 203 V, die Schädigungsabsicht in §§ 203 V, 272, 274 I und die Vorteilsabsicht in § 181 a I Nr. 2, 259.

4. Die echten Gesinnungsmerkmale

Unter dieser Bezeichnung werden Tatbestandsmerkmale zusammengefaßt, die unmittelbar und ausschließlich den in der Tat zum Ausdruck kommenden Gesinnungsunwert, d.h. die mehr oder weniger tadelnswerte Einstellung zum Recht, kennzeichnen[126] [127]. Sie betreffen die Schuldebene.

5. Die Tätermerkmale der eigenhändigen Delikte

Das Kennzeichen der eigenhändigen Delikte ist es, daß die körperliche oder wenigstens persönliche Vornahme der tatbestandsmäßigen Handlung durch den Täter verlangt wird. Welche Tatbestände dies im einzelnen sind, ist streitig. Häufig genannt werden § 153 (falsche uneidliche Aussage), § 154 (Meineid), § 156 (falsche Versicherung an Eides Statt), § 171 (Doppelehe), § 173 (Beischlaf zwischen Verwandten), § 179 (sexueller Mißbrauch Wider

---

124 Werden Diebstahl und Raub jedoch als Vermögensverschiebungsdelikte interpretiert, dann handelt es sich bei der Aneignungsabsicht um eine überschießende Innentendenz mit Vorsatzqualität im Sinne von oben 2. (s. näher unten IV 3).

125 unter der Voraussetzung, daß Erpressung und Betrug nicht als Vermögensverschiebungsdelikte verstanden werden, da die Bereicherungsabsicht sonst als überschießende Innentendenzen mit Vorsatzqualität im Sinne von oben 2. anzusehen wäre (s. näher unten IV 3)

126 etwa die Mordmerkmale der 1. und 3. Gruppe, die Rohheit und Böswilligkeit i.S.d. § 223 b, die Rücksichtslosigkeit in § 315 c I Nr. 2

127 s. näher Jescheck, AT § 42 II 3; ders. LK Vor § 13 Rz. 74; Schönke/Schröder/Lenckner, Vor § 13 ff Rz. 122; Wessels, AT § 5 III 4 u. § 10 IV; Langer, Sonderverbrechen S. 347 Fn. 219; Lampe, Das personale Unrecht S. 234

standsunfähiger), § 181 a (Zuhälterei), § 142 (unerlaubtes Entfernen vom Unfallort), § 323 a (Vollrausch), § 315 c I Nr. 1 a (Gefährdung des Straßenverkehrs infolge Alkoholgenusses), § 336 (Rechtsbeugung)[128].

6. Die Tätermerkmale der Sonderdelikte

Als Sonderdelikte werden hier alle Delikte verstanden, bei denen der Kreis möglicher Täter eingeschränkt ist, ohne daß diese Delikte zu den Tatbeständen mit objektiven speziellen Schuldmerkmalen oder zu den eigenhändigen Delikten gehören[129].

7. Die objektiven speziellen Schuldmerkmale

Zuweilen knüpft das Gesetz an bestimmte Eigenschaften einer Person im Hinblick auf eine typischerweise erschwerte Möglichkeit zur rechtstreuen Willensbildung besondere Rechtsfolgen (stets Strafmilderung oder Straffreiheit) (z.B. die uneheliche Geburt bei § 217, die Angehörigeneigenschaft bei § 258 VI und § 139 III 1[130] und das jugendliche Alter bei § 173 III). Diese gesetzlichen Merkmale betreffen die Schuld.

---

128 Zur Problematik der eigenhändigen Delikte s. näher Jakobs, AT 21/19 ff; Jescheck, AT § 26 II 6; Schönke/Schröder/Cramer, § 25 Rz. 45 ff; LK-Roxin, § 25 Rz. 31 ff; ders. Täterschaft und Tatherrschaft S. 399 ff, 662 ff; Herzberg, ZStW 82 (1970), 896 ff; vgl. auch Maiwald, ZStW 93 (1981), 864 ff, 871 ff

129 s. Jakobs, AT 23/24

130 Andere nehmen hier einen persönlichen Strafausschließungsgrund an (s. etwa Lackner, § 139 Anm. 3; LK-Heimann-Trosien, § 139 Rz. 14; Dreher/Tröndle, § 139 Rz. 6).

IV. Anwendbarkeit des § 28

Nachdem der Kreis der für eine Anwendung des § 28 grundsätzlich in Betracht kommenden Unrechtsmerkmale bestimmt worden ist, soll nunmehr versucht werden, die Frage nach dem Bestehen eines materialen Grundes für eine Ungleichbehandlung von intranen und extranen Tatbeteiligten und damit die Frage nach der Anwendbarkeit der Vorschrift für jede Merkmalsgruppe gesondert zu beantworten. Auf die echten Gesinnungsmerkmale und die objektiven speziellen Schuldmerkmale ist dabei nicht einzugehen, da es sich bei ihnen, wie erwähnt, um Schuldmerkmale handelt.

1. Der Vollendungsvorsatz

Den Vollendungsvorsatz hat jeder Tatbeteiligte stets selbst aufzuweisen. Deshalb wird ein Tatbeteiligter, der ohne diesen Vorsatz handelt, nicht etwa gem. § 28 milder bestraft, sondern geht straffrei aus. In diesem Sinne ist der Vollendungsvorsatz ein höchstpersönliches Merkmal[131] [132].
Der Vollendungsvorsatz ist deshalb notwendige Voraussetzung der Strafbarkeit auch des Teilnehmers, weil dieser grundsätzlich aus demselben Tatbestand bestraft wird wie der Täter (s. §§ 26, 27). Dies ist aber nur dann gerechtfertigt, wenn auch beim Teilnehmer neben dem zentralen objektiven Unrechtselement, der Verursachung der Rechtsgutsverletzung, das zentrale

131 ebenso etwa Herzberg, ZStW 88 (1976), 68, 93 f; ders. JuS 1983, 737, 738; Schünemann, Jura 1980, 354, 358; Grünwald, Armin Kaufmann-Festschrift S. 555, 566 Fn. 57; Loos, Neuere Entwicklungen in der deutschen Dogmatik der strafrechtlichen Teilnahmelehre S. 1, 3. 8 ff; Jakobs, AT 23/16; SK-Samson, § 28 Rz. 20; LK-Roxin § 28 Rz. 42

132 Ob sich das Erfordernis der Höchstpersönlichkeit des Vollendungsvorsatzes auch auf die im jeweiligen Tatbestand verlangte Form des Vorsatzes (z.B. Wissentlichkeit, Absicht i.e.S.) erstreckt, wie etwa bei § 225 im Verhältnis zu § 224, oder ob insoweit § 28 eingreift oder sogar vollakzessorische Haftung angemessen ist, kann hier nicht untersucht werden (für vollakzessorische Haftung hinsichtlich etwaiger Vorsatzqualifizierungen SK-Samson, § 28 Rz. 20; unentschieden Schünemann, Jura 1980, 354, 358).

subjektive Unrechtselement, der Vollendungsvorsatz (im Sinne der Kenntnis der Erfolgstauglichkeit der Handlung), vorliegt[133].
Entsprechendes gilt für den Vollendungsvorsatz bei Institutionenschutztatbeständen, die den Regelverstoß eines Funktionärs voraussetzen. Auch hier muß der extrane Tatbeteiligte jedenfalls damit rechnen, der Intrane werde seine institutionellen Pflichten verletzen.

2. Die überschießenden Innentendenzen mit Vorsatzqualität

Auch eine überschießende Innentendenz mit Vorsatzqualität hat jeder Tatbeteiligte stets selbst aufzuweisen[134]. Hier kommt das oben 1. erkannte Prinzip ebenfalls zum Tragen, daß der Teilnehmer die gleichen subjektiven Anforderungen hinsichtlich der tatbestandlichen Potential bzw. Regelverletzung erfüllen muß, wie sie das Gesetz an den Täter stellt[135] [136].

133 vgl. Loos, Neuere Entwicklungen in der deutschen Dogmatik der strafrechtlichen Teilnahmelehre S. 1, 10

134 so auch Herzberg, ZStW 88 (1976), 68, 95 ff; ders. JuS 1983, 737, 745 f; Loos, Neuere Entwicklungen in der deutschen Dogmatik der strafrechtlichen Teilnahmelehre S. 1, 8 ff; Grünwald, Armin Kaufmann-Festschrift S. 555, 566 Fn. 57; Jakobs, AT 33/17, 19; zum Enteignungsvorsatz bei § 242 bereits Maiwald, Zueignungsbegriff S. 80 ff, 172 ff, 247 ff

135 Wiederum muß offenbleiben, ob beim Teilnehmer stets auch dieselbe Vorsatzform, die beim Täter verlangt wird, vorzuliegen hat.

136 Dabei wird deutlich, daß es nicht ganz korrekt ist, vom "Vollendungsvorsatz" zu sprechen. Manchmal ist eben mehr erforderlich als der auf Vollendung gerichtete Wille, nämlich stets dann, wenn der Eintritt der Rechtsgutsverletzung aufgrund der spezifischen Tatbestandsstruktur nicht mit der Deliktsvollendung zusammentrifft (besonders deutlich Loos, Neuere Entwicklungen in der deutschen Dogmatik der strafrechtlichen Teilnahmelehre S. 1, 8 f).

3. Die sonstigen subjektiven Unrechtsmerkmale

Die Anwendbarkeit des § 28 auf die hier sog. sonstigen subjektiven Unrechtsmerkmale hängt maßgeblich von der Funktion ab, die ihnen in der tatbestandlichen Unrechtsbeschreibung zukommt. Sie ist in Rechtsprechung und Lehre bisher keineswegs geklärt.

Definiert man die Schutzzwecke der Tatbestände mit sonstigen subjektiven Unrechtsmerkmalen in der Weise, daß es um Verhinderung der endgültigen Potential- bzw. Regelverletzung geht oder um die Verhinderung einer zusätzlichen Potential- bzw. Regelverletzung, dann handelt es sich bei den entsprechenden subjektiven Unrechtsmerkmalen um überschießende Vorsätze im Sinne der oben 2. behandelten Merkmale. Wer beispielsweise meint, § 263 wolle nicht allein die listige Vermögensschädigung verhindern, sondern das Verschieben eines Vermögensbestandteils vom Vermögen des Opfers in das Vermögen des Täters oder eines Dritten, versteht
die Bereicherungsabsicht beim Betrug der Sache nach als einen auf eine Potentialverletzung zielenden überschießenden Vorsatz. Welcher Sinn hinter einer derartigen Formulierung des Schutzzwecks des Betrugstatbestandes stehen könnte und wie sie mit dem Potentialschutzgedanken in Einklang zu bringen wäre, ist nicht leicht auszumachen. Die hier interessierende Konsequenz im Hinblick auf § 28 wäre jedenfalls die, daß ein Tatbeteiligter, der das subjektive Merkmal nicht selbst aufweist, straffrei bliebe und nicht nur über § 28 gemildert bestraft würde.

Eine andere Möglichkeit besteht darin, die genannten subjektiven Merkmale als Kennzeichnungen besonderer Strafbedürftigkeit zu deuten. Es ließe sich argumentieren, Aneignungs-, Bereicherungs-, Vorteils- und Nachteilsabsicht seien besonders wirkungsvolle Triebfedern, denen gegenüber mittels verschärfter rechtlicher Reaktion - eben durch Drohung mit bzw. Verhängung von Kriminalstrafe oder verschärfter Strafe - eine besonders hohe Hemmschwelle errichtet werden müsse [137] [138]. Für die Anwendung des § 28 (praktisch käme Abs. 1 zum Zuge) auf einen ohne diese Absicht handelnden Teilnehmer könnte dann geltend gemacht werden, daß der Teilnehmer selbst ja nicht von dieser Tendenz beherrscht und deshalb die strenge Strafe weder unter spezialpräventivem noch unter generalpräventivem Aspekt gefordert sei. Andererseits ist die Haupttat, die er verursacht, diejenige einer ob ihrer zur Tat hindrängenden Motive besonders tatgeneigten Person. Das wiederum könnte, sofern der Teilnehmer die besondere Tendenz des Täters kennt, einer Milderbestrafung über § 28 entgegenstehen. Es erscheint nicht unplausibel, das Unrecht auch der Teilnahme deshalb als gesteigert anzusehen, weil eine Person angestiftet oder ihr Hilfe geleistet wird, die zur Begehung der Tat typischerweise eher bereit ist als andere ohne die entsprechende Absicht handelnde Personen. Dabei bliebe aber der Umstand unberücksichtigt, daß der Teilnehmer selbst nicht in der zur Tat anreizenden Absicht handelt und deshalb nicht eines so energischen Appells bedarf wie ein bereicherungs- oder vorteilssüchtiger Teilnehmer. Deshalb dürfte eine Ungleichbehandlung erforderlich und angemessen sein. Dies ist auch die Sicht des Gesetzgebers, wie die Strafvorschrift der schweren mittelbaren Falschbeurkundung (§ 272) zeigt, obgleich diese Vorschrift keine typische Teilnahmekonstellation mit subjektiven Unrechtsmerkmalen auch beim Täter behandelt.

Daß das Vorhandensein bzw. Fehlen des fraglichen subjektiven Merkmals beim Teilnehmer nicht vernachlässigt werden darf, macht nicht zuletzt der Fall deutlich, in dem zwar der Teilnehmer mit Vorteils-, Bereicherungs- oder

---

[137] so speziell für die Aneignungsabsicht i.S.d. § 242 wohl auch Loos (Neuere Entwicklungen in der deutschen Dogmatik der strafrechtlichen Teilnahmelehre S. 1, 8), wenn er formuliert, daß "die Aneignung nicht die eigentliche Rechtsgutsverletzung darstellt, sondern nur die typischerweise gefährlichste Form der Wegnahme mit Dauerenteignungswillen"; möglicherweise auch Maiwald (Zueignungsbegriff S. 246 ff, 249 u. ZStW 93 (1981) 864 ff, 900), der das egoistische Moment des Tätermotivs hervorhebt

[138] Es könnte in diesem Fall zweifelhaft werden, ob es sich überhaupt noch um Unrechtsmerkmale handelt. Die unausweichliche Konsequenz einer Zuordnung zur Schuld wäre allerdings die völlige Straflosigkeit der Tatbeteiligten, bei denen die entsprechende Absicht fehlt.

Nachteilsabsicht handelt, nicht jedoch der Haupttäter. Soweit diese Absichten strafmodifizierend wirken, d.h. ein Grundtatbestand für ein Handeln ohne die betreffende Absicht zur Verfügung steht, hätte wohl kaum jemand Bedenken, den Teilnehmer über § 28 II aus dem qualifizierten Tatbestand zu bestrafen, obwohl der Haupttäter nur des Grunddelikts schuldig ist. Es wäre inkonsequent, diesen Unterschied unberücksichtigt zu lassen, wenn die betreffende Absicht nicht strafmodifizierend, sondern strafbegründend wirkt. Somit sprechen die besseren Gründe für die Anwendung des § 28 auf die hier behandelten subjektiven Merkmale.

Zweifelhaft bleibt allerdings, ob diese Merkmale *sämtlich* die Funktion der Kennzeichnung einer zur Tat drängenden Triebfeder haben. Warum etwa genügt bei etlichen Delikten die Schädigungsabsicht (z.B. §§ 203 V, 272, 274 I), bei anderen (z.B. §§ 242, 246, 249) jedoch nicht ? Warum lassen manche Tatbestände Drittbereicherungsabsicht hinreichen (z.B. §§ 263, 253, 259, 203 V), während andere das Anstreben des eigenen Vorteils voraussetzen (z.B. § 181 a I Nr. 2) und wieder andere, bei denen das Erfordernis einer Bereicherungsabsicht erwartet werden könnte (z.B. bei § 266), völlig auf eine solche Tendenz verzichten ? Da ein dahinterstehendes Konzept nicht erkennbar ist, möchte man resignierend Herzberg zustimmen, der den Zweck vieler subjektiver Unrechtsmerkmale allein in der Tatbildtypisierung erblickt[139]. Doch auch so läßt sich das Problem nicht vollständig lösen: Die Bereicherungsabsicht i.S.d. § 263 ist nach Herzberg ein kriminalphänomenologisch typisierendes Merkmal und damit akzessorisch zu behandeln. Er sagt ausdrücklich, das Fehlen der Absicht sei "für den materiellen Unwert der Tat irrelevant"[140]. Dort wo die Bereicherungsabsicht aber die Strafe schärft (z.B. bei §§ 203 V, 272), soll ihr Herzberg zufolge plötzlich eine andere Funktion zukommen, soll sie werterheblich sein[141] [142]. Keineswegs soll hier die Exi-

---

139 s. ZStW 88 (1976), 68, 90 ff

140 ZStW 88 (1976), 68, 90, 92; JuS 1983, 737, 739, 741, 743

141 JuS 1983, 737, 743 f

142 krit. gegenüber Herzberg insoweit auch Schünemann, Unternehmenskriminalität S. 135 f

stenz rein tatbildtypisierender gesetzlicher Merkmale in Abrede gestellt werden, es zeigt sich aber - was auch Herzberg nicht bestreitet -, daß mit diesem Gesichtspunkt längst nicht alle subjektiven Unrechtsmerkmale erklärt werden können.

4. Die Tätermerkmale der eigenhändigen Delikte

Eine Aussage zur Anwendbarkeit des § 28 auf Teilnehmer an eigenhändigen Delikten ist nur möglich, wenn zuvor der Grund erkannt ist, auf dem die Ausgestaltung eines Straftatbestandes als eigenhändiges Delikt beruht. Daß es, wie Schall[143] meint, einen derartigen Grund nicht gibt, vielmehr der Zufall entschieden hat, ist kaum anzunehmen. Angesichts der Verschiedenartigkeit der gemeinhin zu den eigenhändigen Delikten gerechneten Tatbestände ist allerdings die Existenz nur eines einzigen Grundes nicht wahrscheinlich. In der Tat ist die Dogmatik der eigenhändigen Delikte heute durch Fallgruppenbildung gekennzeichnet. Vielversprechend erscheint die auf Roxin[144] zurückgehende Einteilung in "verhaltensgebundene Delikte ohne Rechtsgüterverletzung", "täterstrafrechtliche Delikte" und "verkappte Pflichtdelikte". Sie ist zu ergänzen um die insbesondere von Jakobs[145] und Haft[146] herausgearbeitete Fallgruppe der "positivrechtlich nur selbst begehbaren Delikte".

a) Verhaltensgebundene Delikte ohne Rechtsgüterverletzung

Unter dieser Bezeichnung versteht Roxin Taten, die der Gesetzgeber nicht um des Schutzes eines Potentials oder eines sozialen Systems willen unter Strafe gestellt, sondern die Strafe allein deshalb an spezifische Verhaltensweisen geknüpft hat, weil sie "besonders verwerfliche Formen der Unmoral"

143 JuS 1979, 104, 108 f
144 s. Täterschaft und Tatherrschaft S. 410 ff, 664; ders. LK § 25 Rz. 35 f
145 AT 21/20
146 JA 1979, 651 ff

darstellen[147] und dadurch den sozialen Frieden beeinträchtigen[148]. Das Erfordernis eigenhändiger Begehung bestehe deshalb, weil die Sittenwidrigkeit, die diesem Verhalten anhafte, ein qualitatives Etwas sei, das der Herrschaft anderer unzugänglich bleibe[149], oder, wie Jakobs[150] formuliert, weil es Ausdruck "persönlicher Insuffizienz oder Gesinnungslosigkeit" sei. Als Paradebeispiel wird meist die Blutschande (§ 173) genannt.
Sollte diese Deutung zutreffen, so erscheint fraglich, ob Teilnahme eines Tatbeteiligten, der nicht selbst das die Gesinnungslosigkeit charakterisierende Merkmal aufweist, überhaupt möglich ist. Denn die persönliche Gesinnungslosigkeit eines Tatbeteiligten kann die übrigen Tatbeteiligten eigentlich nicht belasten. Hält man Teilnahme gleichwohl für möglich, so muß jedenfalls § 28 Anwendung finden[151].

Falls diese Delikte entgegen der Ansicht Roxins und Jakobs' doch den Schutz von Potentialen oder sozialen Systemen bezwecken - eine solche Interpretation wäre nach den obigen Ausführungen zum sozialethischen Unwert[152] vorzugswürdig[153] - dann gelten bezüglich der Anwendbarkeit des § 28 die Ausführungen zu der noch zu behandelnden Deliktsgruppe der Sonderdelikte (unten 5) entsprechend.

b) Täterstrafrechtliche Delikte

Bei diesen Delikten soll nicht die Beherrschung einer bestimmten Handlung den Tatbestand erfüllen, sondern eine aus vielen Einzelheiten sich aufbau-

---

147 Täterschaft und Tatherrschaft S. 414 ff, 426; ders. LK § 25 Rz. 35
148 s. Jakobs, AT 2/19 f; SK-Rudolphi, Vor § 1 Rz. 11
149 Täterschaft und Tatherrschaft S. 414
150 AT 21/21
151 konsequent daher Jakobs, AT 23/14, 26, 29
152 s.o. Viertes Kapitel, F II 1
153 krit. auch Schönke/Schröder/Cramer, § 25 Rz. 45; Bedenken hinsichtlich der Trennbarkeit von Unrecht und Schuld bei diesem Verständnis der eigenhändigen Delikte auch bei Roxin selbst, Täterschaft und Tatherrschaft S. 426

ende dauernde Persönlichkeitshaltung[154]. Roxin nennt als Beispiel die Zuhälterei (§ 181 a)[155]. Ob dieses Beispiel noch zutrifft, nachdem der Vorschrift durch das Vierte Strafrechtsreformgesetz eine neue Schutzrichtung gegeben worden ist - nicht mehr die parasitäre Lebensweise des Zuhälters soll getroffen werden, sondern es wird die Freiheit der Prostituierten davor geschützt, zum Ausbeutungsobjekt gemacht oder sonst fremden Entscheidungen unterworfen zu werden[156] - erscheint allerdings zweifelhaft.
Auch hier soll allein die besonders verwerfliche Unmoral Strafgrund sein[157]. Deshalb gilt hinsichtlich der Anwendbarkeit des § 28 das zu den verhaltensgebundenen Delikten ohne Rechtsgüterverletzung Gesagte entsprechend.

c) Verkappte Pflichtdelikte

Unter verkappten Pflichtdelikten versteht Roxin "Delikte, bei denen die täterschaftsbegründende Pflicht von der Art ist, daß sie nur durch eine unmittelbare persönliche Vornahme der Tatbestandshandlung verletzt werden kann"[158]. Roxin denkt hier etwa an Fahnenflucht (§ 16 I WStG) und Eidesdelikte (insbesondere §§ 153, 154, 156)[159].
Die Frage, ob (bestimmte) täterschaftsbegründende Pflichten besondere persönliche Merkmale i.S.d. § 28 sind, ist nicht auf eigenhändige Delikte beschränkt, sondern stellt sich allgemein. Sie soll deshalb im Zusammenhang mit den Sonderdelikten behandelt werden. Die Zugehörigkeit zu der von

---

154 so Roxin, Täterschaft und Tatherrschaft S. 411; ders. LK § 25 Rz. 35
155 LK § 25 Rz. 35
156 vgl. BT Drucks. VI 1552 S. 29; Schönke/Schröder/Lenckner § 181 a Rz. 1 m.w.N.
157 so Roxin, LK § 25 Rz. 35; ders. Täterschaft und Tatherrschaft S. 412; krit. Schönke/Schröder/Cramer, § 25 Rz. 45
158 Täterschaft und Tatherrschaft S. 392 f
159 a.a.O. S. 393 f

Roxin als "Pflichtdelikte" bezeichneten Merkmalsgruppe[160] präjudiziert die Antwort, wie die Auseinandersetzung mit Roxins Thesen zur Anwendbarkeit des § 28 ergeben hat[161], jedenfalls nicht.

d) Positivrechtlich nur selbst begehbare Delikte

Über die bisher genannten Deliktsgruppen hinaus gibt es eine ganze Anzahl weiterer Tatbestände, die so formuliert sind, daß Täter nur sein kann, wer die Tathandlung selbst vornimmt. Zu denken ist etwa an § 132 ("sich befaßt")[162] und §§ 174, 179 ("an sich vornehmen läßt")[163]. Ein einheitlicher Grund für die Beschränkung auf eigenhändige Vornahme ist hier nicht ersichtlich. Vielmehr dürften die gleichen Gesichtspunkte maßgeblich sein, die den sogleich zu behandelnden Tätermerkmalen der Sonderdelikte zugrunde liegen.

5. Die Tätermerkmale der Sonderdelikte

Als Sonderdelikte werden hier alle Delikte bezeichnet, bei denen der Kreis möglicher Täter durch objektive Merkmale eingeschränkt ist, ohne daß es sich bei ihnen um Schuldmerkmale handelt oder um Unrechtsmerkmale im Rahmen eigenhändiger Delikte[164]. Schon diese Weite des Begriffs läßt die besondere Schwierigkeit erkennen, allgemeingültige Aussagen zur Anwendung des § 28 zu machen.

---

160 a.a.O. S. 393: "Für die Täterschaft maßgebend ist aber auch hier die Verletzung einer außerstrafrechtlichen Sonderpflicht und nicht ein bestimmtes Verhalten."

161 s.o. B

162 Es ist streitig, ob es sich hier um ein nicht in mittelbarer Täterschaft begehbares Delikt handelt (dafür Jakobs, AT 21/20; Roxin, Täterschaft und Tatherrschaft S. 408).

163 str., dafür Jakobs, AT 19/20; Schönke/Schröder/Lenckner, § 179 Rz. 15 m.w.N.

164 zur Terminologie s. Jakobs, AT 23/24

a) Schlußfolgerungen aufgrund der Art und Weise der Täterkreiseinschränkung

Möglicherweise lassen sich Aussagen zum Grund der Beschränkung des Täterkreises auf Intrane bereits aufgrund der Art und Weise der Täterkreiseinschränkung machen. Dies hätte den Vorteil, daß die hier als stets notwendig betrachtete Untersuchung, ob ein wesentlicher Unterschied im Unrechtsgehalt des Verhaltens von intranen und von extranen Tatbeteiligten besteht, nicht für jeden einzelnen Deliktstatbestand gesondert durchgeführt werden müßte, sondern einmal stellvertretend für alle Tatbestände, in denen die Täterkreiseinschränkung in gleicher Weise geschieht. Dies würde die Rechtsanwendung wesentlich vereinfachen, denn das Eingreifen des § 28 ließe sich fortan an einem äußerlich-formalen Kriterium (eben der Art und Weise der Täterkreisbeschränkung) ablesen. - Dieser Ansatz steht nicht im Widerspruch zu der hier entwikkelten These, daß über die Anwendung des § 28 nur dadurch entschieden werden kann, daß nach einem Unterschied im Unrecht gefragt wird, der darauf beruht, daß das betreffende Unrechtsmerkmal bei dem einen Tatbeteiligten vorhanden ist, beim anderen nicht. An das äußerliche Kriterium der Art und Weise der Täterkreiseinschränkung wird hier nämlich nur auf dem Hintergrund angeknüpft, daß hinter allen Tatbeständen, in denen der Täterkreis auf gleiche Weise beschränkt ist, derselbe materiale Gesichtspunkt, mit dem die Annahme einer Unrechtsdifferenz begründet werden kann, stehen könnte.
Zur Verdeutlichung des Gemeinten soll das folgende Beispiel dienen: In vielen Tatbeständen ist der Kreis tauglicher Täter auf Amtsträger beschränkt. Sollte sich erstens herausstellen, daß der dafür verantwortliche materiale Gesichtspunkt stets das Bestehen einer Obhutsstellung des Amtsträgers gegenüber dem geschützten Potential ist, und zweitens gerade dieser Gesichtspunkt es rechtfertigt, das Unrecht des mitwirkenden Laien abweichend (milder) zu bewerten, könnte § 28 künftig auf alle Tatbestände angewendet werden, in denen die Amtsträgereigenschaft Täterschaftsmerkmal ist. Die mühsame Analyse des jeweils einschlägigen Tatbestandes bliebe dem Rechtsanwender erspart.

Bei der Durchsicht der Deliktsbeschreibungen des StGB erkennt man bald, daß die Merkmale, an die das Gesetz die Möglichkeit täterschaftlicher Deliktsbegehung knüpft, äußerst mannigfältig sind. Ohne Anspruch auf Vollständigkeit sind hier etwa zu nennen: Geschlecht[165], Verwandtschaft, insbesondere Elternschaft[166], Beruf[167], Tätigkeit in einer öffentlichen oder staatlichen Einrichtung, insbesondere Amtsträgerschaft[168], wichtige Funktionen innerhalb eines staatlichen Verfahrens[169], besondere öffentlichrechtliche oder rechtsgeschäftlich eingeräumte Befugnisse[170], Mitgliedschaft in einer Vereinigung im weiteren Sinne[171], Vorverhalten[172], Unvermögen[173], ein Anvertrautsein[174], tatsächliche Obhutsstellungen[175], die tatsächliche Nähe zu einer Person, einer Sache oder einer Institution[176], Abhängigkeitsverhältnisse[177], die rechtliche Beziehung zu einem Gegenstand[178], nicht jedermann

165 so bei §§ 175, 182, 183
166 so bei §§ 173, 174 I Nr. 3, 221 II, 223 II
167 so bei §§ 203 I, III, 219 a, 266 a, 278, 290, 297, 323 II, 354, 356
168 so bei § 97 II, 120 II, 133 III, 174 a I, 174 b, 201 III, 203 II, 258 a, 264 II Nr. 2, 340 u.s.w.
169 so bei § 153 ff
170 so bei §§ 266 I 1. Alt, 266 b, 264 II Nr. 2, 354 IV
171 so z.T. bei §§ 121, 124 (sich zusammenrotten), 244 I Nr. 3, 250 I Nr. 4 (Bandenmitglied), 266 a (Mitglied einer Ersatzkasse)
172 so bei § 142 (Unfallbeteiligung)
173 so bei §§ 283 I, II, 283 c (Zahlungsunfähigkeit), 323 a (Schuldunfähigkeit)
174 so z.T. bei §§ 97 b II, 133 III, 174 I Nr. 1 u. 2, 174 a I, II, 180 III, 203 I, II, 246 2. Alt., 353 b I, 356
175 so z.T. bei §§ 170 d (sofern die vom Gesetz angesprochene Fürsorge- oder Erziehungspflicht nicht auf Gesetz oder Vertrag, sondern auf tatsächlichen Gegebenheiten, etwa der Aufnahme in eine Wohngemeinschaft, beruht (vgl. Lackner § 170 d Anm. 2)), 174 a ("untergeordnet"), 221 I ("unter seiner Obhut steht"), 223 b ("oder Obhut unterstehen")
176 so bei §§ 100, 121 (Gefangener), 246, 297
177 so z.T. bei §§ 174 I Nr. 1 u. 2, 174 a, 180 III, 223 b
178 so bei §§ 283 I Nr. 7 (sein Vermögen), 288 (Bestandteile seines Vermögens)

treffende außerstrafrechtliche gesetzliche Pflichten[179], außerstrafrechtliche Verbote[180], vertragliche Pflichten[181], eigenhändige Begehungsweise, die durch Reflexivpronomina wie "sich", "mit ihm" usw. ausgedrückt wird[182].

Grundvoraussetzung dafür, daß die Verwendung eines bestimmten täterkreiseinschränkenden Merkmals Rückschlüsse auf die Anwendbarkeit des § 28 erlaubt, ist ein funktionell stets gleichartiger Gebrauch des Merkmals; nur dann also, wenn der Gesetzgeber mit ein und demselben Tätermerkmal stets dieselbe Wertung verbunden hat, ist eine Aussage über die Bedeutung dieser Wertung für die Extranenstrafe verallgemeinerungsfähig.
Diese Grundvoraussetzung ist jedoch bei den vom Strafgesetzbuch zur Täterkreiseinschränkung verwendeten Merkmalen nicht gegeben. An einigen Beispielen soll das belegt werden.

(1) In vielen Tatbeständen wird der Täter dadurch gekennzeichnet, daß *ihm jemand oder etwas anvertraut* ist; bekanntestes Beispiel ist die veruntreuende Unterschlagung (§ 246 I 2. Alt.).
Was § 28 angeht, läßt sich hier argumentieren, der zusätzliche Unwert, der durch die Enttäuschung des dem Täter entgegengebrachten Vertrauens begründet wird, darf den Teilnehmer, der selbst keinen Vertrauensbruch begeht, nicht ebenso wie den Täter belasten. Indes zeigen Vorschriften wie § 174 I Nr. 2, 180 III und 203 I, II, daß der Gesetzgeber mit dem Erfordernis des Anvertrautseins keineswegs stets einen Vertrauensbruch kennzeichnen wollte oder darin doch jedenfalls nicht stets einen besonders strafwürdigen Umstand erblickte:

---

179 so bei § 170 b (Unterhaltspflicht), 266 a (Pflicht zur Abführung von Sozialabgaben), 283 I Nr. 5 u. 7, 283 b Nr. 1-3 (handelsrechtliche Pflichten), 311 d I, 325 (verwaltungsrechtliche Pflichten), 353 d, 94 II Nr. 1, 95 III 2, 98 I 2 u. 3 (Schweigepflichten), 170 d, 223 b, 221 I (Sorge- oder Erziehungspflichten), 266 (Vermögensfürsorgepflichten), 120 II, 174 a, 315 a (Aufsichtspflichten)

180 so bei §§ 184 a, 315 c

181 so z.T. bei §§ 266 (vertraglich begründete Vermögensbetreuungspflicht)

182 so bei §§ 179, 182, 227, 234, 239 a I, 239 b I, 242, 246

Wenn gem. § 174 I Nr. 2 die Vornahme sexueller Handlungen an einem Minderjährigen nicht nur dann strafbar ist, wenn er dem Täter zur Erziehung, Ausbildung oder Betreuung in der Lebensführung anvertraut ist, sondern genauso dann, wenn das Opfer dem Täter im Rahmen eines Dienst- oder Arbeitsverhältnisses untergeordnet ist, so kann hier im "Vertrauensbruch" kein erhöhter Unwert liegen. Es läßt sich auch nicht einwenden, die identische Strafdrohung für beide Alternativen sei damit zu erklären, daß dem erhöhten Unwert des Vertrauensmißbrauchs ein erhöhter Unwert der Ausnutzung der Unterordnung des Opfers entspreche. Denn aus dem für beide Tatbestandsvarianten geltenden Merkmal des Mißbrauchs der Abhängigkeit folgt klar, daß das 'Anvertrautsein' und die 'Unterordnung' keine andere Funktion haben als die, den Grund der Abhängigkeit anzugeben[183].

(2) Auch bei den Tatbeständen, die ein Handeln in Ausübung eines bestimmten Berufes voraussetzen[184], steht offensichtlich keine einheitliche Wertung hinter dem täterkreiseinschränkenden Merkmal. Dies zeigt sich recht deutlich an den auf Ärzte zugeschnittenen Deliktsbeschreibungen:
Die Begrenzung des Täterkreises in § 219 a auf Ärzte und in § 278 auf Ärzte und approbiertes Medizinalpersonal mag einen doppelten Grund haben. Zum einen geht von diesen Personen eine besondere Gefahr für das jeweils geschützte Potential aus. Denn, indem ihnen die Aufgabe übertragen ist, bestimmte Feststellungen zu treffen, haben sie am ehesten die Möglichkeit, insofern bewußt - rechtlich und praktisch bedeutungsvolle - unrichtige Angaben zu machen. Zum anderen könnte es eine Rolle spielen, daß Ärzte schon von Berufs wegen zur Wahrhaftigkeit besonders verpflichtet sind, so daß ein Verstoß gegen diese Verpflichtung das ihnen entgegengebrachte Vertrauen in besonderem Maße erschüttert. Im Fall des § 203 I Nr. 1 dagegen können diese beiden Gesichtspunkte für die Anknüpfung der Strafbarkeit an den

---

183 Tatbestände, die in jedem Fall ein Anvertrautsein verlangen sind §§ 174 I Nr. 1, 174 a I, II, 246 2. Alt, 356. Als eine unter mehreren gleich strafbaren Alternativen behandeln das Anvertrautsein §§ 97 b II, 133 III, 174 I Nr. 2, 180 III, 203 I, II, 353 b I

184 Dieses sind im wesentlichen §§ 203 I, III, 219 a, 266 a, 278, 290, 297, 323 II, 354, 356

Arztberuf nicht tragend gewesen sein. Den Ärzten und anderen Heilberuflern stellt das Gesetz in § 203 III 2 nämlich jedermann gleich, der das Geheimnis von einem verstorbenen Arzt oder Heilberufler oder aus dessen Nachlaß erlangt hat[185].

(3) Kein einheitliches Motiv steht auch hinter der Verwendung von Reflexivpronomina wie "sich", "ihm" usw., die dazu führt, daß das Delikt - jedenfalls was die mit dem Pronomen in Bezug genommene Handlung angeht - vom Täter selbst, eigenhändig begangen werden muß.
Bei § 246 ("sich zueignen") mag der Grund für die Einschränkung darin zu finden sein, daß eine gefährliche egoistische Tendenz getroffen werden soll.
§§ 234, 239 a I, 239 b I verlangen deshalb ein "sich Bemächtigen", weil es sich um unvollkommen zweiaktige Delikte handelt, bei denen die Vornahme des zweiten Aktes dem Täter nur möglich ist, wenn er zuvor selbst Gewalt über die Person hatte.
§ 179 kann in der zweiten Alternative nur erfüllen, wer sexuelle Handlungen unter Ausnutzung der Widerstandsunfähigkeit des Opfers "an sich" vornehmen läßt. Wegen Verführung (§ 182) macht sich nur strafbar, wer ein Mädchen unter sechzehn Jahren dazu verführt, "mit ihm" den Beischlaf zu vollziehen. Dagegen läßt es § 177 genügen, wenn der Täter einer Vergewaltigung das Opfer zum Beischlaf "mit ihm *oder einem Dritten*" nötigt. Wegen sexueller Nötigung (§ 178) macht sich auch strafbar, wer das Opfer zu außerehelichen sexuellen Handlungen "*an einem Dritten*" nötigt. Was den Gesetzgeber bewogen haben mag, bei §§ 179, 182 die Vornahme der sexuellen Handlung von oder an einem Dritten nicht mitzuerfassen, ist schwer zu sagen. Wahrscheinlich hat er auf diese umständliche Tatbestandsfassung nur deswegen verzichtet, weil die altruistische Begehungsform beim Ausnutzen Widerstandsunfä

---

185 wie hier wohl auch Schönke/Schröder/Lenckner § 203 Rz. 73. Die obige Argumentation mit Hilfe des § 203 III 2 basiert allerdings auf der - nicht unbedenklichen - Prämisse, daß die auf einem ziemlich weitgehenden gesetzgeberischen Perfektionismus beruhende Randvorschrift des Abs. 3 Satz 2 für das Verständnis der Kernvorschrift (Abs. 1) leitend sein kann.

higer und beim Verführen völlig untypisch ist, so daß für ihre Pönalisierung anders als bei der Vergewaltigung und der sexuellen Nötigung kriminalpolitisch kein Bedürfnis bestand.

(4) Schließlich sollen noch jene Delikte kurz beleuchtet werden, bei denen tätertauglich nur (bestimmte) Beschäftigte des öffentlichen Dienstes, insbesondere (bestimmte) Amtsträger sind.
Die Amtsträgereigenschaft wird gemeinhin für ein Merkmal gehalten, daß per se besonderes persönliches Merkmal i.S.d. § 28 ist, ohne daß es im Einzelfall einer Untersuchung der Gründe für die strafrechtliche Sonderbehandlung des Amtsträgers bedürfte.
In Wahrheit ist aber die Täterkreisbeschränkung auf Amtsträger nicht in allen Fällen auf denselben Grundgedanken - etwa die Verletzung der Amtspflichten oder die Erschütterung des Vertrauens der Allgemeinheit in die Loyalität der staatlichen Funktionäre - zurückzuführen.
Ein besonders schwerer Fall des Subventionsbetruges etwa liegt gem. § 264 II Nr. 2 i.d.R. vor, "wenn der Täter seine Befugnisse oder seine Stellung als Amtsträger mißbraucht". Mit gleicher Strafe bedroht § 264 II Nr. 3 aber auch denjenigen, der die Mithilfe eines seine Befugnisse oder Stellung mißbrauchenden Amtsträgers ausnutzt. Sollte es sich hierbei nicht um ein dogmatisch unerklärliches Unicum handeln, dann ist der Schluß unabweisbar, daß die Amtsträgereigenschaft bei § 264 II Nr. 2 ein Unrecht begründet, das Extranen prinzipiell voll zurechenbar ist.
Eine vergleichbare Situation findet sich bei der Verletzung des Post- und Fernmeldegeheimnisses (§ 354). Dort werden den "Bediensteten der Post" (Abs. 1 u. 2) postfremde Personen gleichgestellt (Abs. 3)[186].

186 Ohne Beweiswert für die im Text vertretene These ist § 354 dagegen dann, wenn man mit Maiwald (JuS 1977, 353, 361) und Lackner (§ 354 Anm. 2) annimmt, daß die Einbeziehung postfremder Personen auf einer vergleichbaren Pflichtenstellung beruht, wie sie die Amtsträger charakterisiert (vgl. dazu auch Schönke/Schröder/Lenckner, § 354 Rz. 41).

Es hat sich also bestätigt, daß nicht schon die Zugehörigkeit zu einem bestimmten Typus täterkreiseinschränkender Merkmale über die Qualifizierung als besonderes persönliches Merkmal entscheidet. Vielmehr ist es notwendig, den Grund zu erforschen, auf dem die Beschränkung des Kreises tauglicher Täter im *jeweiligen Tatbestand* beruht.

b) Gründe für die Schaffung von Sonderdelikten und Schlußfolgerungen daraus für die Anwendbarkeit des § 28

Angesichts dieser Erkenntnis stellt sich die Frage der Anwendbarkeit des § 28 vor allem als Problem der Interpretation des jeweiligen Straftatbestandes dar[187]. Die Gesetzesauslegung dürfte freilich in vielen Fällen erleichtert werden, wenn als Orientierungshilfe ein Katalog derjenigen Gesichtspunkte zur Verfügung stünde, die der Ausgestaltung von Strafbestimmungen als Sonderdelikte zugrunde liegen. Nachfolgend wird deshalb versucht, einen derartigen Katalog zu erstellen. Freilich darf nicht erwartet werden, daß darin sämtliche Gründe enthalten sind, die den Gesetzgeber zur Schaffung von Sonderdelikten bewogen haben. Dies würde eine hier gar nicht zu leistende in die Tiefe gehende Auseinandersetzung mit jedem einzelnen einschlägigen Tatbestand erfordern. Es kann nur darum gehen, typische Gründe herauszuarbeiten. Auf dieser Grundlage soll dann jeweils versucht werden, Aussagen zur Anwendbarkeit des § 28 zu machen.

Wie sich daraus bereits ergibt, ist bei der Untersuchung der einzelnen Tatbestände zweckmäßigerweise in zwei Schritten vorzugehen.

---

[187] insoweit ebenso Dowlad, a.a.O. S. 61, 72, 86; wohl auch Wessels, AT § 13 IV 2 c

Zunächst ist stets zu klären, warum der täterschaftliche Angriff nur dann strafbar bzw. mit höherer Strafe bedroht ist, wenn ihn eine Person mit den im Tatbestand beschriebenen Eigenschaften führt (in den folgenden Einzeluntersuchungen jeweils Gliederungspunkt (a)). Liegt der dabei zutage tretende Grund nicht in einem mit der betreffenden Eigenschaft verknüpften Unwerturteil, kann die Untersuchung mit dem Ergebnis abgebrochen werden, daß § 28 nicht zum Zuge kommt[188]. Denn wenn die Anknüpfung der Tätertauglichkeit an bestimmte persönliche Merkmale nicht Ausfluß eines (wie auch immer motivierten) Unwerturteils ist, fehlt von vornherein jede Grundlage für eine dahingehende Wertung, das Unrecht eines extranen Teilnehmers wiege im Vergleich zum Unrecht des intranen Täters so viel geringer, daß die Teilnehmerstrafe gem. § 28 zu mildern sei.

Dieses Vorgehen weist gewisse Parallelen zu den Ansätzen von Schünemann[189] und Herzberg[190] auf. Die hier vorgeschlagene Methode zum Erkennen besonderer persönlicher Merkmale stimmt mit derjenigen Schünemanns insofern überein, als der extrane 'Täter' im Blickpunkt steht (hier freilich nur bei dem ersten Prüfungsschritt). Während aber für Schünemann allein wichtig ist, *daß* ein Extraner nicht Täter sein kann, wird hier das '*Warum*' für entscheidend gehalten. - Mit Herzberg besteht insoweit Übereinstimmung, als auch er nach dem gesetzgeberischen Grund für die Begrenzung der täterschaftlichen Begehbarkeit des Delikts auf Personen mit den im Tatbestand bestimmten Merkmalen fragt. Der Unterschied zur Lehre Herzbergs liegt darin, daß Herzberg grundsätzlich schon dann, wenn als gesetzgeberischer Grund eine - wie auch immer geartete - Bewertung des fraglichen Merkmals ausgemacht werden kann (es sich also in der Terminologie Herzbergs um ein werterhebliches Merkmal handelt), die Frage nach der

188 Wenn in den folgenden Einzeluntersuchungen gleichwohl noch die zweite Prüfungsstufe betreten wird, so geschieht dies lediglich, um die Richtigkeit des an sich aufgrund des ersten Prüfungsschrittes bereits feststehenden Ergebnisses (Nichteingreifen des § 28) durch ausdrückliche Begründung gerade aus dem Verhältnis des intranen Täters zum extranen Teilnehmer unter Beweis zu stellen.

189 s.o. Drittes Kapitel, B IV

190 s.o. Drittes Kapitel, B VI 3

Anwendbarkeit des § 28 positiv beantwortet will. Nach hier vertretener Ansicht dagegen ist die Werterheblichkeit eines täterkreiseinschränkenden Merkmals nur eine notwendige, aber nicht hinreichende Voraussetzung des Eingreifens von § 28; vielmehr kommt es auf Art und Inhalt der Wertung an. Die Gründe der Täteruntauglichkeit des Extranen sind sowohl bezüglich unmittelbarer Täterschaft als auch bezüglich mittelbarer Täterschaft zu erforschen. Es genügt nicht, allein den Grund für den Ausschluß unmittelbarer Täterschaft in Betracht zu ziehen. Nur wenn *sowohl* unmittelbare *als auch* mittelbare Täterschaft eines Extranen wegen einer erheblichen Unrechtsdifferenz gegenüber dem intranen Täter ausgeschlossen sind, kann auch im Verhältnis des intranen Täters zum extranen Teilnehmer eine erhebliche, die Anwendung des § 28 notwendig machende Unrechtsdifferenz bestehen.

Anschließend muß gefragt werden, ob der für die Täterkreiseinschränkung maßgebliche Grund eine mildere Bestrafung des extranen Teilnehmers rechtfertigt bzw. dessen Bestrafung sogar verbietet (in den folgenden Einzeluntersuchungen jeweils Gliederungspunkt (b)).

Am Beispiel des § 175 soll die hier vorgeschlagene zweistufige Prüfung kurz verdeutlicht werden.
Die erste Frage lautet konkret: Warum ist es nur Männern bei Strafe verboten, sexuelle Handlungen an einem Mann unter 18 Jahren vorzunehmen oder von diesem an sich vornehmen zu lassen, nicht jedoch Frauen ?
Sodann ist zu fragen: Ist eine Frau, die einen Mann zu einer Tat nach § 175 anstiftet, zu bestrafen und bejahendenfalls nach § 28 I gemildert ?

Die Untersuchung soll für Institutionenschutztatbestände und Potentialschutztatbestände getrennt vorgenommmen werden. Dabei wird der Terminus 'Institutionenschutztatbestand' im engeren Sinne verstanden: Gemeint sind nur die Tatbestände, bei denen die Verletzung der Institution unmittelbar durch einen Verstoß gegen die Normen der Institution erfolgt. Delikte, deren Gegenstand die Pönalisierung der Verletzung oder Gefährdung eines Potentials einer Institution ist, werden der Gruppe der Potentialschutzdelikte zugeordnet.

aa) Institutionenschutztatbestände

Wie ausgeführt, kommen nur die Träger bestimmter Rollen als Täter in Betracht, wenn die betreffende Strafvorschrift statt oder neben einer Potentialverletzung oder -gefährdung den Angriff auf eine Institution pönalisiert und dieser Angriff durch die Verletzung einer nur für Funktionäre der Institution geltenden Verhaltensregel erfolgt.

(a) Die Beschränkung tauglicher Täter beruht hier darauf, daß das in der Regelverletzung liegende "böse Beispiel" nur derjenige geben kann, den die institutionellen Verhaltensregeln treffen. Dies gilt sowohl für die unmittelbare als auch für die mittelbare Täterschaft.

(b) Hinsichtlich der Strafbarkeit extraner Teilnehmer stellt sich zunächst die bisher von nur wenigen Autoren als problematisch erkannte Frage, ob die Teilnahme Extraner an diesen Straftaten überhaupt gem. §§ 26, 27 strafbar ist[191]. Bedenken bestehen deswegen, weil der Wirkungszusammenhang zwischen deliktischem Verhalten und Sozialschaden hier nicht durch bloße Kausalität hergestellt wird, sondern auf der psychologischen Wirkung eines Verstoßes gegen Regeln, die allein die Person des Intranen treffen, beruht. Der extrane Teilnehmer verstößt nicht selbst gegen diese Regeln. Ihm ist lediglich die Mitverursachung des bösen Beispiels seitens des Intranen vorzuwerfen. Eine dem Regelverstoß durch den Intranen vergleichbare psychologische Wirkung geht von dieser Mitverursachung nicht aus; der Extrane gibt selbst kein böses Beispiel.

191 s. Loos, Welzel-Festschrift S. 879, 892 Fn. 57; ders. Rechtsgutslehre S. 199; Jakobs, AT 22/7, 23/25

Mit den Lehren zum Strafgrund der Teilnahme ist das aufgeworfene Problem nicht zu lösen. Im Rahmen der Kritik der Autoren, die § 28 aus dem Strafgrund der Teilnahme herleiten zu können meinen, wurde bereits festgestellt, daß die Theorien zum Strafgrund der Teilnahme einen als gegeben vorausgesetzten Zusammenhang zwischen Teilnehmertat und Haupttat erklären, jedoch nicht einen solchen Zusammenhang konstituieren können[192]. Dies bedeutet: Optiert man für die Strafbarkeit der Teilnahme an Institutionenschutzdelikten, können die dafür maßgeblichen Gründe in einer Theorie zum Strafgrund zusammengefaßt werden. Entscheidet man aufgrund bestimmter Wertungen gegen Strafbarkeit, ist der Strafgrund der Teilnahme entsprechend einschränkend zu formulieren. Keinesfalls aber kann die Strafbarkeit aufgrund einer vorgegebenen Strafgrundtheorie im Widerspruch zu den für maßgeblich erkannten Wertungen begründet werden.

Daß der extrane Teilnehmer an einem Institutionenschutzdelikt bestraft werden muß, ist evident. Die sozialen Systeme wären in unerträglicher Weise gefährdet, wenn Anstiftung und Beihilfe zu strafbaren Regelverletzungen der Funktionäre ohne strafrechtliche Sanktion blieben. Fraglich ist allein, ob die Bestrafung des Extranen über §§ 26, 27 erfolgen kann oder ob besondere Teilnehmerstraftatbestände - wie im Fall der Vorteilsgewährung (§ 333) und der Bestechung (§ 334) - notwendig sind[193]. Sollte eine Bestrafung gem. §§ 26, 27 nicht möglich sein, bliebe der extrane Teilnehmer in der Regel straffrei. Denn das Gesetz hält spezielle Teilnehmertatbestände nur ganz vereinzelt bereit.

§§ 26, 27 gehen bei der Bestimmung der Teilnehmerstrafe von der für die Haupttat angedrohten Strafe aus. Der Anstifter wird gem. § 26 aus demselben Strafrahmen bestraft, aus dem auch der Täter bestraft wird. § 27 reduziert den Haupttatstrafrahmen zugunsten des Gehilfen nach Maßgabe des § 49 I. Der Grund für diese Reduzierung liegt darin, daß der Gehilfe anders als der Anstifter die Tat nicht initiiert und anders als der Täter sie auch nicht beherrscht. Die Höhe der angedrohten Strafe ist - soweit sie sich allein am

192 s.o. Viertes Kapitel, E II 2 b, III
193 vgl. dazu Loos, Rechtsgutslehre S. 199; ders. Welzel-Festschrift S. 879, 892 Fn. 57

Unrecht der Tat orientiert - Ausdruck für die Intensität des Schutzes, der dem geschützten Gut nach dem Willen des Gesetzgebers zuteil werden soll. Dem Anbinden der Teilnehmerstrafe an den Haupttatstrafrahmen liegt mithin die Überzeugung zugrunde, daß gegenüber der Teilnehmerhandlung ein prinzipiell gleiches Schutzbedürfnis besteht, wie es gegenüber der Haupttat gegeben ist.
Eine Bestrafung des extranen Teilnehmers am Institutionenschutzdelikt nach Maßgabe der §§ 26, 27 wäre nicht gerechtfertigt, wenn die oben aufgezeigten Besonderheiten dieser Deliktskategorie eine wesentlich verminderte Schutzbedürftigkeit der Institution gegenüber Teilnahmehandlungen Extraner zur Konsequenz hätten. Dies ist jedoch nicht der Fall: Der Umstand, daß bei den Institutionenschutzdelikten nur der Intrane das "böse Beispiel" geben kann, darf nicht davon ablenken, daß das Geben des bösen Beispiels nicht um seiner selbst willen verboten ist, sondern wegen der von ihm ausgehenden Wirkung auf andere Funktionäre und Dritte. Diese Wirkung wird vom Teilnehmer mittelbar mitverursacht. Sie herbeizuführen, ist dem Extranen keineswegs erlaubt. Es ist ihm lediglich unmöglich, sie unter eigener Tatherrschaft täterschaftlich herbeizuführen. Da die Institution also durchaus auch von außen, d.h. durch Extrane, angegriffen werden kann, besteht grundsätzlich das gleiche Schutzbedürfnis wie gegenüber Angriffen von innen, d.h. durch Intrane[194]. Es erscheint somit sachgerecht, auch bei den Institutionenschutzdelikten den für die Haupttat eröffneten Strafrahmen zum Ausgangspunkt der Bestrafung des extranen Teilnehmers zu machen. Deshalb sind §§ 26, 27 auf die Teilnahme Extraner am Institutionenschutzdelikt anwendbar. Dies ist zweifellos auch die Auffassung des Gesetzgebers[195], wie etwa die Strafbarkeit der versuchten Anstiftung zur Falschaussage (§ 159) deutlich macht.

Steht somit fest, daß die Teilnahme Extraner am Institutionenschutzdelikt nach den allgemeinen Vorschriften strafbar ist, so erhebt sich nunmehr die Frage nach der Anwendbarkeit des § 28. Insoweit bedarf es der Klärung, ob

---

194 so im Ergebnis auch Jakobs, AT 23/15
195 vgl. Loos, Rechtsgutslehre S. 199

die fehlende Tätertauglichkeit des extranen Teilnehmers eine Strafmilderung nach Maßgabe des § 28 erfordert.

Der Regelung der Teilnehmerstrafe in §§ 26, 27 liegt eine bestimmte Vorstellung der Struktur von Täterhandlung und Teilnehmerhandlung zugrunde. Im Regelfall der Straftat, dem Potentialschutzdelikt, wirkt die Täterhandlung - sehr naturalistisch ausgedrückt - lediglich als Kausalfaktor. Vergleichbar einem Naturereignis setzt sie eine Ursachenkette in Gang, an deren Ende ein sozialschädlicher Erfolg steht. Von der Teilnehmerhandlung, die ebenfalls Kausalfaktor für den Erfolg ist, unterscheidet sich die Täterhandlung nur dadurch, daß sie den Kausalverlauf mehr oder minder weitgehend steuert[196]. Bei den Institutionenschutzdelikten besteht hingegen die geschilderte Besonderheit, daß die sozialschädliche Wirkung auf dem von anderen Personen verstandenen Bedeutungsgehalt der Täterhandlung beruht. Es fehlt deshalb an der Austauschbarkeit der Täterhandlung gegen beliebige andere Kausalfaktoren; die Beziehung der Handlung zum Täter ist insofern viel enger als im beschriebenen Regelfall, als sie ihre sozialschädliche Tendenz - die in ihr zum Ausdruck gebrachte Lossagung von den Regeln der Institution - nicht a priori in sich trägt, sondern sie erst und nur deshalb erhält, weil gerade der Täter die Handlung vornimmt; nur weil der Täter die Handlung vornimmt, wird sie zum "bösen Beispiel" und entsteht bei anderen der negative Eindruck. Die Teilnehmerhandlung des Extranen bleibt dagegen auch hier bloßer Kausalfaktor; der Teilnehmer verursacht zwar mittelbar die Entstehung des negativen Eindrucks, gibt aber selbst kein "böses Beispiel". Daraus folgt, daß bei den Institutionenschutzdelikten die sozialschädliche Wirkung wertungsmäßig dem Täter ungleich stärker zugeordnet wird als dem extranen

---

196 Dies gilt - worüber die im Interesse einer deutlichen Unterscheidung liegende stark naturalistische Betrachtungsweise der vorangehenden Ausführungen nicht hinwegtäuschen darf - im Prinzip auch für die Ehrverletzungsdelikte. Bei ihnen ist es der Aussageinhalt, der das Potential verletzt, ohne daß es in spezifischer Weise auf die Person, von der die Aussage herrührt, ankommt (s. näher bereits oben bei Fn. 87). Stehen aber der Aussageinhalt und seine Übermittlung an den Adressaten im Vordergrund, ist ein prinzipieller qualitativer Unterschied zwischen dem Verhalten des Täters und dem des Teilnehmers nicht ersichtlich.

Teilnehmer. Ein Aussagegehalt wird eben eher und intensiver einer Person zugerechnet, hat einen intensiveren Bezug zu der hinter der Aussage stehenden Person, als eine Handlung, die keine solche Aussage enthält, sondern bloß Kausalfaktor ist.

Diesem Befund muß durch eine erheblich mildere Bestrafung des extranen Teilnehmers Rechnung getragen werden. Dazu reicht eine bloße Milderung innerhalb des Haupttatstrafrahmens bzw. des gem. §§ 27, 49 I reduzierten Haupttatstrafrahmens nicht aus. Vielmehr ist eine Strafrahmenreduzierung i.S.d. §§ 28, 49 I bzw. § 28 II angebracht.

Zur Vermeidung von Mißverständnissen sei folgendes besonders hervorgehoben: Nicht das Gebundensein bzw. Nichtgebundensein an die institutionellen Regeln begründet die Unrechtsdifferenz. Insoweit gilt die Kritik entsprechend, die oben (B) an den Autoren geübt wurde, die das Bestehen einer Sonderpflicht für das maßgebliche Kriterium eines besonderen persönlichen Merkmals halten. Vielmehr ist es, wie dargelegt, die besondere Art und Weise der Herbeiführung der sozialschädlichen Wirkung (die nicht in dem Regelverstoß als solchem liegt) durch den Täter, an der der extrane Teilnehmer nicht teilhat und die sein Unrecht deshalb gegenüber dem des Täters stark gemindert erscheinen läßt.

Die Notwendigkeit einer erheblichen Milderbestrafung des extranen Teilnehmers am Institutionenschutzdelikt wird übrigens auch vom Rechtsgefühl empfunden. Jenseits aller juristischen Argumentation sieht auch ein Laie einen bedeutenden Unterschied darin, ob ein Funktionär sich von den seine Rolle mitkonstituierenden Regeln lossagt oder ob ein Jedermann zu dieser Lossagung anstiftet bzw. Hilfe leistet.

bb) Potentialschutztatbestände

Die Gründe dafür, daß zahlreiche Potentialschutzdelikte nur von bestimmten Personen täterschaftlich begangen werden können, sind vielfältig. Sie gilt es herauszufinden, um jeweils im Anschluß daran nach den Implikationen für eine die Anwendung des § 28 rechtfertigende wesentliche Unrechtsdifferenz zwischen intranem Täter und extranem Teilnehmer zu fragen. Zuvor ist jedoch noch auf folgendes besonders hinzuweisen: Sofern hier die Meinung geäußert wird, § 28 komme auf den extranen Teilnehmer nicht zur Anwendung, gilt dies stets nur unter der Bedingung, daß hinter einem täterkreiseinschränkenden Merkmal *ausschließlich* der jeweils behandelte Grund für die Täterkreiseinschränkung steht; beruht die Täterkreisbegrenzung dagegen - was häufig der Fall ist und unten (9) noch im einzelnen untersucht wird - auf zusätzlichen Gesichtspunkten, kann das Ergebnis hinsichtlich des Eingreifens von § 28 ganz anders aussehen.

(1) Gesetzestechnische Erleichterung der Handlungsbeschreibung

(a) Vereinzelt finden sich Straftatbestände, bei denen die Einschränkung der Tätertauglichkeit ein bloßer Reflex der Handlungsbeschreibung ist oder - umgekehrt ausgedrückt - die Täterkreiseinschränkung der Spezifizierung des tatbestandsmäßigen Verhaltens dient[197]. Kennzeichnet der Gesetzgeber nämlich - um den häufigsten Fall zu nennen - die Tathandlung ausschließlich oder zusätzlich dadurch, daß sie eine außerstrafrechtliche Norm[198] verletzt, so verengt er für den Fall, daß die außerstrafrechtliche Norm nicht jedermann bindet, automatisch den Kreis tauglicher Täter auf Personen, die

197 zur Umdeutbarkeit vieler Tätermerkmale in Handlungsmerkmale s. Viertes Kapitel, Fn. 12

198 Dabei muß es sich nicht unbedingt um Rechtsnormen handeln, wie etwa §§ 323, 330 (Regeln der Technik) und §§ 283 I Nr. 1, 2, 8, § 283 d I (Anforderungen einer ordnungsgemäßen Wirtschaft) beweisen.

Adressat der jeweiligen außerstrafrechtlichen Norm sind. § 311 d etwa bedroht die Freisetzung ionisierender Strahlen und das Bewirken von Kernspaltungsvorgängen nur dann mit Strafe, wenn dabei verwaltungsrechtliche Pflichten verletzt werden. § 315 a I Nr. 1 verlangt, daß der Täter durch grob pflichtwidriges Verhalten gegen Rechtsvorschriften z.B. des Luftverkehrs verstößt[199]. Nach § 323 wird als Täter bestraft, wer gegen die allgemein anerkannten Regeln der Technik verstößt. § 325 stellt das Verursachen von Luftverunreinigungen und Lärm unter der Voraussetzung unter Strafe, daß der Täter beim Betrieb einer Anlage verwaltungsrechtliche Pflichten verletzt[200] [201].

Zweck der Anknüpfung des Tatbestandes an den außerstrafrechtlichen Normverstoß scheint es in diesen Fällen zum einen zu sein, die verbotene Handlung nicht im einzelnen schildern zu müssen. Zum anderen ist so die Aufgabe recht geschickt zu bewältigen, erlaubtes Tun von unerlaubtem deutlich zu scheiden, was immer dann besonders kompliziert wird, wenn das Handeln seiner Art nach zwar nicht ungefährlich ist, es sich aber doch im Bereich des Erlaubten, Notwendigen, vielleicht sogar Erwünschten abspielt. Sofern mit diesen beiden Gesichtspunkten die Motive des Gesetzgebers dafür, die Möglichkeit von Täterschaft von der Verletzung bestimmter außerstrafrechtlicher Normen abhängig zu machen, richtig erkannt sind, ist der Ausschluß Extraner von unmittelbarer und mittelbarer Täterschaft zwangsläufige, aber nicht bezweckte Folge einer bestimmten Gesetzestechnik.

(b) Bezweckt die Täterkreiseinschränkung lediglich die Spezifizierung des tatbestandsmäßigen Verhaltens, so werden dadurch besondere Unterschiede im Unrecht (über die unterschiedliche Beteiligungsform hinaus) zwischen der

---

199 Daß der Täterkreis bei § 315 a I und bei etlichen anderen hier einschlägigen Vorschriften auch noch anderweitig begrenzt ist (bei § 315 a I auf Fahrzeugführer und für die Sicherheit Verantwortliche), spielt hier keine Rolle.

200 Weitere Beispiele finden sich in §§ 330 I 1 Nr. 2-4, 283 I Nr. 6, 7.

201 zu dem Zweck, den der Gesetzgeber mit solchen verwaltungsrechtliche Pflichten transponierenden Tatbestandsmerkmalen verfolgt, s. näher BT Drucks. VIII/3630 S. 27; Dölling, JZ 1985, 461, 467

Tat des extranen Teilnehmers und der des Täters nicht begründet. Eine Notwendigkeit zur milderen Bestrafung des Extraneus über § 28 ist somit nicht gegeben.

(2) Verletzungsmonopol

(a) Mitunter ist die unmittelbare Potentialverletzung faktisch nur bestimmten Personen möglich. Dies gilt unter der Voraussetzung, daß dort überhaupt Potentiale geschützt werden sollen, für Verwandte hinsichtlich des Inzests (§ 173), für Männer hinsichtlich homosexueller Handlungen (§ 175) und hinsichtlich des Verführens (§ 182) und eventuell auch hinsichtlich exhibitionistischer Handlungen (§ 183)[202].

Nach der Fassung der angeführten Strafvorschriften scheidet allerdings auch mittelbare Täterschaft der im Tatbestand nicht genannten Personen aus. § 175 beispielsweise ist von einer Frau auch dann nicht in mittelbarer Täterschaft begehbar, wenn sie sich eines männlichen "Werkzeugs" bedient, denn § 175 bedroht ausschließlich die Tat eines "Mannes über achtzehn Jahren" mit Strafe. Besteht - wovon hier ausgegangen wird - der Grund für die Einschränkung des Kreises tauglicher unmittelbarer Täter allein im 'Potentialverletzungsmonopol' dieser Personen, dann läßt sich der Ausschluß mittelbarer Täterschaft Extraner wohl nur damit erklären, daß der Gesetzgeber im Interesse einer unkomplizierten Verbrechensbeschreibung auf die Erfassung kriminalpolitisch ohnehin nicht bedeutender Ausnahmekonstellationen verzichtet hat, zumal in vielen Fällen 'mittelbare Täterschaft' des Hintermannes als Anstiftung belangt werden kann.

---

202 ähnlich Jakobs, AT 23/24

(b) Das faktische Unvermögen, ein Potential als Alleintäter zu verletzen, mindert das Unrecht des extranen Teilnehmers nicht, da es ihm ja gelungen ist, sein Unvermögen durch Einschalten eines in 'günstiger Position' befindlichen Täters zu überwinden. Hier besteht somit kein Bedürfnis für eine Strafmilderung gem. § 28 zugunsten des Extranen[203].

(3) Tatbildtypisierung

(a) Nicht selten verfolgt der Gesetzgeber mit der Eingrenzung des Kreises tauglicher Täter den Zweck, untypische Fälle der Potentialverletzung aus dem Tatbestand auszugrenzen und dadurch ein kriminalphänomenologisch vorgegebenes und im Sozialbewußtsein lebendiges Bild nachzuzeichnen[204]. Ein Beispiel ist § 297 (Schiffsgefährdung durch Bannware), vielleicht auch § 183 (Exhibitionistische Handlungen)[205].
Auch mittelbare Täterschaft eines Extranen ist bei diesen Delikten nicht strafbar, sonst könnte der Tatbestand seine Typisierungsfunktion nicht mehr erfüllen.

(b) Sofern die Täterkreiseinschränkung allein aus Gründen der Tatbildtypisierung erfolgt, versteht es sich von selbst, daß § 28 auf nicht tätertaugliche Beteiligte unanwendbar ist.

---

203 im Ergebnis ebenso Jakobs, AT 23/24
204 Diese Erkenntnis ist vor allem Herzberg zu verdanken (s. ZStW 88 (1976), 68, 82 f, 84, 116; JuS 1983, 737, 739, 747).
205 vgl. Herzberg, ZStW 88 (1976), 68, 83 f

(4) Erleichterte Zugriffsmöglichkeit

(a) Viele Delikte sind, wie schon erwähnt, täterschaftlich nur von dem begehbar, der eine besondere Zugriffsmöglichkeit auf das Schutzobjekt besitzt (Positionsgefährlichkeit[206])[207]. Von den oben (2) behandelten Delikten mit Verletzungsmonopol unterscheiden sich diese Tatbestände dadurch, daß hier prinzipiell auch Extrane das Potential verletzen können, jedoch typischerweise nicht so leicht wie dies Intranen möglich ist.
Weil Personen in einer Näheposition das geschützte Potential leichter verletzen können, ist ihnen gegenüber ein erhöhter Schutz erforderlich[208]. § 174 I beispielsweise will Kinder und Jugendliche davor schützen, daß an ihnen sexuelle Handlungen vorgenommen werden. Allerdings richtet sich die Strafdrohung nur gegen Personen, denen der Jugendliche zur Erziehung, Ausbildung oder Betreuung in der Lebensführung anvertraut (Nr. 1 u. 2) oder im Rahmen eines Dienst- oder Ausbildungsverhältnisses untergeordnet (Nr. 2) ist, bzw. an die Eltern des Jugendlichen (Nr. 3). Unbeschadet weiterer Gründe beruht die Beschränkung des Täterkreises hier jedenfalls auch auf der erhöhten Anfälligkeit des jugendlichen Opfers gegenüber sexuellen Übergriffen einer Autoritätsperson[209]. Weil die Autoritätsperson den Jugendlichen i.d.R. physisch und psychisch mehr oder minder stark beherrscht, fällt es ihr typischerweise leichter als Außenstehenden, den von ihr abhängigen Jugendlichen sexuell zu mißbrauchen. Eine entsprechende Situation liegt §§ 174 a, 174 b, 180 III, 203, 223 b, 264 II Nr. 2, 266, 266 a und vielen weiteren Strafvorschriften, darunter sicher auch einigen Amtsdelikten (etwa § 340) zugrunde.

---

206 Der Terminus geht wohl auf Esser (GA 1958, 321, 326) zurück; ihn nimmt Loos (Rechtsgutslehre S. 191) zustimmend auf.

207 vgl. Loos, Rechtsgutslehre S. 191 ff, 194; ähnlich auch Jakobs, AT 23/24

208 vgl. Loos, Rechtsgutslehre S. 191

209 s. BT Drucks. VI/3521 S. 20; zustimmend Schönke/Schröder/Lenckner, § 174 Rz. 1; Dreher/Tröndle, § 174 Rz. 1; Lackner, § 174 Anm. 1

Wenn (auch) das Bestehen einer besonders günstigen Zugriffsmöglichkeit die Strafdrohung oder die verschärfte Strafdrohung motiviert hat, dann ist es konsequent, daß Täter nur Personen sein können, die sich in einer derartigen, die Potentialverletzung begünstigenden Position befinden.
Nicht ausreichend erklärt ist mit dem Hinweis auf das Fehlen der besonderen Zugriffsmöglichkeit eines Extranen jedoch, warum die Mehrzahl der Tatbestände dieser Delikte von einem Extranen auch nicht in mittelbarer Täterschaft verwirklicht werden können. Denn indem sich der Extrane als Werkzeug einer Person in einer besonderen Nähebeziehung zum Potential bedient, macht er sich deren besondere Zugriffsmöglichkeit zunutze. Insofern dürfte wiederum der Gesichtspunkt der Tatbildtypisierung entscheidend gewesen sein.

(b) Die Anwendung des § 28 auf den extranen Teilnehmer ist hier - sofern die erleichterte Zugriffsmöglichkeit, dies ist hier nochmals zu betonen, den einzigen Grund für die Täterkreiseinschränkung abgibt - nicht gerechtfertigt. Weil sich der extrane Beteiligte die bessere Zugriffsmöglichkeit des Intranen für seinen mittelbaren Rechtsgutsangriff zunutze macht[210], ist ihm das in der Ausnutzung der Machtposition des Täters begründete besondere Unrecht voll zuzurechnen[211]. Es besteht insofern eine Parallele zu den Delikten mit Rechtsgutsverletzungsmonopol des Täters.

(5) Besondere Gefährlichkeit des Täters

(a) Bei manchen Tatbeständen finden die besonderen Anforderungen an die Person des Täters ihre Erklärung in einer erhöhten Gefährlichkeit des Täters für das geschützte Potential. Zu nennen sind hier etwa § 121 I ("Gefangene,

210 vgl. Loos, Rechtsgutslehre S. 192 f; ders. Welzel-Festschrift S. 879, 893/894 Fn. 57
211 ebenso Loos, Rechtsgutslehre S. 191 ff; im Ergebnis auch Jakobs, AT 23/24

die sich zusammenrotten"), § 227 ("jeder, welcher sich an dem Angriff oder der Schlägerei beteiligt hat"), § 244 I Nr. 3 ("als Mitglied einer Bande")[212], § 315 a I Nr. 1, § 315 c I Nr. 1, § 316 ("wer ein Fahrzeug führt, obwohl er infolge des Genusses alkoholischer Getränke nicht in der Lage ist, das Fahrzeug sicher zu führen").

Daß Personen, die diese Voraussetzungen nicht selbst erfüllen, das Delikt auch nicht in mittelbarer Täterschaft begehen können, mag darauf zurückzuführen sein, daß mittelbare Täterschaft eines Extranen hier praktisch kaum vorkommt und daher bei der Tatbeschreibung vernachlässigt werden konnte.

(b) Gründe dafür, dem extranen Teilnehmer die gesteigerte Gefährlichkeit des täterschaftlichen Angriffs nicht zuzurechnen, sind nicht vorhanden. Es macht beispielsweise keinen Unterschied, ob der Anstifter eines Raubes den Räuber veranlaßt, bei der Tat eine Waffe einzusetzen (§ 250 Nr. 2) - die qualifizierend wirkende Gefährlichkeit des Tatmittels wird dem Teilnehmer hier ohne weiteres zugerechnet -, oder ob der Anstifter einer Gefangenenmeuterei (§ 121) mehrere Gefangene veranlaßt, sich zwecks gewaltsamen Ausbruchs zusammenzurotten - hier wirkt die Gefährlichkeit der Täter qualifizierend. Jedesmal erhöht er mittelbar die Gefährlichkeit der Tat für das betroffene Potential. Tatbeteiligte, die den gefährlichen Rechtsgutsangriff veranlassen oder fördern, sind somit, auch wenn sie selbst nicht in der vom Gesetz vorausgesetzten besonders gefährlichen Weise handeln, nicht nach § 28 gemildert zu bestrafen.

212 Ob die erhöhte Gefährlichkeit die alleinige Ursache der härteren Bestrafung des Bandenmitglieds gegenüber 'einfachen' Dieben ist, kann hier offen bleiben.

(6) Gewährleistung künftiger Zuwendung eines Zuwendungspflichtigen

(a) In einer nicht geringen Anzahl von Straftatbeständen kennzeichnet den Täter eine Schutzaufgabe zugunsten des Potentialinhabers oder Schutzobjekts[213]. Zur Ermittlung des Grundes, auf dem die Restriktion des Täterkreises beruht, sind zunächst nur diejenigen Strafvorschriften heranzuziehen, deren Tathandlung in einem positiven Tun besteht; die unechten Unterlassungsdelikte werden gesondert behandelt.

Sehr häufig ist mit der Schutzaufgabe (deren nähere Qualifizierung unten erfolgt) eine Näheposition des Täters zum Schutzobjekt, wie sie schon oben (4) beschrieben wurde, verbunden[214]. Oft ist die Schutzaufgabe auch Ausdruck einer institutionellen Norm und die entsprechende Strafnorm somit Institutionenschutztatbestand[215]. In Betracht kommen u.a. die folgenden Strafbestimmungen: §§ 170 d, 221 I 2. Alt, 223 b, 266.

Von jemandem, dessen Fürsorge oder Obhut ein Minderjähriger oder Gebrechlicher untersteht (so bei § 223 b I 1. Alt.), wird erwartet, daß er seinem Schützling beisteht, insbesondere ihn vor drohenden äußeren Beeinträchtigungen bewahrt. Verletzt der Obhuts- oder Fürsorgepflichtige sogar selbst Potentiale des Schützlings, indem er ihn quält oder roh mißhandelt, so erscheint dies schwerwiegender als die gleiche Handlung eines beliebigen Dritten. Denn jener bewirkt nicht allein den Erfolgsunwert der Qual oder Mißhandlung, sondern nützt außerdem die mit der Fürsorge- oder Obhutsstellung verbundene bessere Zugriffsmöglichkeit aus und demonstriert zugleich seine mangelnde Bereitschaft, die aus der Fürsorge- oder Obhutsstellung erwachsende Schutzaufgabe zu erfüllen.

Da das Wesen der Potentialschutzdelikte in der Gefährdung oder Verletzung eines Potentials besteht, muß die Mißachtung der eigenen Schutzfunktion - soll sie das Unrecht begründen oder erhöhen - unter dem Gesichtspunkt des Potentialschutzes irgendwie von Bedeutung sein. Zunächst scheint es so, als

---

213 Darauf weisen insbesondere Lüderssen (Strafgrund S. 134) und Loos (Rechtsgutslehre S. 194) hin.

214 s. Lüderssen, Strafgrund S. 134; Loos, Rechtsgutslehre S. 194

215 vgl. Loos, Rechtsgutslehre S. 201 Fn. 2

spiele es im Rahmen eines Potentialangriffs durch positives Tun für das zu schützende Potential keine Rolle, ob den Aggressor neben einer besonderen Zugriffsmöglichkeit auch eine Schutzaufgabe zugunsten des Potentials kennzeichnet: Das Bestehen einer Schutzaufgabe ist weder unter dem Aspekt der Begehungswahrscheinlichkeit noch unter dem der Verletzungsintensität relevant. Von Bedeutung für das Potential kann dieser Umstand jedoch insofern sein, als die im aktiven Potentialangriff expressiv werdende Mißachtung der eigenen Schutzaufgabe die Nichterfüllung dieser Aufgabe in der Zukunft befürchten läßt. Mit der Anknüpfung der (erhöhten) Strafbarkeit an eine Schutzaufgabe des Täters soll also dem Potential der Schutz durch den Schutzpflichtigen in künftigen Gefahrensituationen gesichert werden[216], oder allgemein: eine künftige Zuwendung eines Zuwendungspflichtigen gewährleistet werden[217].

Mittelbare Täterschaft eines Extranen (d.h. hier einer Person ohne tatbestandliche Schutzaufgabe) kann es nicht geben. Die unrechtssteigernde oder -begründende Negierung der eigenen Schutzaufgabe ist nämlich überhaupt nur durch ein objektiv wie subjektiv zurechenbares bewußt potentialfeindliches Verhalten des Aufgabenträgers selbst möglich. Die Verletzung der Schutzaufgabe ist demnach ein höchstpersönliches Merkmal.

216 Daß ein in der Vergangenheit liegendes Verhalten für das Strafrecht legitimer Anknüpfungspunkt sein kann, auf die Gefahr künftiger Pflichtverletzungen zu schließen, bejaht (in dem etwas anderen Zusammenhang der Rechtsbeugung) auch Schreiber (GA 1972, 193, 197).

217 Der hier entwickelte Gedanke geht (unmittelbar) auf Jakobs' Ausführungen zum Inhalt der von ihm sog. Pflichten kraft institutioneller Zuständigkeit (AT 29/57 ff) zurück; die Funktion dieser Pflichten soll die Garantie von Erwartungen sein, die auf Gütererhalt bezogen sind (AT 29/58). Allerdings lassen sich bereits die einschlägigen Äußerungen von Loos (Rechtsgutslehre S. 194 ff) im Sinne der hier vorgetragenen Auffassung zur Bedeutung der Schutzaufgabe für das Unrecht des Schutzpflichtigen interpretieren.

(b) Die strafbarkeitsbegründende oder -steigernde konkludente Lossagung von der eigenen Schutzaufgabe durch den Intraneus, die im Angriff auf das Potential zum Ausdruck kommt, ist dem extranen Teilnehmer wegen der beschriebenen höchstpersönlichen Natur nicht zurechenbar[218]. Daraus ergeben sich Konsequenzen für die Strafbarkeit des extranen Teilnehmers: Beruht die Sonderdeliktseigenschaft *allein* auf der Innehabung einer Schutzaufgabe - ist also zusätzlich weder eine besondere Positionsgefährlichkeit gegeben noch die Auflehnung eines Rollenträgers gegen institutionelle Regeln -, so ist das Sonderdeliktsmerkmal gänzlich nichtakzessorisch. Die Teilnahme Extraner ist in diesem Fall nur dann strafbar, wenn ein Grundtatbestand existiert. Steht kein Grundtatbestand zur Verfügung (echtes Sonderdelikt), muß der extrane Teilnehmer straflos bleiben.

(7) Garantenstellung bei unechten Unterlassungsdelikten

Die Frage, ob die Garantenstellungen bei den unechten Unterlassungsdelikten besondere persönliche Merkmale i.S.d. § 28 sind, ist bekanntlich äußerst umstritten. Die Rechtsprechung hat noch nicht Stellung genommen. Der Grund für die besondere Problematik dieser Frage dürfte darin liegen, daß sich hier zwei gleichermaßen komplizierte und wissenschaftlich noch nicht gänzlich durchdrungene strafrechtliche Thematiken miteinander verquicken: die Teilnahmelehre und die Unterlassungsdogmatik. Angesichts dessen läßt eine Behandlung der Frage am Rande, wie es hier nicht anders möglich ist, eine abschließende, nach allen Seiten hin durchdachte Antwort kaum erwarten. Das Thema der Anwendbarkeit des § 28 auf die aktive Teilnahme am unechten Unterlassungsdelikt verdient eine, bisher leider fehlende, eigenständige umfassende monographische Untersuchung. Wegen seiner erheblichen praktischen und wissenschaftlichen Bedeutung kann es im Rahmen der vorliegenden Abhandlung gleichwohl nicht kurzerhand übergangen werden.

218 so auch Loos, Rechtsgutslehre S. 195

Sofern bei der nachfolgenden Stellungnahme Aussagen im Bereich der Unterlassungsdogmatik gemacht werden, bin ich mir ihrer Angreifbarkeit durchaus bewußt. Es geht einzig darum zu zeigen, wie eine Lösung auf der Grundlage des hier zu § 28 vertretenen Ansatzes aussehen könnte.

Zunächst sollen die Hauptströmungen in dem erwähnten Meinungsstreit kurz skizziert werden.

Nach einer Auffassung soll § 28 auf nichtgarantenpflichtige aktiv handelnde Teilnehmer an unechten Unterlassungsdelikten stets anzuwenden sein[219]. Die Begründungen dafür weichen stark voneinander ab und sind im wesentlichen Konsequenz der jeweiligen Auffassung zur Bestimmung besonderer persönlicher Merkmale.

Eine ungefähr ebenso große Anzahl von Autoren lehnt eine Anwendung des § 28 dagegen generell ab[220]. Dies geschieht entweder ebenfalls in Anwendung der eigenen Definition besonderer persönlicher Merkmale[221] oder durch Argumentation mit der speziellen Funktion der Garantenstellung[222]. Sofern letzteres der Fall ist, lautet das Hauptargument gegen eine Anwendung des § 28 folgendermaßen: Die Garantenpflicht ist nur der Teilaspekt, unter dem die Gleichstellung der Unterlassung mit dem positiven Tun erfolgt[223]. Erklärend wird darauf hingewiesen, daß etwa das Unrecht der Tö-

---

219 s. LK-Roxin § 28 Rz. 40; ders. Täterschaft und Tatherrschaft S. 459 f, 467, 515; Baumann/Weber, AT § 37 III 2 b ß; Dreher/Tröndle, § 28 Rz. 6; Dreher, JR 1970, 146; Eser, Studienkurs II Fall 42 A 12; SK-Samson, § 28 Rz. 21; Wessels, AT § 13 IV 2 c; Vogler, Lange-Festschrift S. 265, 282 f; Langer, Lange-Festschrift S. 241, 262; Stratenwerth, AT Rz. 935; Maurach/Gössel/Zipf, AT II § 53 III 7 a bb Rz 168; Otto, Grundkurs AT § 22 I 3 d

220 s. LK-Jescheck, § 13 Rz. 52; ders. AT § 61 VII 4 a; Schönke/Schröder/Cramer, § 28 Rz. 19; Lackner, § 28 Anm. 2 a; Gerl, a.a.O. S. 165; Herzberg, ZStW 88 (1976), 68, 108; Geppert, ZStW 82 (1970), 40, 70, 73

221 so etwa Geppert, ZStW 82 (1970), 40, 65 ff; wohl auch Lackner, § 28 Anm. 2 a

222 so etwa Schönke/Schröder/Cramer § 28 Rz. 19; Jescheck, AT § 61 VII 4 a; wohl auch Gerl, a.a.O. S. 163 ff

223 so etwa Schönke/Schröder/Cramer § 28 Rz. 19; Jescheck, AT § 61 VII 4 a

tung oder Körperverletzung grundsätzlich deswegen kein anderes ist, weil es durch Unterlassen geschaffen wird[224].

Vereinzelt finden sich auch differenzierende Auffassungen, denenzufolge nicht alle, aber doch einige Garantenstellungen besondere persönliche Merkmale i.S.d. § 28 sind.

Jakobs etwa will danach unterscheiden, welcher Haftungsgrund der jeweiligen Garantenstellung zugrunde liegt. Sofern es der von *Jakobs* so bezeichnete Haftungsgrund der Rücksichtnahme auf andere bei der Gestaltung eines Organisationskreises ist, soll es sich nicht um ein besonderes persönliches Merkmal handeln[225]. Ist die Garantenstellung dagegen Ausdruck des von *Jakobs* sogenannten Haftungsgrundes der institutionell abgesicherten Solidarität, soll § 28 zum Zuge kommen[226]. Damit beurteilt *Jakobs* die Anwendbarkeit der Vorschrift hier nach denselben Gesichtspunkten wie im Bereich der Begehungsdelikte[227]. Dies ist die Konsequenz aus *Jakobs*' Auffassung, nach der strafrechtliche Gebote keine besonderen Haftungsvoraussetzungen haben, die bei Verboten nicht erforderlich wären[228].

Dowlad will § 28 dann eingreifen lassen, wenn es sich bei der jeweiligen Garantenstellung um eine solche handelt, die zum Schutz des Rechtsguts verpflichtet (Fall des Beschützergaranten), nicht aber wenn sie eine Überwachungspflicht begründet (Fall des Überwachergaranten)[229]. Im Anschluß an Gallas hält *Dowlad* die besonderen persönlichen Merkmale i.S.d. § 28 für solche, die durch ein personalethisches und damit höchstpersönliches Element gekennzeichnet sind[230]. Ein über die Rechtsgutsverletzung hinausge

224 s. Schönke/Schröder/Cramer § 28 Rz. 19
225 AT 23/24
226 AT 23/25
227 vgl. oben Drittes Kapitel, B VI 2 c (3)
228 s. AT 28/16 und öfter
229 a.a.O. S. 99, 102, 112 ff
230 a.a.O. S. 91 f und öfter

hender personalethischer Unwert ist nach Ansicht *Dowlads* nur mit dem Unterlassen eines Beschützergaranten verbunden, nicht mit dem eines Überwachergaranten[231].

Zur Entwicklung der eigenen Auffassung soll in Abweichung von dem hier entwickelten und oben ((1) bis (6)) ständig zugrunde gelegten Muster (zweistufige Prüfung) nicht sogleich nach dem Grund für die Beschränkung täterschaftlicher Begehung unechter Unterlassungsdelikte auf Personen in einer Garantenstellung gesucht und nach den Auswirkungen auf das Unrecht eines extranen Tatbeteiligten gefragt werden. Vielmehr besteht hier Anlaß, sich zunächst der vorgelagerten Frage zuzuwenden, ob und ggf. in welcher Beziehung es sich bei den Garantenstellungen überhaupt um täterkreiseinschränkende Merkmale handelt.

Ausgangspunkt der Überlegungen ist die Annahme, daß Begehen und Unterlassen unterschiedliche Handlungsformen der Deliktsverwirklichung sind, das verwirklichte Delikt aber dasselbe ist, gleichgültig ob es durch positives Tun oder durch Unterlassen begangen wird.
Unter dieser - freilich keineswegs zweifelsfreien - Prämisse ist die Innehabung einer Garantenstellung nur dann Voraussetzung der täterschaftlichen Begehung eines Potentialschutzdelikts oder der Teilnahme daran (nur Potentialschutzdelikte sind an dieser Stelle Gegenstand der Untersuchung), sofern das Verhalten desjenigen, nach dessen Strafbarkeit gefragt ist, in einem *Unterlassen* besteht.
Wer sich durch *aktives Tun* an der Unterlassung eines anderen beteiligt, ist aufgrund des von ihm erbrachten kausalen Tatbeitrags Täter (des einschlägigen Delikts als eines Begehungsdelikts), wenn er Tatherrschaft hat, anderenfalls Teilnehmer (des einschlägigen Delikts als unechten Unterlassungsdelikts). Daß er sich nicht in einer Garantenstellung bezüglich des verletzten Potentials befindet, hindert also nicht einmal eine Bestrafung als Täter des

231 a.a.O. S. 98 ff, 111 ff

entsprechenden Delikts. Allein für Tatbeteiligte, deren Tatbeitrag in einem *Unterlassen* liegt, ist die Innehabung einer Garantenstellung Täterschaftsvoraussetzung. Für diese Personen ist die eigene Garantenstellung darüber hinaus sogar Voraussetzung der Strafbarkeit als Teilnehmer (sofern man Teilnahme durch Unterlassen am unechten Unterlassungsdelikt überhaupt für möglich hält).

Das Besondere der Garantenstellungen besteht also (schlagwortartig ausgedrückt) darin, daß sie substituierbar sind, nämlich durch Kausalität. Dies ist freilich nicht so zu verstehen, als werde der kausale Beitrag dem täterschaftlichen Unterlassen des Garanten in jeder Hinsicht gleichgestellt. Über die Frage der Täterschaft ist aufgrund der bloßen Kausalität selbstverständlich noch nichts ausgesagt. Ob der aktiv Handelnde Täter oder nur Teilnehmer ist (also gleichsam dem Unterlassungstäter oder dem unterlassenden Teilnehmer gleichgestellt ist), hängt von weiteren Umständen (insbesondere dem Vorliegen von Tatherrschaft) ab.

Für Personen, die sich durch positives Tun an einem Delikt beteiligen, das ein Garant durch Unterlassen verwirklicht, stellt die bei dem unterlassenden Tatbeteiligten erforderliche Garantenstellung somit kein täterkreiseinschränkendes Merkmal dar. Damit erübrigt es sich, auf den Grund für die Auferlegung von Garantenpflichten einzugehen und nach einem durch das Fehlen der Garantenstellung bei nichtgarantenpflichtigen Tatbeteiligten begründeten Unrechtsunterschied zu suchen. Denn ersetzt ein Tatbeteiligter die ihm fehlende Garantenstellung durch kausales positives Tun, so kann (sofern ihm nicht zusätzlich sonstige unrechtsrelevante Merkmale fehlen) kein Unrechtsdefizit bestehen, das durch eine Strafrahmenverschiebung gem. § 28 ausgeglichen werden müßte.

Dem könnte der Einwand entgegengesetzt werden, eine solche Sichtweise unterschätze die Auswirkungen der Garantenstellung des Unterlassungstäters auf das Unrecht des nichtgarantenpflichtigen aktiv tätigen Teilnehmers, wie sich leicht feststellen lasse, wenn man einmal die Garantenstellung des Unterlassenden hinwegdenke; dann nämlich könne der Teilnehmer allenfalls

noch wegen Anstiftung zur unterlassenen Hilfeleistung (§§ 323 c, 26) bestraft werden.
Dieser Einwand dürfte aber im Ergebnis nicht durchschlagen. Keineswegs wird hier in Abrede gestellt, daß die Garantenstellung des Unterlassungstäters Auswirkungen auf das Unrecht des nichtgarantenpflichtigen aktiv tätigen Teilnehmers hat. Ist der Unterlassungstäter nicht Garant, kann auch der Teilnehmer nur nach Maßgabe des dann verwirklichten echten Unterlassungsdelikts bestraft werden; das Strafgesetz bewertet sein Unrecht also weniger schwer, als hätte er an der Tat eines Garanten teilgenommen. Dies besagt aber nichts gegen die hier formulierte These von der Substituierbarkeit der Garantenstellung durch positives Tun. Solange der Teilnehmer zwar aktiv handelt, aber nicht zugleich Tatherr ist, kann er nur Teilnehmer am jeweiligen Delikt des Täters sein. Welches Delikt dies ist, hängt allein vom Bestehen einer Garantenstellung des Täters ab. Dies ist die Konsequenz der von §§ 26, 27 angeordneten Akzessorietät der Teilnahme. Das aktive Tun des Teilnehmers kann nur dann substituierend wirken, wenn der Täter ein unechtes Unterlassungsdelikt begeht, nicht wenn er ein echtes Unterlassungsdelikt verwirklicht, dessen Strafbarkeit eine Garantenstellung gar nicht voraussetzt.

Im Kern stimmt die hier für die Unanwendbarkeit des § 28 auf Garantenstellungen bei Potentialschutzdelikten gegebene Begründung mit dem 'Gleichstellungsargument' überein, auf das, wie dargelegt, viele Autoren ihre Ablehnung einer Anwendung des § 28 stützen. Mit der hier gewählten Formulierung dürfte jedoch das in dem Gleichstellungsargument angelegte Mißverständnis vermieden werden, daß die Garantenstellungen, eben weil sie angeblich nur der Gleichstellung von Tun und Unterlassen dienen, nicht zu den unrechtsbegründenden Merkmalen gehören. Die Unrechtsrelevanz der Garantenstellungen wird nämlich von vornherein nicht in Zweifel gezogen, wenn - wie es hier geschieht - die Bedeutungslosigkeit der Garantenstellung des Täters für den nichtgarantenpflichtigen Teilnehmer mit der Substituierbarkeit der Garantenstellung durch andere, gleichwertige Unrechtsumstände, insbesondere kausales aktives Tun, erklärt wird.

Außerdem hat die hier vorgetragene Argumentation den Vorteil, daß bei der Frage der Anwendbarkeit des § 28 auf Garantenstellungen durchaus differenziert werden kann. Das Fehlen einer Garantenstellung in der Person eines aktiv tätigen Teilnehmers kann nämlich (jedenfalls theoretisch) dann doch zur Anwendung des § 28 führen, wenn die Garantenstellung im Rahmen des konkreten Tatbestandes ein solches Unrecht ausdrückt, das nicht vollständig durch das Unrecht positiven Tuns substituiert werden kann; zu denken wäre hier etwa an die Begehung von Institutionenschutzdelikten durch Unterlassen.

Ob der hier unterbreitete Vorschlag zur Behandlung der Garantenstellungen (bei reinen Potentialschutzdelikten) im Zusammenhang mit § 28 Zustimmung erfahren wird, hängt von der Richtigkeit der oben benannten Prämisse hinsichtlich des Verhältnisses von Begehungsdelikten zu den korrespondierenden unechten Unterlassungsdelikten ab. Verwirft man sie, so hat die Garantenstellung auch für den aktiv handelnden Tatbeteiligten eines unechten Unterlassungsdelikts die Wirkung eines täterkreiseinschränkenden Merkmals. Nicht anders als bei den sonstigen täterkreiseinschränkenden Merkmalen muß dann nach dem gesetzgeberischen Grund (oder ggf. nach den verschiedenen Gründen) für die Beschränkung der Strafbarkeit unechten Unterlassens auf Garanten gesucht und anschließend auf der Grundlage des gefundenen Ergebnisses die Frage nach dem Bestehen eines die Anwendung des § 28 rechtfertigenden Unrechtsunterschieds zwischen an der selben Tat beteiligten Garanten und Nichtgaranten beantwortet werden.

(8) Gewährleistung der Befolgung einer besonders bedeutsamen außerstrafrechtlichen Rechtspflicht zum Schutz von Potentialen

(a) Ebenso wie bei vielen Tatbeständen der zuvor behandelten Deliktsgruppen können etliche andere Delikte täterschaftlich nur von Adressaten außerstrafrechtlicher Normen begangen werden. Im Unterschied zu jenen Strafvorschriften knüpfen diese Gesetzesbestimmungen jedoch stets an Rechtsnormen an. Außerdem geschieht die Bezugnahme auf ein außerstrafrechtliches Ge- oder Verbot hier nicht zur Spezifizierung des tatbestandlichen Verhaltens oder zur Kennzeichnung eines tatsächlichen Näheverhältnisses, sondern weil gerade die Befolgung des betreffenden Ge- oder Verbots durch Drohung mit der schärfsten rechtsstaatlichen Sanktion, der Strafe, gewährleistet werden soll. Typische Beispiele sind §§ 142, 170 b, 266 a, vielleicht auch § 283 b.

Wenn der Gesetzgeber hier allein die Erfüllung einer außerstrafrechtlichen Rechtspflicht sicherstellen wollte, versteht sich die Erhebung dieser Pflichtverletzung zur Täterschaftsvoraussetzung von selbst.

Der Umstand, daß ein Nichtverpflichteter auch nicht mittelbarer Täter sein kann, dürfte verschiedene Gründe haben: Oft sind Fälle mittelbarer Täterschaft hier von so geringer praktischer Relevanz, daß der Gesetzgeber den Preis einer Verwässerung der Tatbestandskonturen um der Einbeziehung der mittelbaren Täterschaft willen, nicht zahlen wollte. Zudem dürften die Umstände, die der Täterschaft des Werkzeugs entgegenstehen (fehlende Schuld, Irrtum u.s.w.) häufig schon dazu führen, daß die außerstrafrechtliche Pflicht nicht als verletzt angesehen werden kann. Denkbar ist auch, daß der Gesetzgeber aus Gründen der Tatbestandsbestimmtheit die Täterschaft von der persönlichen Verletzung der Pflicht abhängig gemacht hat. Schließlich könnte mittelbare Täterschaft deshalb nicht möglich sein, weil der Gesetzgeber die Strafwürdigkeit der Pflichtverletzung nicht aus den Folgen der Pflichtverletzung (etwa dem Unterbleiben von Feststellungen am Unfallort (§ 142), dem Unterbleiben von Unterhaltsleistungen (§ 170 b), dem Unterbleiben der Abführung von Sozialversicherungsbeiträgen (§ 266 a), dem Unterbleiben einer ordnungsgemäßen Buchführung (§ 283 b)) herleitete, sondern gerade in der bewußten Auflehnung gegen die eigenen Pflichten erblickte. Letzteres ist nicht anzunehmen, soweit der Zweck der Strafvorschriften im Potentialschutz besteht und nicht in der Pönalisierung des Verstoßes gegen institutionelle Regeln an sich.

(b) Verdankt das Sonderdelikt seine Existenz dem Bestreben, die Befolgung einer besonders bedeutsamen außerstrafrechtlichen Rechtspflicht zu gewährleisten, so kann die Frage nach einem die Anwendung des § 28 rechtfertigenden Unrechtsunterschied zwischen intranen und extranen Tatbeteiligten nicht allgemein beantwortet werden. Vielmehr ist es notwendig, auf Inhalt und Grund der jeweiligen außerstrafrechtlichen Pflicht einzugehen. Angesichts der Vielzahl strafrechtlich sanktionierter außerstrafrechtlicher Pflichten ist dies im Rahmen der vorliegenden Arbeit jedoch nicht möglich.
Es darf aber vermutet werden daß die hinter der Täterkreiseinschränkung auf Adressaten bestimmter außerstrafrechtlicher Rechtspflichten stehenden Gesichtspunkte grundsätzlich dieselben sind, die bereits oben im Zusammenhang mit anderen Gruppen täterkreiseinschränkender Merkmale herausgearbeitet worden sind. Sollten sich gleichwohl hier bisher nicht erörtert Gründe einer Täterkreiseinschränkung ausmachen lassen, so wäre bei der Beantwortung der Frage nach der Anwendbarkeit des § 28 in der gleichen Weise wie hier geschehen zu verfahren. In den meisten Fällen wird die fehlende außerstrafrechtliche Verpflichtung des Extranen wohl nicht dazu führen, daß das in der Teilnahme an der Tat eines Pflichtigen liegende Unrecht wesentlich geringer erscheint. Allein deshalb, weil der Extrane nicht Adressat der außerstrafrechtlichen Rechtspflicht ist, darf § 28 jedenfalls nicht zum Zuge kommen.

(9) Kombination mehrerer Gesichtspunkte in einem Merkmal

Häufig liegen dem Sonderdeliktsmerkmal mehrere der vorgenannten Gründe für eine Täterkreiseinschränkung zugrunde[232]. Die Frage der Strafbarkeit des extranen Teilnehmers und die der Anwendbarkeit des § 28 sind dann

232 in diesem Sinne sehr deutlich auch schon Loos, Rechtsgutslehre S. 194

durch Verbindung der den jeweiligen Grund der Täterkreiseinschränkung betreffenden Ausführungen zu beantworten. Dies soll an einigen Beispielen erläutert werden:

Die Körperverletzung im Amt (§ 340) ist ein erschwerter Fall der vorsätzlichen Körperverletzung (§ 223) und damit ein unechtes Amtsdelikt. Die Amtsträgereigenschaft und die zusätzlich verlangte Beziehung zum Dienst dürften aus mehreren Gründen qualifizierend wirken. Zum einen spricht für einen Amtsträger, der in Ausübung seines Dienstes oder in Beziehung auf seinen Dienst handelt, eine zumindest faktische Vermutung der Rechtmäßigkeit. Daraus resultiert eine erhöhte Anfälligkeit der Körperintegrität der Bürger gegenüber Amtsträgern, die noch verstärkt wird durch die typischerweise bessere instrumentelle Ausrüstung von Amtsträgern[233]. Aus dem Blickwinkel des Amtsträgers stellt sich diese Anfälligkeit als eine (im weiten Sinne verstandene) erleichterte Zugriffsmöglichkeit dar. Daneben verstößt der Amtsträger gegen die die staatliche Gewalt bindende Pflicht, körperliche Beeinträchtigungen nur in den gesetzlich vorgesehenen Fällen zu bewirken. Damit gefährdet der gewalttätige Amtsträger das Amtsethos anderer Amtsträger und die Bereitschaft der Bürger, rechtmäßiges staatliches Handeln zu dulden, und beeinträchtigt deshalb die Funktionsfähigkeit einer Institution.
Für die Bestrafung eines extranen Teilnehmers am Delikt des § 340 ergibt sich daraus folgendes: Das auf der Ausnutzung der erleichterten Zugriffsmöglichkeit beruhende Unrecht ist dem Extranen ohne Einschränkungen zuzurechnen (vgl. oben (4)). Das in der Regelverletzung liegende Unrecht ist ihm zwar qualitativ ebenfalls zurechenbar, quantitativ aber nur eingeschränkt (vgl. oben aa)). Wegen dieser zuletzt angesprochenen eingeschränkten quantitativen Zurechnung handelt es sich bei der Amtsträgereigenschaft i.S.d. § 340 um ein strafschärfendes besonderes persönliches Merkmal; über § 28 II kommt für den beteiligten Laien der Strafrahmen des § 223 zur Anwendung. Zur Bemessung der konkreten Strafe innerhalb dieses Strafrahmens ist zu berücksichtigen, daß der Extrane, wie ausgeführt, auch an dem *gesteigerten* Un-

233 vgl. Loos, Rechtsgutslehre S. 191

recht der Haupttat weitgehend partizipiert. Die für eine Beteiligung an einer einfachen Körperverletzung gleicher Schwere angemessene Strafe ist deshalb zu erhöhen, und zwar doppelt - einmal aufgrund der vollen Zurechnung der Ausnutzung der erleichterten Zugriffsmöglichkeit, ein zweites Mal wegen der quantitativ beschränkten Zurechnung der Institutionenverletzung[234].

Ähnlich wie bei § 340 dürfte es sich etwa im Fall der Teilnahme eines Extranen am Delikt der Verletzung der Vertraulichkeit des Wortes durch einen Amtsträger (§ 201 III) verhalten.

Täter einer Untreue (§ 266) kann nur eine Person sein, die verpflichtet ist, die Vermögensinteressen eines anderen zu betreuen[235]; für den Mißbrauchstatbestand (§ 266 I 1. Alt.) muß hinzukommen, daß der Täter befugt ist, über das Vermögen zu verfügen oder den Vermögensinhaber zu verpflichten. Auch hier dürften hinter der Beschränkung des Täterkreises auf Treupflichtige zwei Erwägungen stehen. Die Betrauung mit der Vermögensbetreuung schafft eine Nähebeziehung des Täters zum betreuten Vermögen, die ihm den deliktischen Zugriff wesentlich erleichtert. Außerdem läßt es der Übergriff zweifelhaft erscheinen, ob der Treupflichtige dem betreuten Vermögen die geschuldete Zuwendung künftig zuteil werden läßt, d.h. ob er seiner 'Garantenstellung' entsprechend zum Schutze des Vermögens handeln wird[236].

Den Teilnehmer am Delikt der Untreue, der nicht selbst treupflichtig ist, belastet das Unrecht der Ausnutzung der erleichterten Zugriffsmöglichkeit uneingeschränkt (vgl. oben (4)). Das mit der Versagung künftiger Zuwendung

---

234 so (ohne Bezug zu einem konkreten Deliktstatbestand) auch Loos, Rechtsgutslehre S. 196

235 Bezüglich des Mißbrauchstatbestandes (§ 266 I 1. Alt.) ist dies bekanntlich streitig, entspricht jedoch h.M. (s. nur BGHSt 24, 386, 387; Maurach/Schroeder/Maiwald, BT I § 45 Rz. 11 m.w.N.; a.A. etwa Schönke/Schröder/Lenckner § 266 Rz. 2 m.w.N.).

236 zu dieser häufig anzutreffenden Kombination s. Loos, Rechtsgutslehre S. 194; Lüderssen, Strafgrund S. 134

des Täters verbundene Unrecht ist ihm dagegen überhaupt nicht zurechenbar (vgl. oben (6)). Die Treuepflicht ist somit insgesamt ein teilakzessorisches Merkmal. Teilnahme eines Extranen ist möglich, die Strafe ist allerdings gem. §§ 28 I, 49 I zu mildern.

6. Zusammenfassung zur Anwendbarkeit des § 28

Besondere persönliche Merkmale i.S.d. § 28 sind danach:

(1) die subjektiven Unrechtsmerkmale, sofern sie der Kennzeichnung einer zur Tat drängenden Triebfeder dienen,

(2) aus der Gruppe der Tätermerkmale der eigenhändigen Delikte:

(a, b) die Tätermerkmale der verhaltens gebundenen Delikte ohne Rechtsgüterverletzung und der täterstrafrechtlichen Delikte, sofern sie unmittelbar und ausschließlich die Aufrechterhaltung des sozialen Friedens bezwecken und man Teilnahme nach den allgemeinen Regeln an diesen Delikten für möglich hält,

(c, d) die Tätermerkmale der verkappten Pflichtdelikte und der positivrechtlich nur selbst begehbaren Delikte unter den Voraussetzungen, die auch bei den Tätermerkmalen der Sonderdelikte zur Anwendbarkeit des § 28 führen,

(3) aus der Gruppe der Tätermerkmale der Sonderdelikte:

(a) die Tätermerkmale, die den Verstoß eines Funktionärs gegen die Normen einer Institution zum Gegenstand haben,

(b) die Tätermerkmale, die die Befolgung einer besonders bedeutsamen außerstrafrechtlichen Rechtspflicht zum Schutz von Potentialen bezwecken, sofern hinter der außerstrafrechtlichen Pflicht einer der anerkannten, die Anwendung des § 28 erforderlich machenden Gründe der Täterkreisbeschränkung steht,

(c) die Tätermerkmale, die eine Kombination vollakzessorischer Komponenten und nichtakzessorischer oder quantitativ nur beschränkt zurechenbarer vollakzessorischer Komponenten darstellen.

V. Zusammenfassung der eigenen Auffassung zum materialen Grund der auf einem besonderen persönlichen Merkmal beruhenden Unrechtsdifferenz

Eine Strafrahmenverschiebung nach Maßgabe des § 28 ist angebracht, wenn das in dem betreffenden Merkmal zum Ausdruck kommende Unrecht den Tatbeteiligten, der das Merkmal nicht selbst aufweist, nicht in gleicher Weise belastet wie denjenigen, der das Merkmal aufweist. § 28 ist insofern unmittelbarer Ausfluß des Gerechtigkeitsprinzips; dies wird durch die Entstehungsgeschichte der Vorschrift bestätigt.

Der Unterschied im Unrecht, der durch das Vorhandensein eines besonderen persönlichen Unrechtsmerkmals im Verhältnis der Tatbeteiligten zueinander hervorgerufen wird, hat nicht stets denselben materialen Grund. Vielmehr gibt es potentiell so viele Gründe wie es besondere persönliche Unrechtsmerkmale gibt.

Ob eine die Anwendung des § 28 erfordernde Unrechtsdifferenz besteht, muß in wertender Betrachtung ermittelt werden. Dabei ist die vom Gesetzgeber mit dem betreffenden täterkreiseinschränkenden Merkmal verknüpfte Wertung zugrundezulegen, sofern eine solche erkennbar ist.
Bei den prinzipiell für eine Anwendung des § 28 in Betracht kommenden Merkmalen ist das Eingreifen der Vorschrift somit allein eine Frage der Auslegung des jeweiligen Tatbestandes des Besonderen Teils des Strafgesetzbuchs.

Eine Anwendung des § 28 kommt von vornherein nur für teilakzessorische gesetzliche Merkmale und bestimmte vollakzessorische Merkmale (nämlich solche, die eine quantitative Unrechtsdifferenz zum Ausdruck bringen) in Betracht, nicht für nichtakzessorische Merkmale. Die Unanwendbarkeit der Vorschrift auf nichtakzessorische Merkmale hat zur Folge, daß der extrane Teilnehmer bei strafbegründenden Merkmalen straffrei ausgeht und bei strafmodifizierenden Merkmalen aus dem Grundtatbestand zu strafen ist.

Schlußbemerkung

Die vorliegende Arbeit kann nicht für sich in Anspruch nehmen, die Frage der Anwendbarkeit des § 28 auf Unrechtsmerkmale einigermaßen umfassend oder gar in allen Teilen zutreffend beantwortet zu haben. Dafür sind zu viele Aspekte des Problems unbehandelt geblieben und ist die Untersuchung aufgrund des vorgegebenen Rahmens jedenfalls teilweise zu oberflächlich verlaufen. Von Nutzen könnte die Arbeit aber doch jedenfalls insofern sein, als sie sich darum bemüht hat, die entscheidungserheblichen Vorfragen aufzudecken und ihre präjudizielle Bedeutung für die Bestimmung der besonderen persönlichen Merkmale sichtbar zu machen. Sofern dies gelungen ist, könnte die Untersuchung auch für denjenigen hilfreich sein, der den hier skizzierten Lösungsansatz für verfehlt hält. Daneben dürfte aufgrund der versuchten Systematisierung der Problematik eine Überprüfung neuer Lösungen oder neuer Begründungen bekannter Lösungen erleichtert werden.

Im Hinblick auf die weitere wissenschaftliche Untersuchung des Anwendungsbereichs von § 28 will die vorliegende Arbeit als Anregung dazu dienen, sich nicht länger ausschließlich um Definitionen oder allgemeingültige abstrakte Charakterisierungen 'des besonderen persönlichen Merkmals' zu bemühen. Vielmehr sollte auf der Grundlage der Erkenntnis, daß die Rechtsfolgenanordnungen des § 28 Ausdruck eines erheblichen Unterschiedes im Unrechtsgehalt der Tatbeiträge mit und derjenigen ohne besonderes persönliches Merkmal sind, die Auslegung der Tatbestände des Besonderen Teils in den Vordergrund gestellt werden. Dabei wären dann im Sinne des hier unternommenen - gezwungenermaßen recht oberflächlichen und ganz unvollständigen - Versuchs die hinter dem jeweiligen 'besonderen Merkmal' stehenden Unrechtserwägungen transparent zu machen und behutsam zu kategorisieren.

Gerade deshalb, weil der hier entwickelte Ansatz sich von dem Versuch einer allgemeingültigen Definition besonderer persönlicher Merkmale verabschiedet und das Problem der Anwendbarkeit des § 28 auf Unrechtsmerkmale atomisiert, indem er es auf die Interpretation der einzelnen Tatbestände (und damit in den Besonderen Teil des Strafgesetzbuchs) verlagert, wird er allerdings besonderer Skepsis begegnen. Denn die Hoffnung auf eine endgültige, einheitliche und vollständige Lösung muß aufgegeben werden. Dafür, daß es sich gleichwohl um den richtigen Weg handeln könnte, scheinen mir bei allen Zweifeln an der Richtigkeit der eigenen Überlegungen immerhin zwei gewichtige Indizien zu sprechen: Wie gezeigt, verdankt die Vorschrift ihre Entstehung nicht wissenschaftlichbegrifflichen Ableitungszusammenhängen, sondern unmittelbaren Gerechtigkeitserwägungen. Rechtsprechung und Lehre ist es, wie ebenfalls im einzelnen dargelegt, in nunmehr 120 Jahren nicht gelungen, über die zutreffende Bestimmung besonderer persönlicher Merkmale aufgrund abstrakter Formeln auch nur annäherungsweise einen Konsens herzustellen.

SCHRIFTEN ZUM STRAFRECHT UND STRAFPROZESSRECHT

Herausgegeben von Manfred Maiwald

Band 1 Christian-Peter Frees: Die steuerrechtliche Selbstanzeige. Zur kriminalpolitischen Zweckmäßigkeit des § 371 AO. 1991.

Band 2 Norbert Joachim: Der Hörensagenbeweis im Strafverfahren. 1991.

Band 3 Alfred A. Göbel: Die Einwilligung im Strafrecht als Ausprägung des Selbstbestimmungsrechts. 1991.

Band 4 Karl-Heinz Vehling: Die Abgrenzung von Vorbereitung und Versuch. 1991.

Band 5 Heiko Hartmut Lesch: Das Problem der sukzessiven Beihilfe. 1992.

Band 6 Dirk Schwerdtfeger: Besondere persönliche Unrechtsmerkmale. 1992.

Printed by
CPI books GmbH, Leck

Kolibri 360 GmbH
Ferdinand-Jühlke-Straße 7
99095 Erfurt, Deutschland
produktsicherheit@kolibri360.de